東アジアのスポーツ・ナショナリズム

国家戦略と国際協調のはざまで

土佐昌樹［編著］

ミネルヴァ書房

東アジアのスポーツ・ナショナリズム——国家戦略と国際協調のはざまで

目　次

目　次

第Ⅱ部　政策から見る

序章　スポーツ・ナショナリズムと東アジアの発展

土佐昌樹

1　なぜスポーツ・ナショナリズムか

スポーツ・ナショナリズム（sport nationalism）とは、国民／民族・国家（nation-state）とスポーツとの結びつきがもたらす複合的な社会現象を指している。(1)それは、国家の集団的連帯を反映／実現し、同時に国家を超えた結びつきを前提／構築する。国や地域を問わず、国際的な競技大会における自国の勝利は熱狂的に報道されるのが常であり、ナショナリズムをこれほど可視化する社会制度は他に見当たらないといっても過言ではない。普段は見えない「ネーション（国民／民族）」との絆が顕現し、熱狂とともに「われわれ」の実在が集団的な記憶に刻み込まれる。宗教、性別、年齢を超えて「同じ国民」として大衆が目に見える形で集まる機会が、これ以外にあるだろうか。趣味・嗜好とメディアの分散化が進む今日、スポーツ以上に国民を一体化するメディアはおよそ存在しないといってもいいだろう。こうした顕著な現象であるにもかかわらず、社会科学的な考察や分析は目立っていない。関連する研究は数多く存在し、ジャーナリズムではたびたび取り上げられる話題ではあるが、この問題を正面から扱った学術的な研究は実はまだ緒に就いたばかりなのである（Bairner 2001, Smith & Porter 2004, Tomlinson & Young 2006）。

日本語で書かれたものとしては、『スポーツナショナリズム』（中村他 一九七八）という論集があり、七〇年代の日本社会からの見方を表現した実例として貴重な位置づけにある。今から振り返ると、欧米先進国をモデルとした問題設定、ソ連の社会主義モデルに対する期待、戦前の軍国主義に対する反省、ナショナリズムからインターナショナリズムへの志向、（欧米との対比で見いだされる）日本的特徴に対するこだわりといった同書の基本姿勢は、時代的制約を印象づけながらも先駆的探究の試みとして評価されるべきものである。しかし、こうした貴重な遺産は社会科学的な問題提起や定式化がなされないまま、後に受け継がれ発展させられることがなかった[2]。

その間、アジアに細かい観察の目を向けなかった認識のツケが回ってきているのではなかろうか。古いナショナリズムを卒業したかのような日本人の「錯覚」に冷や水を浴びせるかのように、ナショナリズムを明確に押し出した中国や韓国の目覚ましい「成功」が日本の衰退を際立たせているかのようである。少なくともスポーツという領域を見る限り（そしてますますそれ以外の領域でも）、日本はすでに「脱亜論」を掲げられるような優位には立っておらず、隣国の後塵を拝しているのが実状である。それゆえ、グローバル化が進行しアジア勢力の台頭を前提とした現代を対象化するには、多くの面で議論のアップデートが必要になってきており、本書はまさにそのような試みである。

ここではまず本書の拠って立つ理論的背景について述べてみようと思う。しかし、この問題はさまざまな理論的文脈に複雑に埋め込まれており、それを浮き彫りにする作業は一筋縄ではいかない。具体的な展開については各章に任せるとして、準備作業としてごくラフな輪郭を描くことで満足しておきたい。
まず大ざっぱに、スポーツとナショナリズムとの関係を捉える視点として二つの対照的なアプローチを見ておこう。一つは、こうした関係を戦争の代理物や野蛮な現象として批判する立場である。多くの識者や社会科学者は無意識のうちにこの常識的なアプローチを採用し、「ナショナリズムの克服」を語る傾向が強い。典型的な例として、英国作家ジョージ・オーウェルの“Sport is war minus the shooting”という有名な言葉を挙げることができる。オーウェルは、ソ連とイギリスとのサッカーの試合で観衆が激しく興奮して、殴り合いのけんかに至るような情景を目撃し、文明にとってスポーツは敵だと見なすような文章を第二次世界大戦が終わってすぐの一九四五年一二月に書いた（オーウェル 二〇〇九）。彼の目には、スポーツが国家間の対抗でやっていることは、実際に銃で撃ち合ったりしないことを除けば戦争と同じだと映ったのである。今日でも、フーリガンと呼ばれる過激なファン集団が見せる蛮行は、まさにこうした見方を裏づけている。

その対極に、近代スポーツの誕生や発展が社会の文明化に比例していると見なす立場がある。ドイツの社会学者ノルベルト・エリアスの見方がその典型だが、彼がエリック・ダニングと組んで出した『スポーツと文明化』という本によれば、たとえばサッカーの起源に当たるような競技は、イギリスではもともと血なまぐさい乱闘状態に近いものだったという。そういう拳と拳の戦いが、フェアプレーの精神とルールに基づく近代スポーツへと変貌したのが、およそ一八～一九世紀ぐらいといわれている。それは、イギリスで議会政治が成立したころと同時期であって、両者の発展に深い関係があるというのが同書の基本的な主張である。今でもスポーツには、暴力や野蛮な現象がつきものであるが、それがつかの間のエピソードにまで和らいできた過程を長い目で見れば文明化のほうが支配的な傾向だということになる（エリアス&ダニング 一九九五）。

東アジアにおけるスポーツ・ナショナリズムの意味を公平に探っていくにあたり、この両方の見方を踏まえることが大切であろう。評価すべき点と批判すべき点を重層的に捉えながらその意義を測るとき、真に未来志向のメッセージが見出せる。さらに、透明な理解を阻む壁として、ナショナリズムという難題があり、スポーツの捉えにくさの問題がある。

2　ナショナリズムとスポーツ

ナショナリズムに関する研究には厖大な蓄積があるが、それをここではとりあえず二つのタイプに分けておこう（土佐 二〇〇四）。一つは、ナショナリズムの「静かな」顔に向けられた研究であり、もう一つは「熱い」顔に向けられたものである。前者は、近代化や産業化とともに生起するマクロな社会文化的プロセスとしてのナショナリズムに注目する。共通言語や同質的な文化を生みだすメディアや教育制度がそうしたプロセスを現実化していく。たとえば、ベネディクト・アンダーソンはナショナリズムの成立にあたり印刷メディアの誕生の重要性を強調し、同じ時刻に大衆が新聞を読むことで「頭蓋骨の中で密やかに演じられる」不可視の大衆儀式に注目した（アンダーソン 一九八七：五七）。人々は、そうした秘儀的な機構を通じ、「想像の共同体」としてのネーションを内面化していくようになるのである。

ナショナリズムの熱い顔について論じた例としては、アイザイア・バーリンを挙げることができる。彼は、ナショナリズムとは、外国の支配や占領といった「傷」や、集団的屈辱によって引き起こされるものだと主張した。それは、燃えさかる情動に支配され、非理性的な極端に走る傾向がある。この意味におけるナショナリズムは、ネーションという実体の曖昧な集団に対する献身的な一体化、そして帰属の過度の強調を促進するのであり、ひいては「集団的な自己崇拝」に至ることもある（バーリン 一九八三、一九九二）。

後者の見方に沿って、東アジアに共通するナショナリズムの特徴として、被害者（弱者）意識に基づく防衛的な集団意識が、いつの間にか他者に対する排他的で攻撃的な態勢に転化してしまう傾向を指摘しておきたい。戦前の日本のウルトラ・ナショナリズムがまずそうであったし、植民地時代の記憶を反日にとどまらない排他的な民族主義へと育てた韓国、そして列強の支配による屈辱の記憶から攻撃的な大国意識へと移行しつつある中国もまた、同じ轍を踏んでいる。「弱者」や「被害者」としての自己意識が、いつの間にか「強者」の過剰防衛や攻撃性へと転化してしまうのはナショナリズム一般によく見られる逆説でもあるが（塩川 二〇〇八：一八四―一八七）、近接地域にこうした屈折した競合関係が集中することから、東アジアのスポーツ・ナショナリズムに独特の陰翳が浮かび上がってくる。

ナショナリズムの二つの顔は、相互排除的というよりは補完的な関係にあり、どちらもスポーツ・ナショナリズムの理解に欠かせないものだといえる。しかし、一般に、ナショナリズムの研究は主にイデオロギー的な次元や言説に焦点が当てられてきた。スポーツを含めた身体活動、生活の情動的次元、メガスポーツイベントが代表するあからさまな大衆儀礼などの問題は軽視される傾向にあった。国際試合に間歇的に噴出する暴力性に批判の目を向けることをしても、それ以上の深い考察へと進むことはまれであった。本書は、そうした欠落を意識しながら、スポーツ・社会・意識・身体の関係性について探求することをめざし、学際的な分野を開拓する一歩となることを願っている。

一方で、スポーツに対する社会学的な研究は、本書の取り扱う問題設定の別の面に注目してきた。アレン・グットマン（グートマン）の定式化する近代スポーツの象徴的特徴が、一つの手がかりとなろう。彼は、近代スポーツが近代以前の実践と異なる特徴として七点を挙げている。すなわち、世俗主義、機会の均等、専門化、合理化、官僚組織、数量化、そして記録の追求である。このなかで、記録に対する執着こそが、他の特徴と結び合わさりながら近代スポーツをつくりだした主要な力であるという。こうした特徴の組合せによって、近代スポーツには特別な地位が与えられることになったのであるが、そのことは同時に「スポーツ」から超越的な意味を奪い去ることにもなった。

> 質的な差異化が曖昧になって力を失ったとき、人は量的な差異に目を向ける。もはや聖と俗を区別できなくなり、それどころか善と悪の区別すらままならなくなったとき、三割八厘の打率と三割七厘の打率といったささいな区別をあげつらうことで満足するしかなくなる。……それこそ、近代に特有の不滅性の形式なのだ。
>
> （グートマン　一九八一：九五）

グットマンは、スポーツの政治的利用については特に述べていないが、ナショナリズムが共産主義国においてスポーツとより強く結びついている事実を挙げながら、近代スポーツは自由資本主義諸国で発展する限り、政治的利用から自由になると述べている（グートマン　一九八一：一一九―一二〇）。彼の議論は大筋において説得的であると認められるが、原著のタイトル『儀礼から記録へ』が示唆するような進化論的な図式は、東アジアの現実にぴったり当てはまるとはいいがたいであろう。本書も示すように、東アジアでは儀礼から記録への単線的な発展というよりは、スポーツの非功利主義的で世俗的な側面と政治的・儀礼的な活用との並立を容易に認めることができるからである。

グットマンも含め多くの論者がいっていることだが、スポーツは遊び（遊戯・遊技）の一部として理解することが可能である。彼は、両者のカテゴリーを「それ自身の目的に向けられた非功利主義的な身体的ないし知的活動」（グートマン 一九八一：一二）と定義している。さらに、近代スポーツの典型例である試合《ゲーム》は、組織化された遊びとして位置づけられる。遊びとスポーツに共通するコミュニケーション上の特徴に注目するなら、こうしたアナロジーをもう一歩進めることが可能である。

グレゴリー・ベイトソンによるなら、遊びは他の活動カテゴリーから自らを区別するため、「これは遊びである」というメタ・コミュニケーション的なメッセージを含む必要がある。このタイプのメッセージは、必然的に論理的パラドクスを生みだしてしまう。なぜなら、それは、「私たちがいま関わっているこの活動は、この活動が指し示すような活動によって意味されるようなものを意味しない」と理解されるからである。たとえば、ボクシングのようにスポーツ（＝遊び）の文脈における戦闘は戦闘でなく、「これは戦闘でない」と公言しながらおこなう模擬的で枠づけられた戦闘である。それゆえ、「これは遊びである」というメッセージは、「全てのクレタ人は嘘つきだと一人のクレタ人がいった」というエピメニデスのパラドクスに似た論理的矛盾を構成するのである（ベイトソン 二〇〇〇）。こうした見方は、「スポーツは銃撃なしの戦争である」というオーウェルの一節を超え、スポーツ・ナショナリズムに対するより深い理解をもたらすものである。

スポーツ、より厳密には近代競技スポーツは、「これは戦争でない」と公言しながらおこなう模擬的な戦争だと理解することが可能だとするなら、こうした自己矛盾したコミュニケーション形式は、ナショナリズムと相性がいいといえるだろう。なぜなら、多くの識者が論じてきたように、ナショナリズムの主張は支離滅裂で非論理的なメッセージがその本質をなし、実体はごく最近の「発明」であるにもかかわらず国民的アイデンティティを古代から連綿と続いてきたものとして仮構するパラドクスを含んでいるからである（ゲルナー 二〇〇〇、アンダーソン 一九八七、ホブズボーム 二〇〇一）。

ナショナリズムのパラドクスとスポーツのパラドクスは、特定の文脈で結びつくことによって大きな社会的効果を生みだしてきた。その結びつきをどういった政策や戦略で追求するかは国ごとで大きな差異を見せるが、そのことに無自覚な国家も国民も存在しないといってよかろう。とりわけ、東アジアはこの面で際立っているのである。

マーチン・ポリーは、スポーツと国民的アイデンティティの表現との間にある特別な親縁性について次のように述べている。

> 手短にいえば、ほとんどのスポーツにみられる身体的、競合的、超言語的、大衆迎合的な本性は、スポーツを集団的アイデンティティの表現にとって完璧なメディアにした。スポーツは、集団が自分たちについて保持している信念を実体として表現できる平和で肉体的な広場で繰り広げられる。これは、多くのスポーツ史研究やベネディクト・アンダーソンが「想像の共同体」と呼んだモデルに結びつけてきたような特徴である。（Polley 2004 : 13）

いい換えるなら、近代の発明であるスポーツはパラドクス的コミュニケーションを内包しており、このことはナショナリズムの双極《ヤヌス》の顔を表象するのに適しているということである。こうした見方はさらなる理論的深化と経験的検証を必要としており、いまや現代人にとって自明となったスポーツというカテゴリーを根底から見直しながら、それがいかにスポーツと結びつくかという問題をもっと多元的に考察していかねばならないだろう。

たとえば、スポーツは遊びであることを見たが、別の見方によるならそれはアートでもある。ドイツの美学研究者のW・ヴェルシュは、スポーツが一種のアートであると主張し、議論を呼んだことがある。このテーゼを理解するためには、一方でアートの概念が広がり生活に浸透してきた過程があり、他方でスポーツが勝利への執着やルールの拘束を離れた即興的なパフォーマンスとして大衆的に楽しまれるようになった現実をふまえる必要がある。それに対して、スポーツをそのような視点から見るのに抵抗があるのは、抜き差しならぬ偏見がまだ社会と研究者の側に残っているからだという。

スポーツの喜びは、低級で大衆的な喜びであり、美学によって積極的に考察するに値しないと思われている。しかし、スポーツの芸術的性格を無視することで、それが大衆にとってなぜこれほど魅力的かという事実を理解し損なっているのだ。（Welsch 2005：147）

さらに、後に触れるようにスポーツは「祭儀」でもあり、あるいはビジネスでもある。そうした複数のカテゴリーを揺れ動くスポーツというものを捉える視点を図式化しておくなら、一方には、道具主義的な立場と呼べる見方がある。スポーツの意味を社会的功利や効用からはかる立場であり、スポーツを政治的道具として利用する政策は、基本的にこの立場に則っている。あるいは、スポーツをビジネスや商業主義的な手段として見る近年の傾向もここに含まれよう。こうした観点からのスポーツは、あくまで別の目的の手段や道具の位置にとどまるが、その重要性や社会的注目度が増すにつれ、別の観点を要求するようになる。

そこでもう一方に、本質主義な立場と呼べる見方がでてくる。スポーツの意味をそれ自体の魅力からはかろうとする立場であり、東アジアでも最近は勝敗だけにこだわらないスポーツ批評が育ちつつある。こうした見方を発展させ、遊びやアート、祭儀といった隣接領域との関連からスポーツの独自の意味と魅力を明らかにすることがさらに必要となろう。ただ、現実にはかならずしも前者から後者の見方へと発展するという関係にあるわけではない。スポーツを政治的に利用することで大きな社会的効果がもたらされるとしたら、スポーツ自体に本質主義的な魅力が前提とされなければならず、両者は相互強化的な関係にあるといえるからだ。スポーツ・ナショナリズムはかならずしも道具主義的見方だけに依拠しているわけでなく、たとえば遊びのパラドクスと結びつくことで「魅惑」を強化するのである。ナチのベルリン・オリンピックが極端なナショナリズムとともに（リーフェンシュタールによる肉体美の讃歌に具現化された）アートへの強い志向性を持っていた事実も、ここでの文脈で非常に示唆的な例であろう。

スポーツを定義することは、ナショナリズムを定義することと同じくらいとらえがたい底なしの問題である。たとえば、それは遊びであって遊びでないという指摘は当然なされるべきであり、実際なされてきた（たとえば伝統武術など）。ある意味で、スポーツそのものは実体の曖昧な「空虚な」記号のようなものであり（多木 一九九五）、状況によってさまざまなカテゴリー間を移動し、だからこそさまざまな社会的意味によって充塡され、また多くの効果を生むことが可能になると理解すべきかもしれない。そこで、それを自己完結的に問うのでなく、たとえばナショナリズムとの関係性において問うという試みが決定的な意義をもちうる。

一つ具体例を挙げるなら、中国と韓国は、政府による上からの介入が強く、その結果スポーツの概念を「拡張」する効果さえ生みだすに至っている。グットマン的な見方によれば、スポーツは組織化された遊びであるとともに、肉体的な競合であり、そうした微妙なバランスの上に成立するカテゴリーであった（グートマン 一九八一：一六一―一九）。しかし、国威発揚を目的とした競合の側面が押し出されるあまり、東アジアではこのバランスが失われている。その結果、たとえば韓国ではチェスやオンラインゲームのように非肉体的なゲームやバーチャルな遊びまでが政府の補助金や社会的認知をめざした関連業界の運動の結果、スポーツのカテゴリーに含められつつある（本書第五章）。これはすでに、内在論的な定義を超えた問題であろう。

そこで、どのような状況においてスポーツがとりわけナショナリズムと強い結びつきを生みだすのか、ここからは東アジアの事例に話を絞りながらそうした歴史的問いを投げかける必要がある。

3　東アジアという「場所」

スポーツ・ナショナリズムという複雑な問題を追究するにあたり、日本、中国、韓国などからなる東アジア地域は、恰好の「場所」であり、多くの興味深い事例を提供してくれる。二〇〇八年の北京オリンピックで中国が金メダル獲得数で世界一位に躍り出たが、人口あたりでいえば韓国の方が世界有数の位置にある。オリンピックをはじめとする国際競技大会において、中韓の活躍には近年めざましいものがあるが、両国とも政策的に国威発揚の手段としてスポーツを積極的に利用してきた成果である。日本は、スポーツの発展に政府が介入することは比較的少ないが、戦前には中韓とよく似た過去をもっている（坂上 一九九八）。

戦前の帝国日本におけるスポーツ・ナショナリズムは、一九四〇年にオリンピック招致を実現できる

図序-1　オリンピック金メダル獲得数

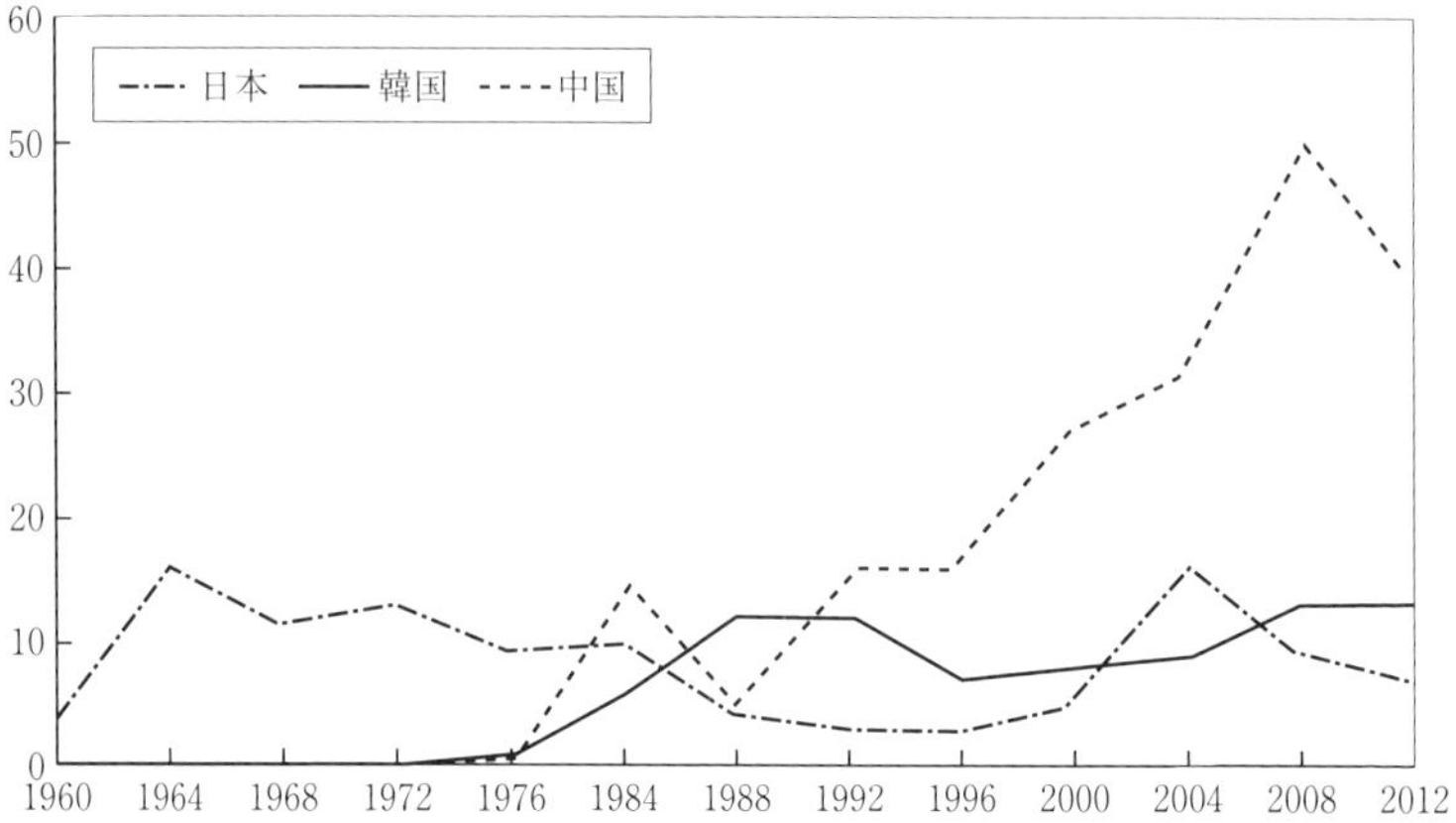

くらい強力なものだったが、中国との戦争激化によりその試みは潰えた。そうして戦前の体制は舞台から去るのであるが、一九六四年の東京オリンピック開催をバネにしながら、アジアにおける日本のスポーツ競技力の優位は一九七〇年代まで続いた（図序-1参照）。さらに見逃せない動きとして、最近では中韓の「成功」に刺激され、日本でもスポーツ政策を国家戦略のなかに位置づけ、「スポーツ庁」設置や「スポーツ立国戦略」の策定などが現実化している点が挙げられる。二〇二〇年の東京オリンピック開催決定は、こうした傾向をさらに加速させるに違いない。スポーツとナショナリズムの結びつきは、一般に「遅れた」現象と受けとめられる傾向が強いが、東アジアの現実を見るとそう簡単に片づけられる問題でないことが知れる。そうした動きを比較的な視点から捉え直す試みは、ナショナリズムが激化するこの地域の平和的共生にとって現実的処方箋を描き出すときの大きな手がかりにもなるであろう。

米国家安全保障会議アジア担当局長を務めたヴィクター・チャが強調するように、東アジアではスポーツが過度に政治化されてきた面がある。「スポーツが単に政治的であるというにとどまらず、アジアでは世界のどの地域と比べてもスポーツはより政治的なものである」（Cha 2009：23）。スポーツが政治化される主要な理由は、アジアで世界的なスポーツイベントが開催されることがまれであるからだという。たとえば、アジアで夏季オリンピックが開催されたのは、これまで三度にすぎない。東京オリンピック（一九六四）、ソウル・オリンピック（一九八八）、北京オリンピック（二〇〇八）がそのすべてだ。しかし、東アジアでスポーツの政治化を促進してきた要因はこれだけではない。

いまだに解決されていない剥き出しの歴史的敵対関係、急激な社会変化、評判や体面の重視など、こうした要因の複合が〔東〕アジアのスポーツを他のどの地域にもまして政治的に過敏なものにしている。これに加え、オリンピックやワールドカップといったメガスポーツイベントがアジアには二〇年に一度しか来ないという事実があり、歴史、スポーツ、政治の強力な混合ができあがることになったのである。（Cha 2009：27）

世界史的なスケールでこうした主張が妥当であるかどうかの検証も含め、この「混合」を歴史的文脈のなかで解きほぐし、東アジアのスポーツ・ナショナリズムを比較的な視点から見つめ直すことには、極めて大きな意義があるといえるだろう。

J・マンガンらスポーツ研究者もまた、スポーツを通じた日中韓のライバル関係が地域の葛藤と絡み合う様相に注意を喚起している。それは、過去の戦争、現在の領土紛争、そして将来の経済的不均衡や地政学的野心などを巻き込みながら、スポーツを通じた「敵意の闘争場」を実現してきた。東アジアにおけるスポーツは、「武器のない戦争」であり、「究極の攻撃性の代用品」である。日中韓の三国は、スポーツを通じて国家の威信や自己肯定感を賭けて戦ってきたのであり、「いまや疑いもなく、国民間の攻撃的対立の手段としてのスポーツというものについて、より徹底して考察すべき時である」(Mangan et al. 2013: 1147) ということになる。彼らも、そうした戦いが現実の戦場 (battlefields) でなく、競技場 (playing fields) でおこなわれている点に注目しているが、本書はさらにスポーツの多元的な機能との関わりに注目しながら、そうした問題を具体的に追究することをめざしている。

ところで、ここまで東アジアと一括りにしてきたが、モンゴル、北朝鮮など国際競技大会でかならずしも大きな成果を出していない地域もある。東アジアの特殊性を強調しすぎると大きな錯誤に陥る危険性もあるだろう。スポーツ・ナショナリズムの高揚が単純に政治的葛藤の増減と結びつくわけではないということは、そうした「例外」地域を参照するだけで明らかになる面もある。本書が一つの出発点となり、今後は政策と社会的現実の関係を多元的にはかりながら、慎重な比較研究を進めていく必要があるであろう。

4 スポーツと「体育」

よく知られているように、野球、サッカー、テニスなどの近代競技スポーツが普及したのは、西洋帝国主義のグローバルな拡張に負うところが大きい（グットマン 一九九七）。また、学校や軍隊における集団的規律の身体化がスポーツと深く関わっていることもすでに繰り返し論じられてきた。東アジアの近代化のハブとなった日本が、スポーツと政治的支配の結びつきの点でも先鞭の役割を担ったのは、決して偶然ではないのである。多くの近代概念が日本で漢字語化され、漢字文化圏へと広がっていったが、「体育」もそのような例であった。physical education の訳語である「身体教育」つまり「体育」は、韓国（朝鮮）ではチェユク、中国ではティユーと発音され、一定の身体操作の鍛錬と集団的規律の結びつきを内面化しながら、強い心身と国民としての連帯を具現化する「近代人」の概念的土台として定着した。

戦前の日本はアジアのスポーツ強国であったが、それは軍国主義的な精神論と手を携えた部分が小さくなかった。少なくとも戦後は、そのようなものとして清算されるべき過去となった。たとえば明治神宮大会を通じた「体育的国民総動員」などは、スポーツ関係者にとっては悪夢のような過去の傷であり、克服されるべき恥部だということになろう。しかし、日本が克服したと思い込んでいた「体育」が、近隣諸国ではさらに「進化」を遂げ、より徹底した形で今でも受け継がれているのを知ったとき、複雑な感情に襲われずにはいられない。

本書でどう訳語を使い分けたかとも関わっているので、もう少しこの点について説明を加えておく。韓国語では日本語とほぼ同じように体育とスポーツの語を併用している。官公庁では、日本の文部科学省に相当する「文化体育観光部」や国家のスポーツ政策を統合的に管轄している「体育科学研究院」のように、体育という用語を使う場合が多い。一方で、スポーツ社会学のような学術世界やメディアではスポーツという外来語をそのまま使う例も増えている。本書では、できるだけそのまま訳出しているが、明らかに日本ならスポーツという場合も体育の語を使う例が多いので、その場合は適宜訳し分けた。

中国語では、体育という用語が体育とスポーツの両方を包括する語となっており、文脈によって適当に訳し分けた。韓国でも中国でも、オリンピックで活躍できるアスリートを育成する国策を重視し、そうした領域を「競技体育」と呼んでいる。一方で、市民が日常的に楽しむスポーツのことを中国語では「群衆体育」、韓国語では「生活体育」と呼んで区別している。前者はそのままでは馴染みのない言葉なので、「大衆体育（スポーツ）」と訳した。中韓とも、エリート主義的な「競技体育」の発展に力を注ぎ、日本を凌駕する大きな成功を収めてきたが、一方で一般市民が日常的に楽しむスポーツについては日本に大きく後れを取ったと認識されている。

とするなら、戦後の日本は体育からスポーツへと発展してきたが、中韓は日本が忘れ去った体育の遺産を独自な形へと発展させたといえるかもしれない。しかし、現実はもう少し込み入っている。日本でも体育の遺産は途絶えたわけではなく、たとえば学校体育という形で今でもさかんに実践されているからだ。中韓ではエリート養成に力を入れてきたため、日本のように全員参加型の体育の授業はむしろ活発でない。また、「子どもの自主性」を尊重するという建前で、半義務的に維持されてきた「部活」のような伝統もない（中澤 二〇一四）。ある意味では日本のほうが体育の伝統が社会の根深い層にまで浸透しており、市民が自発的にスポーツを楽しむ習慣が中韓より根づいているとは必ずしもいえないのである。

ごく手短に体育の語の「比較」を試みただけでも、単純な伝播論的図式ではうまく整理できないことに気づかされる(3)。ナショナリズム、およびその中心的概念であるネーションをどう訳すかも同様の複雑さにつきまとわれる。日本語で国民（主義）、民族（主義）、国家（主義）と訳し分けられるように、ないしはそのままカタカナ語で使われるように、韓国語でも中国語でも独特の使い分けがあり、それを丁寧に辿り直すことは、東アジアの政治思想史にとって大きな課題である。一般に戦後の日本は、国家主義や民族主義といった用語をあまり押し立てなくなったが、これは必ずしもナショナリズムの退潮を意味しないといえる。たとえば、二〇二〇年の東京オリンピックに向けたメインスタジアムの建設をめぐる混乱など、いかにも統合的な国家戦略の不在を印象づけるものであったが、視点を変えて外部から見たとしたら、首相の決断で原案の白紙撤回がなされた後ですら、法外な「衒示的消費」であり国家的威信の発現であるとしか見えなかったであろう。

一方で、中韓におけるスポーツの発展は国家による「上からの」押しつけである面も強かったが、すでにそうしたレベルを超えていることも否定できない。たとえば、韓国で恒例行事と化した街頭応援は、自国の善戦が期待できる国際競技大会では凄まじい規模に広がる。二〇〇二年日韓共催のＦＩＦＡワールドカップ（以下、Ｗ杯）でピークをなした準決勝の対ドイツ戦ではソウルの市庁前に八〇万人が集まり、総勢七〇〇万人の群衆が全国各地の通りを埋めつくしたとされるが、これに比肩する景観はメッカの巡礼くらいしかなかろう。もはや国家の干渉とは無縁の「大衆祭儀」にまで成長した韓国のスポーツ・ナショナリズムは、かなり特殊な進化形態だといえるだろうか。しかし、このときのお祭り騒ぎは、市民らの自発的な行動ではあるが、実はメディアを意識した「演技」であり、また企業の宣伝戦略に踊らされメディアに演出されたメディアイベントでもあるとの指摘もなされている（森津 二〇〇三）。

東アジアに限らず一般にスポーツは、少なくともある地点までは国家の政策・制度や集団主義的な熱狂に支えられない限り、大きく発展することはなかったかもしれない。しかし、そこにビジネスや商業主義といったもう一つの発展の動因が今日では大きく作用していることから、ナショナリズムからの離脱を予言する論者もいる。たとえば、Ｃ・サンドヴォスは、サッカーのファン研究を通じて次のように述べている。

グローバルな分配と再分配のパターンを通じ、プロサッカーはますます国民国家から独立したものになりつつある。同時に、ファンのアイデンティティ構築において、国民国家はますます重大な焦点でなくなりつつあるようだ。そうした関心はローカルとグローバルを結びつけるダイナミズムから迂回されるようになっている。

(Sandvoss 2003：175)

こうした変化は東アジアでも認められる。しかし、ここでもさらに重要なのは、単線的な進化図式でなく、国ごとで少しずつ形を変えながら、国家、メディア、大衆儀礼などの動力が複雑に絡み合った独自の景観をそれぞれの社会で紡ぎ出してきたという、より複雑な発展の歴史である。

たとえば、企業のグローバルな活動がスポーツ・ナショナリズムのあり方に大きな影響を与えていることも指摘される通りである。M・シルクは、そうしたプロセスを「企業ナショナリズム」と呼び、「国民と国民的アイデンティティが表象される方式に影響を与える支配の場は、超国家企業の宣伝戦略を通じて外部化され、またその中へと内部化されてもいる」と主張している（Silk, M. L. et al. 2005：7）。つまり、多国籍企業の活動はナショナリズムを終息させるわけではなく、それと絡み合いながら独自の発展を遂げ、むしろナショナリズムを延命させるのである。

東アジアの現実を見る限り、ナショナリズムとスポーツの諸相（遊戯性、祭儀性、芸術性、商業性など）との結びつきは、相互排他的な関係でなく、相互補完的ないし相互強化的な関係にあると捉えるほうが適切である。その意味で、ナショナリズムを卒業できたといえる事例はどこにもないし、当分はそうであり続けるだろう。ただ、そのことはかならずしもアジアの「後進性」を証言するわけではない。戦争の代理物、ないしシミュレーションという顔をもつスポーツは、だからこそ本当の戦争を回避するよすがともなる。近代の中韓にとって「敵」とは、欧米と並んでもっぱら日本であることが少なくなかったが、スポーツで敵と一戦交えるということは、他者とともに共通のルールで枠づけられた競合的感覚を共有し、国際舞台が与える普遍的な経験を積み重ねていくことでもある。競技スポーツは、その意味で戦争のシミュレーションであると同時に、それを防ぐモデルでもある。スポーツとナショナリズムを貫くパラドクスを受けとめる余裕がある限り、ナショナリズムと文明化は決して相反する道行きではないし、他者に対する攻撃衝動を充たしながら他者に対する尊敬の念を育てていくことも不可能ではない。東アジアのスポーツは、そうした内的矛盾をバネに発展してきたし、今やこのことを踏まえながら新たな発展を模索すべき段階にあるだろう。

5　本書の構成

本書の出発点として、二〇一三年一一月におこなった国際シンポジウムがある。執筆者にはそのときの発表を基礎としながら、本書の出版にあたり新しい原稿を執筆してもらっており、また参加者も一部入れ替えがある。シンポジウムの経緯については「あとがき」で述べることにし、ここではあくまで本書の構成について触れておきたい。

本書の基本構成は、スポーツ・ナショナリズムという複合的な現象を社会からのアプローチと政策からのアプローチという二段構えで捉えようとした点にまず特徴がある。さらにレベルを分けることも可能であろうが、実現可能な枠組みとして最低限こうした複合的アプローチをとることでスポーツ・ナショナリズムの多元性を捉えることをめざした。

第Ⅰ部には、主にメディアを通じて身近に接することの多い社会的現実の分析からスポーツ・ナショナリズムの考察に迫る事例研究を収めた。第一章は、キム・ヨナという韓国アスリート界における神話的なイコンを分析することにより、韓国でももはや国家からの一方的な介入を超え、企業戦略とナショナリズムが結合した「企業ナショナリズム」の段階に入ったことを説得的に論じている。第二章は、ナショナリズムを論じるときに置き去りにされがちなアスリートの具体的な声をたどり直すことを通じ、日本において再生産されながらも変質しつつあるナショナリズムのあり方を考察している。

第三章は、日本の武道について歴史的観点から複合的な分析を試みている。第四章は寄稿論文ではなく既出のエッセイの訳出であるが、カンフー映画の系譜をたどり直しながら中国におけるスポーツ・ナショナリズムの具体的な表象の歴史を考察している。伝統武術に対する二本の論考は、アプローチを異にしながらさまざまな共通性とズレを示しており、近代競技スポーツに収まらない領域の問題に考察を進める具体的な手がかりを与えてくれる。

第Ⅱ部は、政策のレベルから東アジア三国におけるスポーツ・ナショナリズムの特徴を浮かび上がらせようとした。特に中韓の事例については、実際の政策立案者に執筆してもらっている。そこには必然的に、分析的というよりは実践的な姿勢が前面に出ている。第五章は、(当時)韓国の体育科学研究院で、また第六章は中国の国家体育総局研究所でそれぞれ政策立案に携わっていた研究員による総括である。

日本にはスポーツ政策を統合的に立案する部署がなく、第七章は研究者による日本のスポーツ政策の分析をあてた。日中韓の差異だけでなく、政策立案者と研究者のアプローチのズレもまた、スポーツ・ナショナリズムの問題を複合的に捉えるときに手がかりになると考えられる。第八章は、三国の政策の差異と共通性を踏まえ、総括的・提言的なコメントを含む比較研究を展開している。オリンピック開催の時間的ズレが各国のスポーツ政策の違いに現れているとの見方は、差異を絶対化しないで普遍的な理解に進む一つの手がかりとなろう。

最後に、本書のもう一つの特徴に触れておこう。それは、スポーツ・ナショナリズムについて一国の例だけを通じて考えるのではなく、近い「他者」との比較を意識することである。比較とは、どちらが進んでいるかといった評定の問題でなく、ややもすると視野が狭くなりがちな傾向に複数の視線を導入しながら思考を複線化することであり、対話的な理解を進めることである。それゆえ、断定的な結論を出すことより、未来に向けて問いを発することを優先した。

たとえば、ナショナリズムに対する研究が進み、今では構築主義的な見方が支配的なものになっているため、なおさら出口のない閉塞感に囚われている面がある。なぜ、東アジアの人間にとって「たかだか」一世紀かそこらの歴史しかもたない「ネーション」という近代の構築物が、かくも執拗で根深い力を発揮し続けているのだろうか。この先まだ何十年、何百年と、私たちは「日本人」として「韓国人」として「中国人」として生を規定され続け、対立しながら生き続けるのであろうか。しかし、こうしたペシミズムは、ナショナリズムはかならずしも牢獄であるわけではなく、それを通じてスポーツを含め社会の多くの分野で飛躍的発展が見られたという事実を軽視しがちである。

蛇足ながら、「ネーション」の誕生の地であるイギリスの事例に対する再検証が一部で進んでおり（たとえば、Greenfeld 1992）、やがて東アジアの「ネーション」についても、それほど根の浅い問題ではないと説得的に論じられる日が来るであろうと予測しておきたい。それに応じて、いつか本書の提示した問題がさらに発展させられることを期待しつつ。

注

（1）スポーツ・ナショナリズムという言葉は学術的に定着している用語ではなく、比較研究の基礎になるかどうかはまだこれからの課題である。類似の用語として、"sportive nationalism" (Hoberman 1993), "sporting nationalism" (Bairner 2001), "sport-nationalism-media troika" (Rowe et al. 1998) といった例もあるが、ここではもっともシンプルな表現を採用した。

（2）近年になって、日本でスポーツ・ナショナリズムの問題に取り組む例が現れつつある。たとえば、『現代スポーツ評論』二七号（二〇一二）は、「スポーツナショナリズムの変容」を特集している。また、B・アンダーソンとの討議がこのテーマに取り組むきっかけになったという論集も出されたばかりである（石坂・小澤二〇一五）。これらの例は、東アジアに焦点を当て政策の次元に踏み込んだ本書とは守備範囲がかなり異なるが、基本的な問題意識を共有している。つまり、日本が「再び」このテーマに正面から取り組むべき時代が到来したということである。

（3）日本の一部の研究者に見られる体育のイデオロギー性を問い直す試み（たとえば、樋口二〇〇五）は、それ自体非常に重要なものであるが、ほとんど同じ姿勢がナショナリズムの名の下で進行している中国の事例と並べてみると、アイロニカルな響きをもってしまう。

参考文献（既訳がある文献は、原書を挙げてないが、引用した訳文に手を加えた部分がある。）

アンダーソン、B．／白石隆他訳（一九八七）『想像の共同体――ナショナリズムの起源と流行』リブロポート。

石坂友司・小澤考人編著（二〇一五）『オリンピックが生み出す愛国心――スポーツ・ナショナリズムへの視点』かもがわ出版。

エリアス、N．＆ダニング、E．／大平章訳（一九九五）『スポーツと文明化――興奮の探求』法政大学出版局。

オーウェル、G．／川端康雄訳（二〇〇九）「スポーツ精神」『オーウェル評論集4　ライオンと一角獣』平凡社、二五二―二五八頁。

グートマン、A．／清水哲男訳（一九八一）『スポーツと現代アメリカ』ティビーエス・ブリタニカ。

グットマン、A．／谷川稔他訳（一九九七）『スポーツと帝国――近代スポーツと文化帝国主義』昭和堂。

ゲルナー、E．／加藤節監訳（二〇〇〇）『民族とナショナリズム』岩波書店。

坂上康博（一九九八）『権力装置としてのスポーツ――帝国日本の国家戦略』講談社。

塩川伸明（二〇〇八）『民族とネイション――ナショナリズムという難問』岩波書店。

多木浩二（一九九五）『スポーツを考える――身体・資本・ナショナリズム』筑摩書房。

土佐昌樹（二〇〇四）「スポーツ・ナショナリズムと韓国社会の明日」『変わる韓国、変わらない韓国――グローバル時代の民族誌に向けて』洋泉社、一一九―五六頁。

中澤篤史（二〇一四）『運動部活動の戦後と現在――なぜスポーツは学校教育に結び付けられるのか』青弓社。

中村敏雄他編（一九七八）『スポーツナショナリズム』大修館書店。

バーリン、I．／福田歓一他訳（一九八三）「ナショナリズム――過去における無視と現在の強さ」『思想と思想家　バーリン選集1』岩波書店、四〇八―四四三頁。

バーリン、I．／福田歓一他訳（一九九二）「曲げられた木枝――ナショナリズムの勃興について」『理想の追求　バーリン選集4』岩波書店、二八八―三二〇頁。

樋口聡（二〇〇五）『身体教育の思想』勁草書房。

ベイトソン、G．／佐藤良明訳（二〇〇〇）「遊びと空想の理論」『精神の生態学』新思索社、二五八―二七九頁。

ホブズボーム、E．／浜林正夫他訳（二〇〇一）『ナショナリズムの歴史と現在』大月書店。

森津千尋（二〇〇三）「メディアイベントとしての街頭応援」牛木素吉郎・黒田勇編『ワールドカップのメディア学』三水舎、一一三―一四六頁。

Bairner, Alan (2001), *Sport, Nationalism, and Globalization: European and North American Perspectives*, State University of New York Press.

Cha, Victor D. (2009), *Beyond the Final Score: The Politics of Sport in Asia*, Columbia UP.

Greenfeld, L. (1992), *Nationalism : Five Roads to Modernity*, Harvard University Press.

Hoberman, J. (1993), "Sport and Ideology in the Post-Communist Age," In L. Allison (ed.), *The Changing Politics of Sport*, Manchester University Press, pp. 15-36.

Mangan, J. A., Kim H., Cruz, A. & Kang, G. (2013), "Rivalries : China, Japan and South Korea – Memory, Modernity, Politics, Geopolitics – and Sport," *The International Journal of the History of Sport*, 30-10 : 1130-1152.

Polley, M. (2004), "Sport and national identity in contemporary England," In Smith, A. & Porter, D. (eds.), *Sport and National Identity in the Post-War World*, Routledge, pp. 10-29.

Rowe D. et al. (1998), "Come together : Sport, nationalism, and the media image," In Wenner, L. A. (ed.), *Media Sport*, Routledge, pp. 119-133.

Sandvoss, C. (2003), *A Game of Two Halves : Football Fandom, Television and Globalisation*, Routledge.

Silk, M. L. et al. (2005), *Sport and Corporate Nationalism*, Berg.

Smith, A. & Porter, D. (eds.) (2004), *Sport and National Identity in the Post-War World*, Routledge.

Tomlinson, A. & Young, C. (eds.) (2006), *National Identity and Global Sports Events : Culture, Politics, and Spectacle in the Olympics and the Football World Cup*, SUNY.

Welsch, W. (2005). "Sport - Viewed Aesthetically, and even as Art ?" In A. Light & J. M. Smith (eds.), *The Aesthetics of Everyday Life*, Colombia UP, pp. 135-155.

第Ⅰ部

社会から見る

第一章　韓国の神話的イコン「キム・ヨナ」
――「企業ナショナリズム」の誕生――

コ・ウナ

1　スポーツ英雄からセレブリティへ

一九世紀末に近代スポーツが導入されて以来、去る一世紀の間に韓国社会には多くのスポーツ・スターが登場しては消えていった。日本国籍のままオリンピックで金メダルを首にかけたマラソンランナー孫基禎《ソン・ギジョン》から、朝鮮戦争後の国家再建期に白黒TVを通じて国民の士気を高めたプロレスラー金一《キム・イル》（日本名、大木金太郎）や、世界最強というドイツサッカーの障壁を跳び越えた車範根《チャ・ボムグン》に至るまで、初期韓国のスポーツ・スターはスポーツ英雄という名前で代弁されてきた。その理由は、何よりも近代化の時期と日本植民地化の時期が重なることで、植民地経験が韓国の近代国家形成はもちろん、近代スポーツ形成にも莫大な影響を及ぼしたためだと分析することができる。すなわち、スポーツで優秀な成績をおさめて日本選手に先んじた韓国選手は、英雄と見なされたのである。このような傾向は、一九六〇～七〇年代の朴正熙《パク・チョンヒ》政権でもそのまま現れたが、当時の政権が国家再建、経済開発、国家近代化を追求した二〇年間、国際スポーツ競技大会での勝利は国民統合という重大な役割はもちろん、政権の正統性を保証して韓国の地位を海外に広く知らしめる役割を果たしたことにもよるのである。

しかし、急速な社会・経済的成長とともに、今日のスポーツ・スターは過去の英雄的イメージから脱離し、観覧スポーツ市場を導くエンターテイナーや特定ブランドの広告モデルといった多分に大衆的イメージによってアピールしている。それだけでなく、この二〇年間、韓国プロスポーツの急成長とスポーツ人材市場のグローバル化は、サッカー、野球、ゴルフなど多様な種目の選手たちが外国の有名リーグや大会に進出する機会を用意することによって、西欧で始まったスポーツ・スターの超国家化（post-nationalization）または、多国籍化（multi-nationalization）の波に乗っている。このような変化の波のなかで最も目立つ現象は、過去には近寄ることができなかった神秘的なスポーツ英雄が、かつてマクルーハンが言及したことのある「虚偽的親密性（faux intimacy）」（McLuhan 1964）を持ったスポーツ・セレブリティ（celebrity）となって私たちの日常のなかに座を占めるようになったことである。

私たちがスポーツ・セレブリティに関心を持つ理由は、彼らが個人のアイデンティティやイメージを超えて国家的象徴（national symbol）または、商品記号（commodity-sign）として帯びる価値と意味のためだ（고은하、이우영 二〇〇四、Andrews 1996, Carrington 2001, Cashmore 2008, Cole 1996, Giardina 2001, Jackson 1994, Jackson & Andrews 1998, McDonald 1996）。だとするなら、韓国社会でスポーツ・セレブリティはいかなる意味を持っているのだろうか。本章ではフィギュアスケーター、キム・ヨナの事例を挙げて、グローバル・スターになろうと努力した彼女がメディア・コンテンツとして大衆に消費されながら、国家主義と企業ナショナリズム（民族主義）イデオロギーを生産・再生産する様相と脈絡を考察しようと思う。このため本章では、まずキム・ヨナが国民英雄としてつくりだされる過程をとりあげ、彼

女の世界市民性が国家主義と関連して具現される脈絡を検討した後、多様な広告とメディア・コンテンツを通じて消費と連結される様相について論じようと思う。

2　国民英雄の建設——国家主義とメディア効果

オリンピック金メダリスト、世界選手権二回制覇、UNICEF国際親善大使、スペシャルオリンピックス広報大使、TIMEが選ぶ最も影響力のある一〇〇人——キム・ヨナのフェイスブックの紹介文だ。これに加えて、二〇一八年平昌《ピョンチャン》冬季オリンピック誘致の主役という修飾語まで登場し、彼女の二五歳という年齢を勘案するなら、実にすごい業績に違いない。しかし、このような修飾語以前に、韓国人にとってキム・ヨナの意味は、「国民英雄」という地位に基づいている。それならいつ、どのように国民英雄の地位が刻み込まれ、担わされることになったのだろうか。二〇〇〇年代中盤から二〇一〇年バンクーバー・オリンピックに至るまでの新聞記事を調べてみると、キム・ヨナが嘱望される女子高生スケーターからフィギュアの妖精へと変身することになったのは、わずか数年前の二〇〇七年頃だ。当時メディアがキム・ヨナを英雄として描写した方式は、大きく三種類に要約されるが、最初に、過去多くのスポーツ英雄に付与された「先駆者」あるいは「開拓者」の言説、二番目に、キム・ヨナを世界を制覇した国威宣揚の主役として命名する言説、三番目に、歴史的記憶を基に形成された克日言説がそれだった（남상우、김한주、고은하 二〇一〇）。

わずか一〇年前を見ても、韓国でフィギュアスケーティングは非常になじみのうすい種目だった。冬季オリンピックの場合、ショートトラックだけが主な育成種目だった時期である。フィギュアスケーティングは選手層が薄いうえに、専用リンク一つない不毛な環境だったので、一般人の開放時間を除いた早朝や深夜にだけ訓練が可能なのは、キム・ヨナもやはり例外ではなかった。このように荒れ地のようなフィギュア環境でジュニア選手であるキム・ヨナが、韓国人として「最初」に世界「最高」の地位に駆け上がったことは、一種の驚くべき事件であり、多くの韓国人の胸に感動的に刻印された。当時の韓国社会は、政治・経済的に不安な時期をむかえていた。指導層の学歴不正とスキャンダルが社会的問題になり、参加型政府末期の腐敗と新しく執権した保守政党に対する批判によって政権全般に対する国民の信頼が下落したうえに、第二のＩＭＦ救済が予想される経済危機が訪れるとともに、韓国社会は混乱に陥った。国民が希望を失って信頼できる対象を探せない状況で、キム・ヨナの世界的な活躍の様子、特に韓国で最初にフィギュアグランプリ大会や世界選手権大会で優勝したニュースは、多くのメディアを通じて彼女の活躍の様子を政治・経済的不安感を回復するためのレトリックへと転換させた。これは、一九九八年の金融危機の時、パク・セリが「ジャンヌ・ダルク」としてあがめられたことと類似の脈絡から理解することができる。

キム・ヨナを国民英雄に成長させた二番目の言説は、国威宣揚と世界制覇言説だ。フィギュアスケートの不毛地に違いない韓国で、西洋選手を凌駕する身体的条件と能力、そして野心を備えたキム・ヨナの登場は、西欧に対するコンプレックスを解消する噴出口になった。韓国企業が世界に進出し、国家を知らしめ、外貨を儲けた時に初めて使われる「国威宣揚」の言説は、今までスポーツ分野でも英雄をつくりだすのに頻繁に使われたレトリックであった（고은하、이우영 二〇〇四、정희준 二〇一〇）。キム・ヨナの活躍は、国威宣揚と同時に「世界フィギュア選手権大会で優勝したことは、現代自動車何十万台を輸出した効果と同じだ」という経済効果まで引き出したものとして描写された。一方、国威宣揚の言

説と一緒に西欧コンプレックスを間接的に表すことになった重要な端緒は、まさに「世界制覇」という修飾語と外信の報道を誇張して広める言説戦略だった。「世界を制覇した〈氷上妖精キム・ヨナ〉」（이상준 二〇〇六）と要約されたこのようなレトリックは、これまで西欧、特に米国の覇権に従属してきた韓国がそうした覇権を握ることになったという意味を内包している。

最後に、韓国社会と韓国スポーツに根深く居座っている国家主義言説の一つである、克日あるいは対日言説がある。その底辺には、言うまでもなく日本の植民地時代を体験した歴史が位置しているが、サッカーであれ野球であれ、種目を問わずスポーツだけはどんなことがあっても日本に勝とうとする強い国民的共感帯が形成されているのだ。これにともない、韓国のキム・ヨナ対日本の浅田真央という対決構図が、キム・ヨナの登場からオリンピックの金メダルに至るまで、メディア報道に持続的な構成基準として位置してきた。キム・ヨナと浅田真央の国家的対決構図を見せてくれる事例として、

図1-1　2006年グランプリファイナル授賞式

出所：『ハンギョレ』2006年12月17日付より。

図1-2　2010年バンクーバー冬季五輪授賞式

© AFP＝時事。

二〇〇九年にLAで開催された世界フィギュア選手権大会前後の韓日ネチズン間の神経戦を挙げることができる。インターネット上の攻防以後、WBC決勝戦で韓国が日本に敗れることによって、韓日間の対決構図はすぐ翌日開かれた世界フィギュア選手権大会に移されることになった。結局、キム・ヨナは日本を象徴する浅田真央を抑えて、世界選手権大会だけでなくその後オリンピックでも金メダルを取り、国家的イコンとして浮上し国家英雄の完成を強調することになった。このような過程は、しばしば脱植民主義（post-colonial）言説において現れる劣等感の克服と世界舞台での自信回復として分析できる。

3　グローバル・ヨナ――グローバル化（globalization）と国家主義（nationalism）の出会い

卓越したスケートの実力によって世界の頂上に上ったキム・ヨナが、「国民英雄」を超えて韓国人が最も愛するスポーツ・セレブリティとしてそびえ立つことになったことについては、「グローバル・スター」として代弁される彼女のイメージが大きく作用した。多くの韓国人にとって「グローバル市民」は反問の必要がないくらい指向の対象となっており、「グローバル」に認められることによって国内でより一層その価値が認められるのは、セレブリティに限られた話ではない。その点で、長く世界最高の座を守りながらその頂点でオリンピック金メダルを獲得したキム・ヨナに対する愛と信頼は、当然のことだといえる。しかし、オリンピックや世界選手権大会で金メダルを獲得した他の多くの選手たちと異なり、キム・ヨナがグローバルなスター性を持続的に、そしてより確実に認められた理由は、韓国人がすでに「世界制覇」を超えて「世界市民（cosmopolitan）」に憧れているためだ。

キム・ヨナは、世界を背景に成長したグローバル・スターであり世界市民だ。世界市民は、束縛を抜け出した移動性、都市的洗練、特権的離脱、超国家的相互連携という現代社会の特性を典型的に見せているが、同時にグローバル化の必然的結果としてもたらされた文化の複数性を理解し、適応する文化的人物だと定義される（Featherstone 2002, Hannerz 1990；1996, Tomlinson 1999, Urry 1995）。キム・ヨナは韓国で生まれたが、外国人コーチと振付け師の指導を受けて海外で訓練をしただけでなく、海外有名スケーターらとの交際を維持しながら、ソーシャルネットワーキング・サービス（SNS）を通じて全世界のファンたちと会うなど、韓国の地理的・文化的限界を抜け出して名実ともに世界市民になった一握りの韓国スポーツ・セレブリティの一人だ。現代人の「グローバル市民」に対する指向、言い換えれば「世界市民」に対する指向は、すでに世界市民として広く知られたセレブリティを通じて代理的に達成される。スポーツがセレブリティとともにライフスタイルを創造するという主張（Rowe 2004, Wenner 1998, Whannel 2001）に見られるように、セレブリティ、キム・ヨナの世界市民性は、世界市民的ライフスタイルを創造、または追求する彼らに消費される。これは、ショッピングや食べ物など、日常の行為を通じて個人をグローバル・コミュニティと連結する「平凡な世界市民主義（banal cosmopolitanism）」（Beck 2002）と類似の脈絡から理解することができる。

他方で、このような世界市民主義の裏面には国家主義が控えている。キム・ヨナのイメージは、世界市民だがそれ以前に韓国人だという民族主義、または国家主義に根を持っている。この場合の民族主義は、国粋的で偏狭な民族主義ではなく「土着世界市民主義（rooted cosmopolitanism）」である。土着世界市民は自由に浮遊する自律的主体ではなく、自分の地域や国家に所属することを通じて世界に統合されている（Molz 2006）。特に、キム・ヨナの国家的所属感の確認には、企業資本主義（corporate capitalism）とメディアが大きな役割を果たしているが、これは民族的・国家主義的意識を企業資本主義を飾るため

に活用するからだ（Giardina & Metz 2005）。その具体的連結環は、グローバル化が企業資本主義を強化し、企業資本主義が戦略的に企業ナショナリズムの姿を選び、企業ナショナリズムの最も効果的な戦略が多様な形態の広告となってあらわれるという事実から発見される。これに反証するかのように、キム・ヨナを打ち出した広告は、彼女のグローバルなスター性と民族的訴求力を配合して視聴者の感情に歩み寄る。バンクーバー冬季オリンピック直後、三〇〇以上の韓国企業がキム・ヨナとの「ビジネスチャンス」のために接触し（김선우、정효진 二〇一〇）、三年過ぎた二〇一三年にも米国の有名経済誌『フォーブス』が世界的に最も多い広告収入を上げたスポーツ・スターの六位に指名したという点は、彼女の市場価値をはっきり示している。注目すべき点は、このような現象が企業ナショナリズムを前面に出した超国籍企業らが他国に進出する時に取る西欧的意味の企業ナショナリズム戦略である「超国籍資本と現地文化間の妥協」（Silk & Cole 2005）とは大きい距離があるということだ。むしろ、韓国的意味の企業ナショナリズムは、「民族的資本のグローバル・イメージの抱き込み」だと分析されるが、世界市民キム・ヨナは、このような企業の要求に正確に応える広告コンテンツなのである。

4　企業ナショナリズムとスポーツ・セレブリティ——広告女王キム・ヨナ

二〇一四年のソチ・オリンピックを最後に、キム・ヨナは引退を宣言した。多くのスポーツ・セレブリティが引退後も本人のイメージを活用した事業をおこなったり、あるいは芸能人に職業を切り替えたりするのと違い、キム・ヨナは母が代表を務める専属マネージメント社All That Sportsを通じて後進の養成に努めている。興味深い事実は、現役生活の時と変わらない人気と有名税を相変らず享受しているという点だ。『フォーブス』誌が集計したところによれば、キム・ヨナは二〇一四年に最も高い収入をあげた女性スポーツ選手の第四位であり、一六三〇万ドルを稼いだという。このうち三〇万ドルだけが賞金であり、一六〇〇万ドルは一〇を超えるスポンサーの広告を通じてあげた収入である（Forbes 2014）。一方、毎年キム・ヨナを中心に開かれるフィギュアスケート・ガラショーにおけるAll That Skateの公式スポンサーは、二〇一五年一月現在で、タイトルスポンサーのサムスン電子を含め、E1（LPG供給業者）、KB金融グループ（金融会社）、東西食品（飲料加工）、J・ESTINA（ジュエリー）、コカ・コーラ、プロスペクス（スポーツウェア）など七社に達し、彼女がバンクーバー・オリンピック以後、広告モデルとして活動してきた製品は、これらのスポンサーのものを含め、エアコン、携帯電話、冷蔵庫、自動車、LPG、運動用品、金融グループ、ベーカリー、流通業社、繊維柔軟剤、ミネラルウォーター、乳製品、コーヒーミックス、シリアル、化粧品、女性服、ジュエリー、時計など多様だ。わずか一〇年あまり前、パク・セリがサムスンからCJにスポンサーを変えたとたん、相当な反響を呼びおこしたことと比較してみる時、キム・ヨナが多数の公式スポンサーを持って多様な商品広告モデルとして出演しているのは比較的新しい現象だと見ることができる。

キム・ヨナは「市場親和的」であり、同時に「国家同質的」であるというめったに見られないスポーツ・スターだ。さらに興味深い点は、このようなイメージの重複のなかで企業の「商品」イメージと国家的「英雄」イメージが巧妙な綱渡りを繰り返していたという事実だ。国家を代表するという「悲壮さ」が窺えながらも、毎日のように消費する携帯電話やコーヒーのように「軽さ」も同時に内包するというわけだ（남상우他 二〇一〇）。国家を代表し、あるいは商品の服を着て国民の感性に近づき、韓国社会で最も影響力のあるスターの一人に位置づけられた彼女は、二〇一八年平昌冬季オリンピック誘致に

表1-1　2010年バンクーバー冬季オリンピック以降，キム・ヨナの広告出演実績

企　　業	ブランド	業種／商品
サムスン電子*	ハウゼン，エニーコール／ギャラクシー	エアコン，携帯電話
E1*	E1	LPG
KB 金融グループ*	KB 金融グループ	金融業
東西食品*	ポスト，マキシム	シリアル，コーヒー
J. ESTINA*	J. ESTINA	ジュエリー
コカコーラ*	コカコーラ	飲料
LS ネットワークス社*	プロスペクス	スポーツウェア
ロッテ食品	アイシス	ミネラルウォーター
CJ Foodville	Tous Les Jours	ベーカリー
P&G	ウィスパー	生理用品
IVY club	IVY club	学生服
Romanson	Romanson	腕時計
コーロン	QUA	女性服
高麗大学	高麗大学	教育
国民体育振興公団	スポーツ toto	スポーツくじ

＊印は All That Skates の公式スポンサー。

おいて「国家代表級」広報大使として活動しながら韓国の顔になっていただけでなく、多数の商品広告に登場しながら企業が好む「イメージ」を備えた商品になったのである。

特に、広告のなかでキム・ヨナのイメージは多様に現れながらも一定の類型を見せるが、その理由は、広告モデルの「からだのブランディング」(Crockett 2008) は企業が広告を通じて感動や共感を引き出し、これを通じて期待されるイメージを得る手段であるためだ。オリンピック前の二〇〇九年の広告におけるキム・ヨナのイメージを分析した先行研究によれば、世界舞台への挑戦期と経済危機のなかで国民に希望をあたえる国家主義世界観が支配的に現れたが、キム・ヨナが二〇代に入り運動選手イメージを脱して女性性を強調した広告も新たに登場すると分析された (이정우 二〇〇九)。特にこのようなイメージの変化は、キム・ヨナの選手キャリアの頂点である二〇一〇年バンクーバー冬季オ

リンピック前後により多くの広告に出演するとともに、さらに劇的に起きたのであるが、この時点を「国民英雄」から「広告女王」への転換期だといっても過言ではない。すでに言及した企業広告のなかで、バンクーバー・オリンピックを控えて放送されたＮＩＫＥの広告と、オリンピック金メダル獲得以後公開されたサムスンエアコンＺｅｒｏの広告、同じ年Ｗ杯の時期の現代自動車の広告につながるイメージ変身を例に挙げてみよう。ＮＩＫＥ広告のキム・ヨナは、全国民の希望を肩に担って孤独な練習を繰り返す先駆者であり、女性性を排除した運動選手であり、悲壮な表情によってすべての否定的暗示を消し去る英雄だ。反面、オリンピック終了後に放映され始めた三星ハウゼン杯エアコンＺｅｒｏの広告に登場するキム・ヨナは、悲壮さや英雄的イメージを投げ捨てて、溌剌とした少女になって踊って歌う。金メダルを取って帰ってきた韓国の娘であり妹であるキム・ヨナのそばで一緒に踊るブライアン・オーサーコーチは、お父さん役の

図１－３　NIKE の広告「金メダルに命をかけない選手はいない」(2010)

出所：NIKE。

図１－４　NIKE の広告２「失敗しないわけがない」(2010)

出所：NIKE。

図1-5　サムスン電子ハウゼンの広告（2010）

出所：サムスン。

図1-6　現代自動車の広告（2010）

出所：サムスン。

助演を正確にやり遂げる。一方、同じ年の夏におこなわれたW杯に先立ち放送された現代自動車の広告において、キム・ヨナはレゲエ頭に歌手のような服を着て舞台に立ち、踊って歌って応援団長になって、「レッドデビル」の服を着た群衆を導く。

国民英雄から愛らしい少女へ、さらに応援団長へと、わずか五カ月余りの期間におけるイメージ変化としては、非常に激しいと見ることができる。興味深いのは、多くの広告モデルが非常に一貫した自己イメージを活用するのに比べて、このように極端な変化を経るキム・ヨナを見ても、視聴者がまったく違和感を感じていないという点だ。それなら、キム・ヨナは国家代表と隣家の少女、応援団長のイメージを全部持っていたか、でなければ状況変化により新しいイメージに着替えたものだろうか。そうではない。それよりは、私たちが目撃し共感し感動する彼女の姿が、非常に精巧な広告戦略によって作られ変化したという方が正確な説明であろう。これは、九〇年代後半にマイケル・ジョーダンが過去の広告および一連の商品キャンペーンのなかで見せた多様なイメージを説明する一群の研究結果とも一致する（Andrews 1996, Cole 1996, McDonald 1996）。

5　セレブリティの絶え間ない再生産――メディアの役割と消費主義の未来

国民の妹から国民英雄へ、そして再び国民の恋人から韓国の顔へと姿を変えて定着したキム・ヨナの有名税は、新聞を通じて最初に基盤を固めた。二〇〇五年頃から二〇一〇年バンクーバー・オリンピックに至るまで、新聞はキム・ヨナに対する親近感を醸しだし、国家と同一視し、国民英雄の隊列に引き上げるのに大きな役割を果たした（남상우他 二〇一〇）。バンクーバー冬季オリンピックと前後して、公式後援企業をはじめとする多数の企業広告に出演することになるが、これは老若男女誰もが彼女を毎日見ることができるようになったという点で意味が大きい。前節で言及した多様なイメージを通じて、企業は期待通りの広告効果を得た一方で、キム・ヨナは消費社会に適合した大衆的イメージを構築することができるようになった。これに加えて、キム・ヨナは広告だけでなくトークショーに出演し、フィギュアスケートを主題にしたリアリティーショーの司会をするなど、私的な姿をさらしながら遠くにいる英雄でなく身近な妹であり恋人のイメージへと変身することに成功した。特に、キム・ヨナのＴＶ広告およびプログラム出演は、ニューメディアに活動の場を広げることにも決定的に寄与をしたという点で意味が大きい。

ニューメディアの一番目の特徴は、ノンフィクションとフィクション・コンテンツの絶え間ない生産と変形、再生産だ。最近オンライン・ニュースメディアが増加するとともに、ニュースの内容をコピーして掲載するような比較的ノンフィクション的で複製的性格の再生産から、消費者が広告写真や競技場面をつないでキャプションを付ける消極的変形や、スターの写真を活用してまったく新しいイメージを創造する、より積極的変形であるとか、さらには新たな論題の提起および集合的ファンダムのような新しい生産に至るまで、キム・ヨナというセレブリティを中心にしたオンライン活動は一言で定義するのが難しいほど多様だ。このなかでセレブリティというコンテンツは、既存のメディアに現れたイメージを強化し、再解釈したり転覆させながら、ネチズン（ネット市民）にあたかも遊びとしてのショッピング（recreational shopping）であるかのように見せつつ（Keller 2005）、必要よりは面白味を追求するインターネット遊戯としてのファンダム（recreational internet fandom）を提供する。キム・ヨナに向けた最も代表的なオンライン・ファンダムとして、SNSを通したファン活動を挙げることができる。国内外で多くの利用者を保有しているSNSのフェイスブック、ツイッター、一時韓国最高の人気を謳歌したサイワールドにおいて、キム・ヨナのファンたちの活動は、公式ホームページを通した活動に大きく先んじてきた。これに加え、ユーチューブではキム・ヨナのマネージメント社であるＡｌｌ　ＴｈａｔＳｐｏｒｔｓと広告主、そしてファンたちがアップロードした動画が、常にアップデートされＳＮＳのファンダムと連結されるのである。

ニューメディアの二番目の特徴は、「情緒（emotion）」と「消費（consumption）」を連携する「想像（imagination）」の役割を一定部分代理するという点だ（Illouz 2009）。広告において生産は広告主とメディア、想像は消費者の分担だが、生産者と消費者の境界が崩れたオンライン上で「想像」は消費者と生産者すべての分担となり、メディアは消費を中継（mediation of consumption）するという役割を受け持つことになる。全世界的に最も使用者が多い動画サイトのユーチューブでキム・ヨナが登場する動画を探してみると、競技場面からアイスショー、TV出演クリップから広告ビデオ、広告撮影ビハインドストーリーに至るまで多様だ。ユーチューブを通じてキム・ヨナの多様な映像を視聴する消費者は、オンライン文化を楽しんでコピーして分かち合いながら、アイスショーと広告、そしてスター・マーケティングに反復的、自発的にさらされる。このような現象は、ウェブ上のビデオ・コンテンツが広告主に最も新しい広告領域として浮上しているという指摘（White 2007）とも一脈相通じる。

興味深いことに、ユーチューブのキム・ヨナ関連の主な動画は、キム・ヨナのフェイスブックにしばしばアップデートされ、キム・ヨナの日常とファンたちのファンダム、専門家が製作した広告の間の境界を崩すのである。ソーシャルメディアを通した一般人のセレブリティ化のなかでますます本物のセレブリティの本物の話を望むようになっている大衆に、キム・ヨナ（正確には彼女のマネージメント社）のSNS活用は、時代にマッチして効果的だ。キム・ヨナ側のオーサーコーチ解任通知後、新聞とインターネットを通じて真実をめぐる攻防が繰り広げられた時、大衆の圧倒的な応援があったのは、キム・ヨナのスター性だけでなく普段から続けられてきたセレブリティと大衆の双方向的疎通と無関係ではなかった。

6　変容し続けるイメージの行方

一時「フィギュア妖精」だったキム・ヨナは、自他が公認する「フィギュア・クイーン」になり、モデルとなった製品ごとに驚くべき販売高を上げる「広告女王」となり、長期間、全世界の子どもと難民を助けてきた「寄付女王」として絶えず多様なメディアに登場しながら、韓国人が最も愛するセレブリティとしてその商業的価値もまた最高額を享受している。その背景には、スポーツをはじめとする後期資本主義文化のいろいろな領域で次第に増大している超国家主義（transnationalism）（Silk & Andrews 2001）および多文化主義（multiculturalism）（Cole & Andrews 2001）をものともせず、韓国スポーツに依然として優勢な影響力を行使している国家主義が位置している。また、キム・ヨナをめぐる国家主義イデオロギーは、過去のスポーツ英雄が象徴していた純粋な民族主義と異なり、また今日多くの西欧スポーツ・セレブリティが象徴する純然たる商業主義とも異なり、企業の意図と長間の民族主義の複合的作用によって作動する企業ナショナリズムであることに注目する必要がある。

また、私たちは彼女の人気や有名税を超えて、「グローバル」であると同時に「民族的」である彼女のイメージが多様なメディアを通じて生産、再生産、変形、受容、想像されながら、消費と連結される環に関心を傾けざるをえない。国際大会とアイスショー、そして毎日のように出くわす広告とデジタル・コンテンツで私たちが出会うキム・ヨナは、国家代表であると同時にプロ選手で、国民英雄であると同時に広告モデル、スターであり友人だ。そのどれか一種類の姿だけで彼女を完全に説明できないように、私たちが毎日消費するキム・ヨナのイメージは、依然として変化に比類がない。情緒（emotion）と消費の節合（articulation）を説明する概念的環は、「想像（imagination）」、または文化的幻想の社会的実現（socially situated deployment of cultural fantasies）から発見される（Illouz 2009）。すなわち、決して唯一でない、絶えず変形されてメディアを通じて享有されるキム・ヨナのイメージを眺めながら、「私たちが感じた感動はどのようにつくられ、私たちの日常の消費にどんな文化的影響を及ぼすのか」という問いを発してみる必要がある。このようにスポーツ・スターの変化するイメージと大衆の情緒、消費との関係を考察する努力は、さらにグローバルでさらに資本中心的であり、さらにメディア依存的に変化して

いく私たちの社会とスポーツの関係を理解する主要なアプローチになるだろうと信じる。（土佐昌樹訳）

原題：고은하「국가주의、기업민족주의、그리고 전지구화：김연아를 통해 본 스포츠 셀레브리티의 의미」

参考文献

고은하、이우영 二〇〇四．〝박세리에 대한 기업민족주의를 통해 본 한국형 스포츠 셀레브리티의 조건〟．「한국스포츠사회학회지」、一七（二）、一二一―一三七．

김선우、정효진 二〇一〇．〝연아 '금빛 연기' 수조원대 경제효과〟．「동아일보」、二〇一〇．二．二七、一五 면．

남상우、고은하 二〇一四．〝민족 영웅 박찬호와 세계시민 류현진：전지구화와 민족주의 사이의 스포츠 스타〟．「한국스포츠사회학회지」、二七（四）、二四三―二五九．

남상우、김한주、고은하 二〇一〇．〝국민여동생에서 국민영웅으로：김연아 영웅 만들기와 미디어의 담론전략〟．「한국스포츠사회학회지」、二三（二）、六一―八五．

이상준 二〇〇六．〝인물로 돌아본 二〇〇六 스포츠（四）세계를 제패한 '빙상 요정' 김연아〟．「한국일보」、二〇〇六．一二．二二、二二면．

이정우 二〇〇九．〝TV광고 속 김연아와 그 명사성：국가주의 이데올로기와 성 정체성의 재현〟．「한국스포츠사회학회지」、二二（三）、一―一七．

정희준 二〇一〇．〝정희준의 어퍼컷：김연아가 월드컵 노동에 올인하는 이유〟．「프레시안」．二〇一〇．六．二五．

Andrews, D. L. (1996), "The fact (s) of Michael Jordan's Jordans blackness : Excavating a floating racial signifier," *Sociology of Sport Journal*, 13 (2), 125-158.

Beck, U. (1992), *Risk Society*, London : Sage.

Beck, U. (2002), "The cosmopolitan society and its enemies," *Theory, Culture & Society*, 19 (1-2), pp. 17-44.

Carrington, B. (2001), Postmodern blackness and the celebrity sports star : Ian Wright, "race" and English identity. In

D. Andrews & S. Jackson (eds.), *Sport Stars : The Cultural Politics of Sporting Celebrity*, London : Routledge, pp. 102-121.

Cashmore, E. (2008), "Tiger Woods and the new racial order," *Current Sociology*, 56 (4), 621-634.

Cole, C. L. (1996), "American Jordan : P. L. A. Y., consensus, and punishment," *Sociology of Sport Journal* , 13 (4), 366-397.

Cole, C. L. & Andrews, D. L. (2001), "America's new son : Tiger Woods and America's multiculturalism". In D. L. Andrews & S. J. Jackson (eds.), *Sport Stars : The cultural politics of sporting celebrity*, New York, NY : Routledge, pp. 70-86.

Crockett, D. (2008), "Marketing blackness : How advertisers use race to sell products," *Journal of Consumer Culture*, 8 (2), 245-268.

Featherstone, M. (2002), "Cosmopolis : An Introduction," *Theory, Culture & Society*, 19 (1-2), 1-16.

Forbes (2014), "The World's Highest-Paid Female Athletes." (http://www.forbes.com/pictures/mli45ekgkk/4-kim-yuna/)

Giardina, M. D. (2001), Global Hingis : flexible citizenship and the transnational celebrity. In D. L. Andrews & S. J. Jackson (eds.), *Sport stars : The cultural politics of sport celebrity*, London : Routledge, pp. 201-217.

Giardina, M. D. & Metz, J. L. (2005), All-American girls ? Corporatizing national identity and cultural citizenship with/in the WUSA. In M. Silk, D. L. Andrews & C. L. Cole (eds.), *Sport and corporate nationalisms*, Oxford : Berg, pp. 109-126.

Illouz, E. (2009), Emotions, "Imagination and Consumption : A new research agenda," *Journal of Consumer Culture*, 9 (3), 377-413.

Hannerz, U. (1990), "Cosmopolitans and Locals in World Culture," *Theory, Culture & Society*, 7 (2-3), 237-251.

Hannerz, U. (1996), *Transnational Connections : Culture, People, Places*, London : Psychology Press.

Jackson, S. J. (1994), Gretzky, Crisis, and Canadian Identity in 1988 : Rearticulating the Americanization of Culture Debate, *Sociology of Sport Journal*, 11 (4), 428-446.

Jackson, S. & Andrews, D. (1998), Race, nation and authenticity of identity : Interrogating the 'everywhere'man (Michael Jordan) and the 'nowhere'man (Ben Johnson), *Immigrants & Minorities*, 17, 82-102.

Keller, M. (2005), "Needs, Desires and the Experience of Scarcity," *Journal of Consumer Culture*, 5 (1), 65-85.

McDonald, M. G. (1996), "Michael Jordan's family values : Marketing, meaning, and post-Reagan America," *Sociology of Sport Journal*, 13 (4), 344-365.

McLuhan (1964), *Understanding media : The extensions of men*, New York : Mentor

Molz (2006), Cosmopolitan bodies : Fit to travel, traveling to fit, *Body & Society*, 12 (3), 1-21.

Rowe, D. (2004), *Sport, culture and the media*, Maidenhead, UK : Open University Press.

Silk, M., Andrews, D. L. & Cole, C. L. (2005), Corporate nationalism (s) : The spatial dimensions of sporting capital. In M. Silk, D. L. Andrews & C. L. Cole (eds.), *Sport and corporate nationalisms*, Oxford : Berg, pp. 1-12.

Tomlinson, J. (1999), *Globalization and Culture*, Cambridge : Polity.

Urry, J. (1995), *Consuming Places*, London : Routledge.

Wenner, L. (ed.) (1998), *MediaSport*, London : Routledge.

Whannel, G. (2001), *Media sport stars*, London : Routledge.

White, C. (2007), "The use of video in retail Online Media Daily." (http://www.mediapost.com/publications/?fa=Articles.showArticle&art_aid=59005&passFuseAction=PublicationsSearch.showSearchResIts&art_searched=&page_number=0 (Accessed Nov. 17, 2010))

第二章　日本人トップアスリートの「手記」
——揺らぐアイデンティティとナショナリズムの変容——

小石原美保

1　メディアが生みだすナショナリズム

(1) スポーツ・メディアの登場

明治期以後欧米から日本に移入したスポーツは、二〇世紀に入る頃から近代的な身体運動文化として急速に大衆化した。スポーツの社会的認知は、各競技統括団体の設立や全国規模での競技会の開催など、スポーツの組織化とともに進行した。スポーツ活動の仕組みが整備されただけでなく、それと同時に、スポーツを知る、スポーツを見るという行為を、多くの人が共有する場や機会が提供されていった。このようなスポーツの大衆化過程において、マス・メディアが欠かせない役割を担ったことは言うまでもない。

日本におけるスポーツ・メディアの登場は、一八七〇年代に活字メディアである新聞が各種のスポーツ・イベントを報じたことに始まる。その後新聞は、試合結果や選手・チームの成績・戦力などの記録やデータを提供し、試合の内容を再現描写するようになった。さらに新聞社は、高まるスポーツ人気に呼応してスポーツ関連記事を増やし、販路拡大をはかるため各種競技会を自ら主催、後援する経営戦略にも積極的に乗り出した。同時代にはジャンル別、年代別、性別の大衆向け雑誌も相次いで発刊され、これらの雑誌においてもスポーツ関連読み物や写真付き記事が定期的にとりあげられた。専門家による試合戦評やスポーツ技術解説のコラムが掲載されるなど、雑誌という活字メディアは、報道だけでなく、批評、啓蒙の役割も誌面に打ち出すようになる(1)。

つづいて登場したのが、音声メディアのラジオ放送である。スポーツ・メディアとしての役割は、一九二七年の日本放送協会による野球の試合実況放送をもって嚆矢とする。アナウンサーの軽快な語りを通じて、遠く離れた場所でも試合が眼前で展開されているかのように想像できるラジオは、斬新で画期的なスポーツ・メディアとして大衆の心をつかんだ(2)。スポーツの大衆化は、スポーツ・メディアの登場によってそのスピードをいっそう加速したといえる。

(2) オリンピックとナショナリズム

二〇世紀初頭から一九三〇年代にかけて普及した活字や音声のメディアは、新しいスポーツ文化享受のあり方を社会に定着させた。一方、クーベルタンによって構想され一八九六年から始まった近代オリンピックは、スポーツの国際化を進展させた。クーベルタンが近代オリンピックに掲げた理念は、青少年のスポーツ教育と、選手たちの国を越えた友情、平和の祭典の場から最良の国際主義が生まれる、という高邁なものであった。しかし、現実のオリンピックでは、各国代表選手たちの出会いの場は、やがてスポーツを通じた国同士の熾烈な競い合いの場、さらにはメダル獲得に象徴される国威発揚の場へと変貌していくことになった。その意味では、オリンピックは当初からナショナリズムを胚胎したものだったといえる。

日本は一九一二年のストックホルム大会に、アジアの国として初めて二人の陸上競技選手を送り出した。これ以降参加選手も増え、日本人選手の成績や活躍に社会的関心が集まるようになる。一九二八年のアムステルダム大会では、陸上競技で織田幹雄が三段跳びで日本人として初めて優勝、人見絹枝が女子八〇〇メートルで二位になる快挙を成し遂げた。オリンピックには、欧米先進国に極東の島国「日本」をスポーツ新興国としてアピールする場としての意義が認められるようになる。この頃より活字メディアは、大会期間中の新聞報道をはじめ、大会前後にも雑誌で特集記事を組むなど、さまざまな記事や読み物を提供し始めた。活字メディアが構成する紙面には、選手紹介や大会での成績報道に加えて、大会トピックスや競技にまつわる実話や美談が添えられ、「大会画報」と銘打つグラビアページでは、豊富なヴィジュアル・イメージが読者の目を楽しませた。

ラジオ放送の中継技術が進歩すると、オリンピックの臨場感あふれる実況中継が可能になった。これにともない、それまで国内の相撲や野球の実況に熱心に耳を傾けていた聴衆は、オリンピックの水泳や陸上競技の実況にも関心を向けるようになる。このように活字、音声メディアを通じて、日本代表選手の活躍や勝利は「国民の誇り」として認識され、その認識は広く大衆に共有されることになったのである。

個人が「国家」という概念を意識すること、選手が「国を代表する」ことを自覚して果敢に競技に取り組むこと、観客、聴衆、読者である大衆が、自国代表選手やチームを応援することで「国民」としての一体感を確認し、自国代表の勝利に代替的な達成感を得ること、こうしたスポーツの場を介した行為や経験が、個人の意識の総体や社会現象としてのスポーツ・ナショナリズムをつくりあげている。そのような行為、経験を提供した最初の場が近代オリンピックであり、同時代のマス・メディアは、オリンピック報道を通じてスポーツ・ナショナリズムの創出に貢献し、それを定着させる役割を担っていたといえる。

(3) 活字メディアとナショナリズム

このような国民統合機能を持つ、あるいはベネディクト・アンダーソンが言う「想像の共同体」を構築するスポーツ・ナショナリズムを捉えるうえで、活字メディアの言説は、スポーツ・ナショナリズムが社会においてどのように創出され、醸成されたのかを示唆する重要なテクストといえる。その変遷を概観してみることは、時代によってさまざまな相貌であらわれるスポーツ・ナショナリズムの概念や現象を読み解く鍵になると考えられる。

そこで本章では、スポーツ・ナショナリズムをアスリート自身がどのように語っているのか、さらに、活字メディアにおいて国家を代表する選手はどのように語られているのか、という二つの観点から、新聞、雑誌記事やアスリートの手記における「個人」と「国の代表」という二つのアイデンティティの揺らぎを読みとってみたい。おびただしい活字言説のなかから、ここでは活字メディアにおけるナショナリズムのクロースアップが顕著と考えられる時期、すなわち、国際舞台であるオリンピックで日本人選手が活躍し始めた一九二〇～三〇年代、およびアジア初のオリンピック自国開催が実現した一九六四年東京大会前後に着目し、この時期のオリンピック代表選手の手記や同時代の活字言説をとりあげる。さらに、現代社会におけるスポーツ・ナショナリズムの一端を捉えるため、グローバル化が進む二一世紀の活字言説として、サッカー日本代表選手の手記に注目してみる。

2　一九二〇～三〇年代のアスリート手記・活字言説

（1）一九二八年アムステルダム大会で陸上競技の三段跳びに出場した織田幹雄は、自叙伝『わが陸上人生』に、日本を発つとき「新聞に優勝候補、優勝候補と書き立てられ、いつの間にか私もその気になり、「どうしても優勝しなければ」と気負いこんでいた」（織田 一九七七：一〇二）と心情を記している。開会式の七月二八日の日記には「大会は開始された。これが最後であって自分の力の限りを尽くさねばならぬ。過去四カ年の苦しみも、ただこれがあるがためだった。国をたつ時の心を忘れるな。死をもってあたれば何ほどのこともない。必ず優勝して日章旗を掲げねば日本に帰ることはできないのだ」（織田 一九七七：一〇三）と悲壮な決意が綴られている。

ただ一方で織田には、「私にはオリンピックだからといって、「日本のためにぜがひでも……」というような考え方は初めにはなかった。自分の楽しみ、自分の力をどこまで伸ばせるかといった、自分の問題として競技に没頭していたのである。しいていえば、オリンピックでポールにあがる旗がアメリカ、フィンランドなど外国のものばかりだから、そこへ一つ日本の旗をあげてやろうという気持ちは強かった。しかし、国内事情はそんな気持ちを許さなかったから、やはり国のためにということを口にせざるをえなかった」（織田 一九七七：一〇七）と、日本代表であることの重圧に抵抗する一アスリートとしての思いもあった。ここには当時の代表選手が、もはや「自分の問題」として競技に取り組むだけではすまされない国の代表としての責任を、痛切に自覚していたことがうかがわれる。オリンピックが世界的に認知され、競技力のランクづけをおこなう国際大会としての権威をそなえるにつれ、「個人」と「国の代表」との二つのアイデンティティがアスリートのなかで対峙し、ときに葛藤を生みだしていたことが、織田の手記には記されている。

八月二日、三段跳びで優勝し「生涯最良の日」を迎えた織田は、「広い競技場に一人立ち、メーンポールに上がる国旗をみていると、ひとりでに涙がポロポロとでてきた」（織田 一九七七：一〇五）という。表彰式での感涙には、日本代表としての使命を全うできた安堵も含まれていたのであろう。

（2）一九三二年ロサンゼルス・オリンピック――南部忠平

一九三二年のロサンゼルス大会では、代表選手への国民の期待がさらに高まり、前回大会の三倍となる一三一人の日本選手団は、陸上競技、水泳競技を中心に七個の金メダルを獲得してこれに応えた。そのうちの一つが、前回大会に続く三段跳びでの金メダルである。連覇が期待された織田幹雄は、前年に膝を痛めたこともありこの大会は不調だった。織田にかわり優勝したのは南部忠平である。彼は当時の世界新記録（一五メートル七二）を樹立した。この種目では、選手村でガス風呂爆発事故に巻き込まれた大島鎌吉が火傷を負いながらも銅メダルを獲得、表彰台に二本の日章旗が揚げられ、日本の強さを世界に印象づけた。ここでは南部の優勝をめぐる活字言説に注目してみたい。

〈新聞記事のレトリック〉

南部の三段跳び優勝を伝える『東京朝日新聞』（一九三二年八月六日付夕刊一面）には、次のような見出しが躍っている。

南部世界新記録を出し
優勝の日章旗揚る！
大島も三位、日本十點獲得
果然威容を示した我三段跳

この見出しには、「世界新記録」「大島も三位」「日本十點獲得[3]」と、客観的事実を伝える表現だけでなく、「優勝の日章旗揚る！」「果然威容を示した我三段跳」と、選手の勝利を国旗に象徴させ、三段跳びを日本のお家芸として誇示する表現が目につく。これらはナショナリズムを喚起する修辞の一例と見ることができる。ちなみに、前々日の南部の走り幅跳び三位を伝える同じ『東京朝日新聞』の見出しにも、「日章旗始《ママ》めて飜る」（八月三日付号外）、「日章旗に集る感激」（八月四日付夕刊）とある。オリンピックでの勝利（三位入賞）を国旗に象徴させることは、当時、新聞の見出しのレトリックとしてある程度定着していたと考えられる。

記事本文に目を向けると、試合の模様を伝える内容に続き、表彰式の光景や選手や観客の様子が感動的に再現されている。「……大日章旗はオリムピック高塔の上百二十一フィートのビクトリー・マストに二本並んで君が代の曲に合わせて静々と掲揚された、南部、大島両選手はいまフィールドの式段の上に直立不動して揚がる日章旗を仰いでいる、そして君が代を聴いている、何という感激の一瞬だらう、スタンドの同胞はもう感激のあまり歌う君が代の声が出ない、やっととぎれとぎれの感激の涙にぬれつつ君が代を唱った、時に午後五時三十分」（『東京朝日新聞』一九三二年八月六日付）。

この記事は、国旗である日章旗がスポーツ・ナショナリズムを可視化する表象であり、国歌「君が代」がナショナリズムを想起させる旋律であることを明示している。選手も観客も、これらの国家の表象を通じて、スポーツ空間で生まれるナショナリズムを共有していたと考えられる。さらにメディアの言説は、この光景を活字に転写することで、読者、すなわち、その時その場にいなかった国民にも、時間と距離を無効化してナショナリズムを共有させる役割を担っていたのである。

〈少年向け雑誌の読み物〉

南部の快挙は、当時爆発的人気を誇っていた少年向け雑誌『少年倶楽部』でも読み物に仕立てられている。『少年倶楽部』（一九三二年一〇月号）では、詩人であり、スポーツに造詣の深いことで知られたサトウ・ハチローの執筆による「我が陸上競技の誇　南部の優勝を聞く」というドキュメント風の読み物が掲載されている。この読み物の語りの技法が構築するスポーツ・ナショナリズムに注目してみたい。

この読み物の特徴は、その語りにロサンゼルス大会で初めて試行されたオリンピックのラジオ放送を含むことである。この大会では実況中継はかなわず、試合終了二、三時間後にアナウンサーが試合や競技を目の前でおこなわれているかのように再現する「実感放送」がおこなわれた。読み物では現地からの実感放送に日本にいるサトウが耳を傾ける設定で、二カ月前の大会の熱気が誌面上に再現されている。サトウは、日本放送協会の松内則三アナウンサーによる決勝の実況を組み込みながら、織田と南部の美しい友情を称える物語を構成している。読み物の後半、松内アナウンサーの実況は、緊迫した調子で決勝の模様を語り、つづいて南部の優勝とビクトリー・マストに日章旗があがるさまを感動的に伝えている。そして競技を終えた南部が放送席の前に来て「ただ今、南部忠平優勝いたしました」と語りかける。ラジオから流れるその声を聞いて、サトウの感激は頂点に達する。

この言葉をよく聞け諸君、この言葉は南部が、いかに国を愛しているか、いかに陛下のよき民であるかをはっきりとしめすものである。誰に報告しているのであろうか。天皇陛下へである。そして日本国民へである。そして、その後に大きな声で「日本万歳」と言ったそうである。南部!!! 僕の南部!!! 日本の南部、世界の南部、僕は君の優勝に感謝する。

（サトウ　一九三二：八二）

ここで注目されるのは、オリンピックの優勝にからめて南部の愛国心を讃えるサトウの語りが放つ強烈な煽情性である。むろん、この煽情性の背景には、満州事変（一九三一）以後の緊張した国際関係のなかでの日本の位置や、皇室崇敬の愛国教育が浸透していた当時の教育事情も視野に入れなければならないだろう。しかしここでは、スポーツ・ナショナリズムを喚起するサトウの語りの技法に特に注目しておきたい。

この読み物は、ラジオ放送という当時の最新メディアに実際の試合や選手の様子を語らせる一方、南部の優勝がサトウを含めたオーディエンスに国民の喜びとして共有されるさまも物語っている。つまり、読み物には、音声メディアが伝える試合という小さな物語が入れ子となり、その外枠にスポーツ・ナショナリズムを喚起する大きな物語が構築される仕掛けが組み込まれているといえる。このような活字と音声とのメディアミックスを取り入れた言説の登場は、ラジオという新しいメディアとスポーツ双方への国民的関心が相乗的に高まった当時ならではといえるだろう。この読み物でラジオの実況に高揚したサトウが南部に送る歓呼の声は、テンポ良いリズムをつくりだして読者にも唱和を促すものとなる。それは、堂々と海外の選手に伍して競技する「国の代表」というロールモデルを日本人選手に託す力強い唱和を呼びかけるものともいえる。サトウは、スポーツ空間の歓声を紙面に響かせながら、読者をナショナリズムの陶酔に引き込んでいるのである。[4]

〈三〇年後の回想〉

新聞記事や少年向け雑誌の読み物で熱狂的に讃えられた南部は、三段跳び優勝に当時どのような思いを抱き、「日本代表」としての勝利をどのように捉えたのであろうか。ロサンゼルス大会からおよそ三〇年後、オリンピック出場選手たちが集まり当時を回想した座談会を採録した記事「オリンピックの英雄たち（2）第十回　ロスアンゼルス大会」（『文藝春秋』一九六三年七月号）[5]に注目してみたい。

座談会で三段跳びの優勝はねらっていたのかと尋ねられ、南部は「四年間三段跳はやっていなかった、本当は幅跳と四百メートルリレーが主眼だった」と答えている。三段跳びの優勝は本人もまったく予期せぬものであった。さらに、優勝の日の丸があがったときの気持ちを尋ねられると、そのときは吉岡隆徳（一〇〇メートル決勝で六位）が出場するトラックのレースに目を向けていたと答えている。そして、「織田君が走ってきて、忠さん世界記録だよ。ほんとかいなと思っているうちに、スルスルと日の丸があがってしまった。そりゃ幅跳びで勝てばこんな感激はない。そのために四年間頑張ったのだもの。ところが、そっちで負けて、思いがけないところで勝つ、ピンときませんや」と返している。南部の明朗な人柄をしのばせるこの軽口の発言は、はからずも当時の活字言説と実際の選手の心境との隔たりを浮かび上がらせている。

またこの座談会では、サトウ・ハチローを感激させたラジオ放送の舞台裏も明かされている。「競技がすんで二、三時間あとでしたよ。日本に向けて放送するから来いというんだな。それで着物を着て悠々と出かけたら、松内則三さんが一所懸命、私の三段跳の実感放送をやっている。そして「只いま優勝した南部選手がマイクのそばにきました」なんていうのですよ。これには面くらったが、やむなく私もハア、ハア、荒い息づかいで（笑）「本当に聞こえるのか、聞こえないのかわかりませんが」とやったんです」。この発言は、当時のラジオ放送技術に南部が素朴な好奇心を抱いていたことだけでなく、彼が聴衆を喜ばせようというサービス精神から生実況を演出したことを示唆して興味深い。期せずしての優勝に個人として距離を置く一方、日本代表選手として優勝の感激を演じてみせた点では、南部もメディアが生みだすスポーツ・ナショナリズムの物語構築に選手として協力していたのだともいえる。

一九二〇～三〇年代のオリンピック関連の活字言説は、国旗と国歌が象徴する「日本」を、スポーツの場で誇りをもって世界に示すことが代表選手の崇高な目標となり使命となったことを示唆している。そのような目標や使命の達成は、ナショナリズムを喚起するレトリックによってスポーツの感動の物語に書き換えられ、その感動は活字や音声のメディアを介して国民に共有された。これらの言説はまた、当時のラジオという新しいメディアと国際競技会としてのオリンピック双方への人々の関心の高まりを映し出している。この時代、活字メディアと音声メディアとが連動して、日本のスポーツ・ナショナリズムは急速にかたちづくられていった。スポーツ・ナショナリズムは、実際に競技がおこなわれる時空間に現出するだけでなく、その外延においてメディアを通じて社会的に醸成されていくものでもあったのである。

3　一九六〇年代のアスリート・指導者手記

（1）戦後復興とスポーツ

第二次世界大戦で敗戦国となった日本は、一九四八年ロンドン大会には招待されず、一九五二年のへルシンキ大会からオリンピックに復帰した。一九三六年のベルリン大会から一六年ぶりの参加である。戦後復興を進める日本が国家としての自信を取り戻していくうえで、オリンピックへの復帰は国際社会への復帰の象徴でもあった。そして、一九四〇年に東京で開催が予定されながら実現しなかったアジア初のオリンピックが、一九六四年に開催されることが決まると、国家的プロジェクトとして鉄道、道路網の建設など各種インフラ整備が急ピッチで進められた。その点では一九六四年の東京オリンピックは、日本という国が国際社会への復帰をめざした「敗者復活戦」でもあった。

この時期の活字メディアによる企画としては、『中央公論』（一九六四年一一月号）に「敗者復活五輪大会」と題する大宅壮一、司馬遼太郎、三島由紀夫による鼎談が掲載されている。この鼎談では、敗戦がもたらした国旗「日の丸」への国民の否定的感情、すなわち、「こんどの戦争でよごれたから、もう見るのもいやだ」という感情が、オリンピックで国旗が掲揚されることで「日の丸はよごれてもなおきれいである」と見直されたと三島が指摘している。彼はそれをオリンピックにおける「弁証法的ナショナリズム」として捉えている(6)。スポーツ・ナショナリズムを表象するものとしての国旗や国歌は、東京大会において改めて多くの国民に肯定的に受け入れられたのである。

アスリートのアイデンティティに注目すると、戦前のオリンピック代表選手たちは、スポーツの国際的舞台にデビューして日本の存在を世界にアピールする役割を担っていたといえる。これに対して戦後の代表選手たちは、敗戦から立ちあがり経済成長を遂げた日本人の精神的強さ、ひたむきさ、勤勉さを、競技への取り組みに体現し結果に示す（勝利する）ことが求められた。日本代表選手たちが当時のスポーツ・ナショナリズムの構築にどのように関わり、どのような選手像を体現していたのかを、二つの手記を例に見てみたい。

（2）〝東洋の魔女〟という表象

この時期のオリンピック関連の活字言説として、日紡貝塚バレーボールチーム監督であり、日本女子代表チーム監督も務めた大松博文の手記『おれについてこい』をとりあげ、この手記を中心に代表選手像を検討してみたい。

日本代表メンバーのほとんどが所属する実業団チーム日紡貝塚には、オリンピック大会前から〝東洋の魔女〟という国民によく知られた呼称があった。これは一九六一年のヨーロッパ遠征の際、当時世界で圧倒的強さを誇ったソ連（ソビエト社会主義共和国連邦）を破った日本チームに対し、レニングラードの新聞が名づけたものである。自著『おれについてこい』で大松は、彼らがいう魔女とは日本人が理解しているようなぶきみな悪い女という意味ではなく、「うちの選手たちの強さ、彼らにとって、人間わざとは思えないようなコート上の活躍ぶりにおどろいてつけられた名」（大松 一九六三：一八八）だと説明している。国家が組織的に方針を立てて代表選手をサポートするソ連チームに勝利するため、大松は日紡貝塚の女子選手たちに猛練習を課し、一九六二年のモスクワ世界選手権でついにソ連を破って優勝した。いわば、「国家」管理のエリートチームに「個人」である指導者が率いるチームが挑む、という構図が描けるなか、大松は「力においてまさるソ連を破ったのは、選手達の闘志であり、精神力だった」（大松 一九六三：二〇）と書いている。

身長の低い日本人が猛練習によって長身選手をそろえたソ連を破ったことで、〝東洋の魔女〟は体格の差を精神力で克服する日本人の強さの意義を付与され、スポーツ・ナショナリズムを刺激するキャッチーな呼び名として国民に定着した。世界選手権で優勝した日本に対し、モスクワの新聞は「もはや〝東洋の魔女〟ではなく〝世界の魔女〟だ」と書き立てた。にもかかわらず、〝世界の魔女〟ではなく

〝東洋の魔女〟という表現が日本国内に浸透したのは、西洋との対比で示される東洋というローカリティが放つ独自の存在感、スポーツの場で西洋に負けない東洋の国は日本をおいて他にないという自負を示すこの呼称を、国民がより強く支持し歓迎したからだと考えられる。多くの国民は、〝東洋の魔女〟に外国人（西洋人）選手と差異化された日本人らしさと、生真面目にひたすら練習し、粘り強く最後まであきらめずに競技に取り組むことが可能にする日本らしい勝利のかたちを見出し、それに国民として誇らしさと共感を抱いた。〝東洋の魔女〟という呼称は、日本国民という集団の連帯感をより強固にする表象でもあったのである。

精神的な強さを引き出すために肉体にも厳しいトレーニングを強いる大松の指導法は、「スポーツ根性主義」とも呼ばれ、壮絶な練習を課された女子選手たちへの同情や大松への批判が噴出するなど社会的注目を集めた。これに対し、女子選手たちにとっての世界一をめざす過酷な挑戦は、当時主将を務めた河西昌枝が「青春を犠牲にしたわけでもないし、ただ自分の好きなことに打ち込んでいただけ」と語り、選手の一人、松村好子が「みんなで金メダルという遊びを懸命に楽しんでいたのかもしれない」と述懐するように（吉井 二〇一三：七三―七四）、やらされるのではなく、「自分のために」取り組んだものであった。少なくとも彼女たち自身がそう感じていた点で、選手のアイデンティティとして優先されたのは、「日本代表」であることよりも「個人」である自分、日紡貝塚というチームの一員である自分だったといえる。

しかし国民は、彼女たちの鍛錬する姿に「日本的スポーツ精神」の象徴を仮託した。日本女子バレーボールチームの試合を会場で観戦した作家の水上勉が、「平凡な日本の女」を代表する彼女らの「貧弱なからだにつめこまれた精神の大きさ」に気づいて涙が出てきた（水上 一九六四［二〇一四］：二〇三―二〇四）、と観戦記に書いたのは、多くの日本人の思いを代弁したものといえるだろう。

一九六〇年代に急速に普及したテレビというメディアにも注目しておく必要がある。この時代、人々は視聴者としてテレビ観戦という新しい娯楽を享受しながら、可視化されたスポーツ・ナショナリズムを画面に確認し、これと一体化することが可能になった。開会式で映し出された各国の国旗や選手のユニフォームの国際色豊かな彩りだけでなく、白熱した試合でメダル獲得を目標に競い合う選手たちの背後にそれぞれの国家が存在することを、視聴者は画面を通して鮮明に印象づけられたのである。それは、人々に日本人でない選手たちと日本代表選手を含めた私たち日本人とを区別する観戦流儀を浸透させた。さらに、人々は観戦を通じて日本を応援し、日本の勝利に熱狂することで喚起される国民的陶酔の快感も発見した。一九六四年一〇月二三日、〝東洋の魔女〟がソ連と戦ったオリンピック女子バレーボール決勝戦は、視聴率六六・八％という驚異的な数字を記録した。多くの視聴者はテレビの前で固唾をのんで試合を見守り、優勝の瞬間、勝利の喜びに湧く日本国民としての一体感を味わったのである。

（3）遠藤幸雄の金メダルへの道

遠藤幸雄は、一九六〇年ローマ、一九六四年東京、一九六八年メキシコと三大会連続で、オリンピック体操競技の日本代表になった。メキシコ大会に体操チーム主将としてのぞむにあたり、彼は自身の体操人生をふりかえった手記「金メダルまでの長い道」を『文藝春秋』（一九六八年一一月号）に寄せている。

このなかで遠藤は、「飛行機に乗って外国へ行けるだけで嬉しかった」ローマ大会に比べ、自国開催の東京大会はつらかったと回想している。使い慣れた会場や器具を使える地元の利はあるものの、「微妙な、ちょっとした精神の不安が何分の一秒かの誤差を呼び、それが失敗に結びつく」体操競技では、「地元の期待がことさら選手達を圧迫する」からである。東京大会で個人総合優勝を決めた後、種目別戦でミスを連発した遠藤は、平行棒の演技直前に不安と混乱に陥った。そのとき会場でラジオを携帯していた一部の観衆が、女子バレーの日本優勝を知って歓声をあげた。遠藤は、「女子バレーが勝った↓日本が勝った↓オレも勝てる……というプロセスを経たのかどうか、とにかく私は（オレも勝てる）と、しゃにむに自分を信じ込ませ」（遠藤 一九六八［一九八八］：四一三）演技にとりかかった。その結果は九・九の会心のできであった。

元来おおらかな性格なのか、遠藤の手記から国を背負う張りつめた緊張感はそれほど伝わってこない。この手記で遠藤は、スポーツ選手として徹底してストイックであることに疑問を呈し、ときに気分を変えることは必要で、デートや映画、酒やタバコもよい、と書いている。生真面目でストイックだったとされるマラソン選手の円谷幸吉が、メキシコ大会で金メダルを期待されながらその前に自ら命を絶ったことにも触れ、「自殺の報に接したとき、ひどく腹立たしかった。なぜ方向転換ができなかったのだろう。たとえば後進の指導に当たってもよかったではないか」（遠藤 一九六八［一九八八］：四一四）と書いている。当時、円谷の自死は、国を背負う責任と寄せられた期待の重圧が原因と推測された。円谷の死を腹立たしく感じた遠藤にとって、競技は「国のために」ではなく、「自分のために」するものだったのであろう。女子バレーボールの優勝に力を得たと語る逸話は、日本選手団の目に見えぬ連帯を示す美談ともとれるが、少なくとも「日本が勝つ」というのは「自分が勝つ」ことなのだと「自分のために」解釈できる遠藤において、「国の代表」というアイデンティティは絶対的なものではなかったといえる。

オリンピック東京大会前後より、競技スポーツの世界では次第に各競技で科学的、合理的なトレーニング方法が確立されていった。このような科学的方法による競技力の向上が国際大会での勝利に結びつくことが期待される一方、合理的な思考に基づく自己管理やトレーニングの実践は、アスリートのなかに自立意識を芽生えさせた。この頃から「自分のために」競技するという考え方が、徐々にアスリートのアイデンティティの中核を占めるようになっていったと思われる。二大会連続の金メダリストとなった遠藤の手記は、そうした代表選手のアイデンティティの変化の予兆を示す言説の一例と捉えることができる。

4　二一世紀のスポーツ・ナショナリズム

(1) サッカー日本代表選手の手記

世界的注目度も規模もオリンピックに並ぶスポーツの国際大会といえば、サッカーのW杯であろう。一九九八年のフランス大会に初出場して以来、日本はW杯に連続出場を果たしてきた。国民のサッカーへの関心も高まり、日本代表の試合は、今やスポーツ・ナショナリズムが高揚する代表的スポーツ・イベントとなっている。ヨーロッパや南米の競技レベルに追いつこうという意識の高まりと、スポーツ界のグローバル化という社会的趨勢の後押しを受け、海外のクラブチームに移籍して競技力向上をめざす選手も現れ始めた。一方で、そこには日本人選手の移籍によって発生する経済効果に期待するスポーツ・ビジネス界の思惑が複雑に絡み、グローバル化の時代においてスポーツ・ナショナリズムは新たな展開点を迎えている。

そのなかで手記を通じて自ら語る選手たちが登場し始めたことに注目してみたい。ここ数年、サッ

表2-1　おもなサッカー日本代表選手の手記

著　者	タイトル	出版社	出版年
中村俊輔	察知力	幻冬舎	2008
岡野雅行	野人伝	新潮社	2009
遠藤保仁	自然体――自分のサッカーを貫けば，道は開ける	小学館	2009
遠藤保仁	信頼する力――ジャパン躍進の真実と課題	角川書店	2011
楢崎正剛	失点――取り返せないミスの後で	幻冬舎	2010
宮本常靖	主将論	幻冬舎	2010
田中マルクス闘莉王	大和魂	幻冬舎	2010
田中マルクス闘莉王	鉄壁	小学館	2010
松井大輔	独破力	PHP 研究所	2010
三浦知良	やめないよ	新潮社	2011
長谷部誠	心を整える。勝利をたぐり寄せるための56の習慣	幻冬舎	2011
阿部勇樹	泣いた日	ベストセラーズ	2011
内田篤人	僕は自分が見たことしか信じない	幻冬舎	2011
長友佑都	日本男児	ポプラ社	2011
長友佑都	上昇思考――幸せを感じるために大切なこと	角川書店	2012
川島永嗣	準備する力――夢を実現する逆算のマネジメント	角川書店	2011
川島永嗣	本当に「英語が話したい」キミへ	世界文化社	2013
吉田麻也	サムライ Days　欧州 Days	学研マーケティング	2012
吉田麻也	増刊！　マヤニスタ	ベースボール・マガジン社	2013
今野泰幸	道を拓く力――自分をマネジメントするイメージとは	日本経済新聞出版社	2013
清武弘嗣	明日への足音	小学館	2014
岡崎慎司	鈍足バンザイ！　僕は足が遅かったからこそ，今がある	幻冬舎	2014

出所：筆者作成。

カー日本代表を経験した選手や、現代表選手による手記が相次いで出版され、特に二〇一〇年W杯南アフリカ大会以後著しい（表2-1参照）。二〇一一年に出版された長谷部誠の『心を整える。』や長友佑都の『日本男児』は、ともに同年のベストセラーになった。これらサッカー選手の手記の多くに共通する特徴は、自身の半生を綴る自叙伝的内容に、海外でプレーする際の自己管理の重要性や、目標を設定して努力すること、周囲の人への敬意や感謝の大切さを説くなど、道徳的啓発的内容が加味されていることである。

これらの手記は必ずしも選手本人がすべてを執筆したわけではなく、編集者やプロのライターによる商業出版戦略に基づいた構成の手が入っているであろうことが推測される。しかしここでは、選手自身が実際に執筆したかどうかという著者の真正さではなく、これらの手記が選手を著者として出版されることの社会的意味に注目しておきたい。長友や長谷部らサッカー日本代表選手の手記は、特に若い世代に読まれ支持された。活字メディアを通じて自ら語る選手たちは、スポーツする少年少女たちのロールモデルでもある。これらの手記にスポーツ・ナショナリズムの実相が書き込まれているとすれば、それは若い読者が憧れの選手を通じて学び、自分自身の感情に同化させる点で、スポーツ・ナショナリズムの一種の教化言説ともなりうる。現代社会におけるスポーツ・ナショナリズムは、商品として流通する活字言説を通じて読者に刷り込まれるようになったことに留意すべきであろう。スポーツ・ナショナリズムをつくりだすこのような活字メディアの影響力を前提に、現代のアスリートのアイデンティティ構築について考えてみたい。

（2）国旗、代表ユニフォーム、国歌

ナショナリズムの視覚的表象といえる国旗と代表ユニフォームの重みについては、多くの選手がその手記で言及している。

長友佑都は自著『日本男児』のなかで、初めて代表選手として国立競技場に立ったときの気持ちを、「代表のユニフォームを着て、君が代を歌うには最高の舞台だ」（長友 二〇一一：一二三）と語り、二〇一〇年W杯南アフリカ大会代表に選ばれたときには、「日の丸を背負う使命感、責任感がさらに高まった」（長友 二〇一一：一七二）と書いている。また、かつて代表として日本のW杯初出場に貢献した三浦

知良も、自著『やめないよ』で、自身の代表時代に「国を背負う重圧と喜び」（三浦 二〇一一：二六―二七）を感じながら戦っていたと語っている。さらに三浦は、二〇〇九年W杯予選バーレーン戦を観戦したときの感想を次のように書いている。「青一色で揺れるスタジアムにサポーターの誇りをみた。（中略）今日まで日の丸がたどった悲劇と歓喜を見守り、支えてくれた人たちのプライド。僕はそれを感じた」（三浦 二〇一一：一七二）。ここでの青一色のスタジアムとは、青色の日本代表ユニフォームを着た観客によってつくりあげられた応援空間であり、可視化されたナショナリズム空間である。日本サッカーを「日の丸」という言葉に象徴させた三浦は、観客であると同時に国民でもある集団の高揚を目撃していたといえる。

このように国旗や代表ユニフォームは、選手にとっては「国を背負う」自覚と誇りを喚起する表象となり、観客にとっては「国」を意識し、国民としてのプライドや連帯感を実感するツールとなる。代表ユニフォームを着ることで絶対に負けないという気持ちが高まり、それが競技力やパフォーマンス向上につながる効果は、サッカーだけでなく他の競技でも、国際大会を経験した選手や指導者の多くが共通して指摘するところである[7]。

ナショナル・アイデンティティの共同確認行為といえる国歌斉唱も選手のモチベーションアップを促すことが、複数の選手の手記で語られている。サッカー日本代表として現在最多出場試合数を誇る遠藤保仁は、自著『信頼する力』のなかで、「海外で国歌を聞くのはいいものだ。気持ちが引き締まり、日本という国を改めて強く意識させられる。そして日本人として「戦うんだ」という気持ちがふつふつと湧いてくる」（遠藤 二〇一一：五五）と書いている。また、日系ブラジル人として日本の高校に進学し、日本国籍を取得して代表となった田中マルクス闘莉王も、自著『大和魂』で、日本代表となってから

「僕は「君が代」を自分の国の国歌として歌うことのできる喜びをかみしめながら毎日を過ごしていた。キックオフ前、この曲が流れると、アドレナリンが一気に出てくるのがわかる。僕にとっては戦闘開始のスイッチを入れてくれるのが国歌なのだ」（田中 二〇一〇：六八）と書いている。

国旗、代表ユニフォーム、国歌というナショナリズムの表象は、国際大会で代表選手に使命感を与え、観客の国民統合を図る機能を変わらず有している。その表象機能の継続性が認められる一方、現代のアスリートたちは、これらの表象を自分を鼓舞する刺戟剤として活用する術を身につけている。ここに、既存のスポーツ・ナショナリズムを脱構築して、グローバル化時代の新たなロールモデルを引き受ける日本人アスリートの出現を予見することも可能であろう。選手が「国の代表」である誇りや歓びをこれらの表象に実感することは、活字言説にされて流通することで、二一世紀のナショナル・ヒーロー像を新たに刻印するものとなるのである。

（3）海外で再認識される「母国」

海外でプレーすることによって「日本」や「日本人らしさ」を再発見することを、海外のクラブチームに移籍してプレーする日本代表選手の多くが言及している。

ゴールキーパーとしてベルギーのクラブに移籍した川島永嗣は、「エゴイズムを抑え、（中略）空気を読み、立場を踏まえる。そのフォア・ザ・チームの精神こそが、日本人だからこそ持てる美徳」（川島 二〇一一：九〇）と強く感じるようになったという。また彼は、「キーパー文化」がいまだ確立されていない日本から「誰かが最前線である欧州で、正キーパーとしてプレーして、世界に通用するキーパースキルを体験してこなければ、いつまでたっても日本に「キーパー文化」というものはうまれないし、根付かない」（川島 二〇一一：九七）という自覚があったことを語っている。

一方長友も、海外でプレーする選手が珍しくなくなった現状のなかで、国内でプレーすることに満足していてはいけないと語り、日本サッカーに貼られたイメージ、たとえば外国人に比べると日本人はフィジカルが弱いことが「常識になっている現状を変える実験台」（長友 二〇一一：一五四）に自らがなる決意を語っている。

これらの発言からは、海外でプレーする日本人選手たちが、スポーツ文化や国民気質における彼我の差に思い至るだけでなく、日本のスポーツ文化や日本人らしさを相対化して捉えたうえで、日本の競技レベル向上に貢献する強い意志を持っていることがうかがわれる。今やクラブチームでは国境や大陸を越えて選手の移籍が活発化し、スポーツ界のグローバル化が進行している。その現状のなかで、スポーツ・ナショナリズム変容の兆しは、川島の言う日本での「キーパー文化」の確立、長友の言う日本サッカーに貼られたイメージを変える「実験台」になること、すなわち、海外に身を置いて、自らの身体を通じて「日本人であること」をいったん解体し、サッカー選手として進化を遂げて母国のサッカーに貢献するというナショナリズム脱構築の試みに表れている。

日本代表サッカー選手の手記からは、アスリートのアイデンティティにおいて「国のため」という意識と「自分のため」という意識は、二項対置された緊張関係にあるのではなく、複層的に構造化されているのが読み取れる。「国」を意識することで「個人」としてのモチベーションアップにつながる一方、「個人」として自らの競技力を高めることが、結果として「国の代表」という役割での貢献につながる。その上昇志向のスパイラルのなかで、アスリートのアイデンティティは、「国家代表」という自覚と「個人」としての自己実現への意志との相互補完的両義性のうえに構築されているといえるだろう。

5　スポーツ・ナショナリズムの脱構築に向けて

現代のスポーツ・ナショナリズムを東アジア圏という視点で捉えると、指導者の圏内の移動が近年の動きとして注目される。たとえば、シンクロナイズドスイミングの元日本代表コーチの井村雅代は、二〇〇八年の北京オリンピックで中国代表チームの監督を務めた。中国での指導経験をふりかえって井村は、中国からの招聘を受け入れたことは、「日本流シンクロが世界でメジャーになるためにはプラスのことだった」（井村 二〇〇九：一一〇）と述べ、日本の高い技術を中国の選手たちに指導することで、東アジア圏全体のレベルアップにつなげる意図があったと語っている。

また、二〇一〇年サッカーW杯日本代表監督を務めた岡田武史は、二〇一二、一三年に中国のプロサッカーリーグのクラブチーム「杭州緑城」に監督として招かれている。退任して帰国後、『朝日新聞』のインタビューに答えた岡田は、中国で感じた文化や社会制度、選手気質の相違がもたらす指導上の困難を率直に語っている。一方で岡田は、日中関係が緊張し反日ムードが高まった時期に監督を務めたことについて、「ナショナリズムは自分たちだけのものじゃない。大事なことは、相手も国を愛する気持ちをもっていることを理解しないといけない。文化が違うからこそ、相手をわかろうとする気持ちが必要」（『朝日新聞』二〇一三年一一月二一日付）と述べ、中国とのサッカー交流が今後も進展することに期待を寄せている。

日本でも、二〇一二年のロンドン・オリンピックを前に、ホッケー、バドミントン、ハンドボールの日本代表チームや選手の強化のため、これらの競技で実績のある韓国から指導者が招かれ、練習方法や戦術の融合が試みられた。このように東アジア圏内の指導者交流は少しずつ進展している。これらの指導者の越境には、むろん招聘する側の自国の競技力強化というナショナリズム的思惑が前提としてある。しかし、そこには少なくとも異なる社会制度やスポーツ文化に身を置く者同士が実際に出会う（接触する）ことで、個人と個人とが向き合い、互いの違いを知ったうえでスポーツする場が準備される。そのような出会いを生むアスリートや指導者の越境が、東アジア全体の競技レベルを上げる動きにつながることもありうるだろう。

グローバル化時代のスポーツ・ナショナリズムの行方は、東アジア圏のローカリティという視点のもとで新たな展開をみせる可能性がある。それは、スポーツ・ナショナリズムを脱構築し、欧米や西洋中心主義で発展してきた近代スポーツへの対抗文化共同体として、東アジア・スポーツのアイデンティティ構築を模索する動きでもある。その点では、越境するアスリートの身体それ自体、グローバル化するスポーツの世界でナショナリズムを脱構築するメディアそのものといえるのかもしれない。

注

（1）明治から昭和戦前期までのスポーツとメディアとの関係については、寳學（二〇〇二）を参照。なお、当時の雑誌の刊行状況にふれておくと、明治末期より体育・スポーツ専門の総合月刊誌が刊行されるようになる。その先駆けとして、一八九七年に『運動界』、一九〇六年に『遊楽雑誌』『運動之友』、一九〇八年には『運動世界』が創刊されている。これらの雑誌はいずれも短いものは三カ月、長いものでも三年程度と刊行期間が比較的短いのが特徴である。一九一一年には『野球界』（当初は『ベースボール』という誌名で発行）が創刊されている。

（2）当時のラジオで相撲とともに最も人気を博したスポーツ実況放送は学生野球の試合で、スポーツ中継の中心的存在として全国津々浦々に至るまで幾百万の野球ファンをラジオの前に釘付けにし、熱狂させたという（坂上 一九九八：三三―三九）。

（3）当時のオリンピック報道では、新聞社が各競技で一位六点、二位五点、……六位一点と得点を与え、得点表をつくって参加国の成績を比較していた（川本 一九八一：六九―七〇）。ここでは、南部が一位で六点、大島が三位で四点ということで、日本一〇点となる。

（4）この読み物記事のあとには、松内則三アナウンサーの二〇〇メートル平泳ぎ決勝戦の放送内容が採録されている。テンポ良いレース実況には、「泳げ沫を上げて、君等の腕は、君等の脚は、我等が日本の腕だ、脚だ、輝く日本の譽れだ、意気だ」などのスポーツ・ナショナリズムを刺激する表現が数多く含まれている（松内 一九三二）。

（5）本章では、『文藝春秋』（一九六三年七月号）の座談会記事を再録した『「文藝春秋」にみるスポーツ昭和史』（第一巻、文藝春秋、一九八八年、一三三―一三九頁）を参照した。

（6）本章では『中央公論』（一九六四年一二月号）の鼎談記事を再録した石井正己編『1964年の東京オリンピック――「世紀の祭典」はいかに書かれ、語られたか』（河出書房新社、二〇一四年、一一二―一三二頁）を参照した。

（7）二〇一一年七月と一〇月の二回にわたって国士舘大学で実施した、国際大会出場経験のある元日本代表選手、代表チーム指導者（競技内訳：柔道、ラグビー、空手、レスリング、バスケットボール）へのヒアリングを含むワークショップでも、同様の意見が出された。

参考文献

井村雅代（構成：松瀬学）（二〇〇九）『あなたが変わるまでわたしはあきらめない』光文社。

遠藤保仁（二〇一二）『信頼する力――ジャパン躍進の真実と課題』角川書店。

遠藤幸雄（一九六八）「金メダルまでの長い道」『文藝春秋』一九六八年一一月号（再録：『「文藝春秋」にみるス

ポーツ昭和史』第二巻、文藝春秋、一九八八年、四〇九―四一六頁）。

織田幹雄（一九七七）『わが陸上人生』新日本出版社。

川島永嗣（二〇一一）『準備する力――夢を実現する逆算のマネジメント』角川書店。

川本信正（一九八一）『スポーツ賛歌――平和な世界をめざして』岩波ジュニア新書。

坂上康博（一九九八）『権力装置としてのスポーツ』講談社選書メチエ。

サトウ・ハチロー（一九三二）「我が陸上競技の誇　南部の優勝を聞く」『少年倶楽部』大日本雄辯会講談社、一九巻一〇号、七六―八三頁。

大松博文（一九六三）『おれについてこい』講談社。

田中マルクス闘莉王（二〇一〇）『大和魂』幻冬舎。

長友佑都（二〇一一）『日本男児』ポプラ社。

寶學淳郎（二〇〇二）「スポーツとメディア――その歴史・社会的理解」橋本純一編『現代メディアスポーツ論』世界思想社、四―二四頁。

松内則三（一九三二）「世界征服の一戦　平泳ぎ決勝――鶴田、小池の威力」『少年倶楽部』大日本雄辯会講談社、一九巻一〇号、八四―九〇頁。

三浦知良（二〇一一）『やめないよ』新潮新書。

水上勉（一九六四）「魔女たちの素顔をみた」『共同通信』（一九六四年一〇月二三日）（再録：講談社編『東京オリンピック　文学者の見た世紀の祭典』二〇一四年、二〇二―二〇四頁）。

吉井妙子（二〇一三）『日の丸女子バレー――ニッポンはなぜ強いのか』文藝春秋。

「オリンピックの英雄たち（2）第十回　ロスアンゼルス大会」『文藝春秋』一九六三年七月号（再録：『「文藝春秋」にみるスポーツ昭和史』第一巻、文藝春秋、一九八八年、一三二―一三九頁）。

「敗者復活五輪大会　大谷壮一×司馬遼太郎×三島由紀夫」『中央公論』一九六四年一二月号（再録：石井正己編『1964年の東京オリンピック――「世紀の祭典」はいかに書かれ、語られたか』河出書房新社、二〇一四年、一二一―一三二頁)。

「「リアルな中国、知れば考えに幅」岡田武史さんに聞く」『朝日新聞』二〇一三年一二月三一日付。

第三章　日本の武道
――ナショナリズムの軌跡――

坂上康博

1　伝統的民族スポーツとナショナリズム

スポーツ・ナショナリズムとは、スポーツと国民・国家との関係がつくりだす複合的な現象であり、スポーツを通して発現されるナショナリズムの形態は、本書の各章が明らかにしているように国や時代などによって実にさまざまである。それはまたスポーツの出自、つまりそのスポーツが外来文化なのか自国の文化なのかによっても異なる。ここでは東アジアにおけるスポーツ・ナショナリズムの内実に接近するために、日本で生まれた武道に着目してみたい。

スポーツを通して発現されるナショナリズムとして見えやすいのは、オリンピックなどの国際競技大会が引き起こす民族や国民としての一体感や優越感、あるいは他民族や国民への敵愾心といったものだろう。これはオリンピック競技など世界的にメジャーなスポーツを通して喚起されるナショナリズムである。

その一方で、マイナーな伝統的民族スポーツであっても、否、それゆえに対外的な危機感や対抗意識などを背景としてその意義がクローズアップされ、また、近代国家を構成する民族の統合や文化的アイデンティティを創造するために運動や政策として発現する場合もある。そうした事例として、一九世紀の国家的な危機を背景とし、民族主義的な体育運動として登場したドイツのツルネン、スウェーデンのスウェーデン体操、チェコのソコル、さらにはアメリカにおける野球やアメリカンフットボールなどの独自のスポーツの創出、アイルランドにおける伝統的なゲーリックスポーツの継承などを挙げることができるだろう（小原 二〇一一、アイヒベルク 一九九七、福田 二〇〇六、佐伯 一九九八、川口 一九七七、Mandel 1987）。こうした事例のなかに明治以降の日本の武道を加えてみたい。

本章では、武道とナショナリズムの関係を戦前と戦後にわたって追跡するが、その際、特に以下の二点に留意することにしたい。第一に、武道が学校教育に導入されていく局面である。そこに注目することで、武道の国家政策化のメカニズムとその変遷をナショナリズムとの関係において捉える。第二に、武道の文化的な内実の変化である。伝統的民族文化の編成にナショナリズムがいかに作用し、その内実を規定していくのかがそこでの焦点となる。

2　戦前・戦中の武道

（1）民族主義的体育運動の不在？

一九三六年の夏、日本は「一九四〇年東京オリンピックの開催決定！」というビッグニュースに沸き立ち、ラジオなどを通して届けられたベルリン・オリンピックでの日本選手の活躍に熱狂した。この

〝熱い夏〟がはじまる少し前に刊行された『師範大学講座体育』のなかで、文部省体育課長の岩原拓は、次のような興味深い指摘をおこなっている（岩原 一九三六）。

　一九世紀に登場したドイツのツルネン、スウェーデン体操、チェコのソコルなどはいずれも「祖国の敗戦に対する民族奮起の熱意」に基づいて生まれたものである。しかし、日本はそのような経験をもっていない。「我国は幸いにして、未だ外敵の為に屈辱を蒙つたことなく、従つて諸外国に見る如き悲憤的熱意に因る民族的運動として、体育運動の振作を図るの必要に迫られたことは無い」。

　たしかに一九四五年まで、日本は敗戦も他国による占領も経験しておらず、したがって祖国の敗戦に対する「民族奮起の熱意」や「悲憤的熱意」による民族運動として、体育・スポーツの振興がなされたことはない。それどころか日本は、日清、日露戦争で輝かしい勝利を収め、第一次世界大戦も戦勝国側に属し、世界の列強国の一員となった。岩原は重ねて言う。日本では「諸外国に見る如く、特殊の愛国的意識を持つ体育運動の発生を見る必要は、なかつたのである」。

　しかし岩原は、ツルネンやソコルを単なる「悲憤的熱意」による民族運動の事例として挙げたのではない。最大のポイントは、それらが岩原が理想とする体育・スポーツの振興と合致するという点にあった。その理想とは、青少年や国民の心身の練磨と同時に、それと不可分の関係をもって「士道《ママ》精神を養ひ、団結的精神を加へ、以て国民的意識の強化に資せしめ」ること、すなわちナショナリズムを強化することである。その事例として岩原は、古代ギリシャの体育やドイツにおけるヒトラーの「体育の統制方針」、イタリアにおけるムッソリーニの「道徳的体育的国民訓練」も挙げている。

　重要なのは、「我国の武道」も「こうした傾向」のもとにおこなわれてきたと日本における事例として武道を挙げていることである。武道には、ツルネンなどのような敗戦や占領を背景とした民族運動としての展開はなかったが、ナショナリズムを強化するものとして発展してきたというのだ。では、その実態はどのようなものであったのか。

(2) 武道発展の画期と「法則」

この問題を考えるうえで示唆的なのは、東京高等師範学校の教員、塩谷宗雄の以下の指摘である（塩谷 一九三五）。これは先に見た岩原の主張の前年、一九三五年になされたものだ。

塩谷は、武道、特に中等学校における武道の発展の画期として、以下の五つを挙げている。①日清戦後の一九〇〇年前後、②日露戦後の一九〇八年前後、③第一次世界大戦中の一九一四年前後、④第一次世界大戦後の一九二四年前後、⑤満州事変後の一九三二年前後。これら五つの画期は、学校武道の制度的な変遷だけではなく、帝国議会における議論、武道の総合団体である大日本武徳会（一八九五年設立）や柔道の講道館（一八八二年設立）の発展などを踏まえて提起されたものだが、それらは相互に密接な関係を持っている。議員と武道団体などが連携して、帝国議会衆議院および貴族院に建議案を提出し、それらを可決するという取り組みを梃子にして、学校武道の拡充が進められてきたからだ。冒頭に挙げた外国の事例と比べるとその規模は決して大きくはないが、それを一つの民族主義的体育運動と呼ぶことも可能だろう。

一九一一年七月に中学校および高等中学校で、翌一二年六月には師範学校で、当時はまだ撃剣と柔術と呼ばれていた武道が、はじめて正課体育の選択教材に加えられ、一九二六年四月にはそれらの名称が剣道と柔道に変更され、さらに一九三一年一月にはその必修化がなされたが、それらの背景には前記のような運動が存在した。

より重要なことは、これらの五つの画期がいずれも「国家非常時、民族自覚の時期」であり、ここには、「非常時―日本精神―武士道―武道」という「一連の法則」が示されているという指摘である。「かかる時期に於て国家的には常に民族の自覚となり世論は日本精神の一語に統一され、日本精神の高調される所、実践道徳として武士道が想起され、武士道の強調される所武道が奨励されてゐる」。国家の危機的状況の下で沸き起こった民族的な自覚と武道を結びつける媒介項が「日本精神」や「武士道」であるというのだ。

「日本精神」も「武士道」も、自らを日本独自の伝統的精神であると声高に主張するという点では同じだが、「日本精神」という言葉が脚光を浴びるようになるのは満州事変以降といってよく、それ以前の時期における媒介項は「武士道」であった。その「武士道」が、英国人B・H・チェンバレンが、「新たな宗教の発明」と呼んだように、明治以降に新たに創出されたものであったこと、また、その内容が、かつての武士が育んだ倫理思想ではなく、万世一系の天皇を中心とし、忠君愛国を根本とする国民道徳であったことも、ここで改めて確認しておきたい（寒川 二〇一四、相良 一九九二）。武士道の創出は、イギリスとの不平等条約の改正、日清戦争における勝利、ロシアなどの圧力による強制的な遼東半島の返還などがもたらした日本人のアイデンティティの賞揚となおも拭いきれない危機感とが錯綜するなかで生起した文化ナショナリズムそのものであった。塩谷がいう武道発展の第一の画期は、武士道という強固な文化ナショナリズムと結びつき、それと一体化することで生まれたのであり、この点は第二の画期も同様である（坂上 二〇一三）。

その後、文化ナショナリズムとしての「武士道」のパワーは、第三～四の画期では低下するが（坂上一九九〇）、第五の画期に至って「日本精神」に包摂されながらも、かつてないパワーを持ち始める。

『大言海』が、一九三二年版より、「武道」の意味の第一位に「武士道」を挙げるようになったことも（寒川 二〇一四）、こうした変化を象徴している。そのパワーは、塩谷が指摘する満州事変の勃発と国際連盟の脱退、「一九三六年の危機」が叫ばれるなかでの「非常時現在」におけるナショナリズムの高揚を背景としてより強固なものとなっていった。それが生みだした武道の隆盛について、塩谷は、一九三一年に中学校で剣道・柔道が必修化され、ほとんどすべての学校で正課として実施されていること、また、講道館や大日本武徳会が大飛躍を遂げたこと、さらに二回にわたって天覧武道大会が挙行され、一般青年の間にも「武道熱」が高まっていることを挙げている。

　これらのうち、たとえば一九二九年に宮内省主催で開催された天覧武道大会は、武道復興の巨大なインパクトとなり、武道は西洋スポーツとは異なる「我国固有の民族精神によつて創造された国技」であり、「壮烈にして玄妙至微」である武道にスポーツは到底及ばない、といった主張がなされるようになる（二荒 一九三〇）。さらにその後、日本は満州国の承認をめぐって国際世論と対立し、国連を脱退、ワシントン条約をも破棄して、国際秩序への無謀な挑戦を繰り返し、国際的な孤立状態に置かれるようになる。こうして塩谷が言うように、「国家非常時」を背景にして、「民族の自覚」が「日本精神の一語に統一」されるような状況が生まれるのである。

　こうした状況は、「日本人としての信念に生きる日本民族を養成してゆくと云ふ事を真剣に考へてゆかねばならぬ」という塩谷自身の決意にも明瞭に示されている。そのための「体育運動はその国土を背景とし、その民族を基調として発達したものでなければならぬ事も亦論を待たない。独逸体操然り、スエ《ママ》ーデン体操然り、ブック体操又然り」である。塩谷にとって、時代が要求する「日本の国土に、日本の民族に適した体育運動」こそ、「日本的な誇りをもつ武道」であったのだ。

（3）戦争と武道

この塩谷の指摘から二年後、一九三七年七月には日中戦争が勃発し、さらに一九四一年一二月に日本はアジア・太平洋戦争へと突入する。こうしたなかで、塩谷がいう「法則」がより強固なかたちで作用し、国家による武道の奨励策が実施されていく。その発端となったのが、一九三八年三月の帝国議会衆議院における二三件にのぼる武道関係の建議案の可決であった（坂上 二〇〇九）。その際、主導者としての役割を果たしたのが、衆議院議員の藤生安太郎であった。

衆議院で藤生は次のように主張した。戦争に勝利するためには、「精神力」＝「武士道」が必要であり、それを強化するためには「日本精神」と不可分一体の関係にある「日本武道」の復活と高揚が必要不可欠である。注目すべきキーワードは、「忠勇義烈の国民道徳」である。藤生は、これを喜んで「死地」に入り、少しも「利害得失を顧みず、勇猛敢為恐る丶所なく、唯一途に一命を致さんとする義烈敢為の気象」や「犠牲的精神」などと説明し、日中戦争の連戦連勝をもたらしている「忠勇義烈なる肉弾戦」は、「我が日本武道」によってだけ得られる「戦闘精神」の賜物であると主張した。日本精神や武士道、国民道徳などの内容が、戦場における肉弾戦で死を顧みず戦う精神に変貌を遂げているのだ。こうした主張が学校武道のあり方へも影響を及ぼしていく。

一九三九年には尋常小学校五年以上の男子にも、準正課として剣道、柔道が課せられるようになり、小学校が国民学校へと名称を変えた一九四一年からは、体操科が体操と武道の二領域からなる体錬科に再編され、武道では「攻撃を主眼として修練」し、「献身奉公の実践力」を養うことがめざされ、中等学校では、武道による「必勝の信念」「没我献身の心境」「実戦的気迫」が強調された（高津 二〇〇二）。

このような非常時下の強烈なナショナリズムと軍事的な要請との結合は、学校教育のなかでの武道の比重を高めるだけでなく、武道の戦技化をも引き起こした。学校での武道の授業は、白兵戦を想定した野外での集団対抗戦、柔道では、コメカミやミゾオチ、眉間といった急所への攻撃技や当身技、関節技、剣道では、試合の一本勝負化、竹刀の長さや柄を短くすることによって日本刀の操作に近づけることなどが実施されるのである（渡辺 一九八二：一九八三、大塚 一九九五）。特に留意しておきたいのは、剣道の戦技化が、中国戦線における日本刀の使用経験を元に進められていったことである。

一九三四年一月、陸軍は満州事変と上海事変の経験から「剣術教育の振作強調の必要を痛感」し「実戦の状態に合致せしめ」るといった理由から剣術教範を改正し、同年二月には、将校の軍刀を従来のサーベルから日本刀に変えた（坂上 二〇〇九、吉田 二〇〇二）。そうした動きは、当初陸・海軍内にとどまっていたが、日中戦争以降には、剣道界や学校教育に対しても影響力を持つようになる。

中国戦線における日本刀の使用例として最も有名なものは、南京攻略の際になされたという「百人斬り競争」である（笠原 二〇〇八）。それは、片桐部隊の向井、野田両少尉が、一九三八年一二月の紫金山攻略戦の際に百人斬り競争という「珍競争」をやり、一〇六対一〇五という「超記録」をつくったというもので、『東京日日新聞』には軍刀を前にした両少尉の誇らしげな写真も堂々と掲載されている。「百人斬り競争」に類似した新聞報道などは、当時日本中であふれていた（笠原 二〇〇八）。こうしたマスコミ報道や帰還兵士の自慢話などによって、「大和魂の保有者である忠勇無双の日本の兵士が、万国無比の零器である日本刀を振りかざしてゆけば、向かうところ敵なし」といった妄想が増幅されていくことになるのだが（鈴木 二〇〇〇）、それが剣道そのものを戦闘技術へと変えていくのである。たとえば、元海軍機関学校の剣道師範で、一九三七年に南京攻略作戦、三八年には厦門攻略作戦、三九年には城東作戦と長沙作戦に参加した高山政吉は、そこで得た経験を元に、今日の武道教育方針は、実戦に即応し、国家危急に備へる武道ではなく、其の目的は自己修養の道として指導せられ、斯くして今日の剣道は武術ではなく、更に一歩進んだ、精神的なものであると云ふ意味から、殺人技術は学ばない其の道を学ぶと、只々精神の一点張りで説かれてをるが、真の武道とは斯るものではない。日本武道より殺人と云ふことを取るのは、酒より其の主性分たるアルコールを除くものと同一程度のものであり、只教育名義論一点張りで、其れのみに走り出来上りし処の武道は、気の抜けたビールやサイダーと同じ性質のものである。

などと主張した（高山　一九四〇）。こうした殺人剣への変革を求める声、あるいは、「昨日までは「自己完成」が究極目標で通った。それが今日は通らぬ。（中略）武道修行の目標は決して自己完成ではない。陛下の為、国の為に役立つことである」（武田　一九四一）といった主張が強烈になされてくるのである。ちなみに海軍は、高山が戦場での日本刀の使用経験を元に編み出した高山流抜刀術を正式採用し、陸海軍の各学校などでもそれがしきりに演練された（上村　一九七一）。

こうして剣道の戦技化や国家主義化が推し進められていくのであるが、その際、殺人剣を否定するはずの「活人剣」や「破邪顕正（邪悪な考えを打ち破り正しい道理をあらわすこと）の剣」といった剣道の伝統的な思想は、剣道の戦技化の歯止めとしてはほとんど機能しなかったとみていいだろう。「吾々の「つるぎ」は破邪顕正の「つるぎ」である。然も殺人剣に非ずして活人剣である。人を殺す為の剣ではなくして人を、国を生かすべき剣である。今次の聖戦の意義は自ら此の道に通じているのである」（編集者　一九三八）といった主張は、それを象徴しているように思われる。

3　武道の禁止とスポーツとしての再生

（1）戦争責任の追及

敗戦後、文部省は、一九四五年九～一一月に、射撃、銃剣道、剣道、柔道、弓道、薙刀を正課だけではなく、課外の運動部活動としても禁止し、翌四六年一月には、武道に関する教員免許状を無効とした。これによって、中等学校の武道教員では、無資格教員を含めて、剣道八八七人、柔道六七二人、剣道兼柔道三人、弓道六二人、薙刀三〇三人、計一九二七人が退職を余儀なくされた（近代武道研究会編 一九六一）。さらに同年八月には、社会体育分野の剣道、柔道、弓道についても、活動が全面的に禁止され、「武道」という名称も「文字自体に軍事的乃至武的意味」を持っているとの理由からその使用を禁止された。なかでも剣道については、

> 剣道は戦時中刀剣を兵器として如何に使用すべきかを訓練するに利用された事実があるので、軍国的色調を一切急速に払拭せんとする今日、公私の組織ある団体に於て、従来の形態、内容による剣道を積極的に指導、奨励をなさざるを可とすること。而して剣道が将来他の純粋スポーツと同様の方向に進められるよう充分なる研究努力すること。

と最も厳しい評価がなされ、柔道と弓道については、「その本来の目的たる人格の涵養、身体の鍛錬を図ることを主眼とし個人の趣味、嗜好に俟ち、一層明朗健全なるスポーツとしての面目を発揮するよう

充分なる努力をなすこと」とされた（文部省 一九四六）。活動を禁止すると同時に、今後「スポーツ」として再生すべきであるとの方向性を示したのである。

一九四六年一一月には、GHQの指導により大日本武徳会も解散させられ、翌四七〜四八年にかけて、計一二一九人におよぶ役員が公職追放の処分を受けた。そのうち武道家と目される者は、府県支部の部会長計一二七人であるが、その内訳は、剣道二八人、柔道二三人、弓道二三人、銃剣道一九人、射撃道一八人、銃剣道兼射撃道九人、水練一人、不明六人であり、異議申し立ての結果追放を免れた者は九人にすぎない（坂上 二〇一二）。

以上のように武道の戦争責任が、組織および個人のレベルで追及され、裁きが下されたのである。

戦後の武道組織の再建は、種目ごとになされることになり、一九四九年五月の全日本柔道連盟を嚆矢として、一九四九年六月には全日本弓道連盟が設立された。しかし、剣道の場合は占領下での設立は許されず、占領終結後の一九五二年九月に全日本剣道連盟が設立される。それらの中心的な担い手として注目されるのは、占領初期、武道復活運動の先頭に立った大学生やOBたちであるが、彼らのヘゲモニーや戦中からの人的な連続性などは、大日本武徳会との関係性や再建の時期などによって、種目組織ごとに多様性を帯びている。

組織の再建につづいて学校武道の復帰がなされていく。一九五〇年一〇月に柔道、一九五一年七月に弓道が学校体育に復帰し、一九五二年四月には、剣道に代わる新しいスポーツとして考案されたしない競技が、そして占領終結後の一九五三年七月には剣道が復帰を遂げる。このうち柔道・剣道に相撲を加えた三つの領域の名称として、一九五八年告示の中学校学習指導要領より、かつての「武道」に替わって「格技（combative sports）」という造語が使われるようになる。他方、武道教員の復活はなされず、学校武道は、あくまで体育の一教材として体育教師の指導の下で実施されていった。また、武道の部活動の指導者に対しても、教員以外の者については、大学または都道府県教育委員会が特に学校教育の理念について充分な理解をもち、人格教養ともにすぐれていると認めた者で、学校長から委嘱された者という厳格な条件が課せられた（笹森 一九五五、老松 一九七六）。

（2）武道のスポーツ化

以上みたように、学校武道の担当教員については、制度上、戦前戦中との断絶が明確になされたといってよかろう。この点は、学校の武道の理念についても同様であり、その変化を一言でいうならば、〝武道からスポーツへの転換〟であった。戦中の武道のあり方を「スポーツ化」の名の下に全面否定すること、ここから戦後の武道は出発した。この転換は、ＧＨＱによって禁止された武道を復活させる過程で、武道関係者、文部省、ＧＨＱの三者の交渉を通してなされたものであるが（山本 二〇〇三）、こうして再生を遂げた「スポーツとしての武道」の特徴については、以下のような指摘が可能であろう。

第一に、それが「剣道は戦時中刀剣を兵器として如何に使用すべきかを訓練するに利用された事実がある」（文部省 一九四六）といった武道の戦争加担の事実を踏まえたうえで、戦中のように「超国家主義的、あるいは軍国主義的思想を鼓吹したり、独善的な考えにおち入つて、形式的、宗教的の行事を強いたりすること」（文部省 一九五三）などを全面的に否定するものであったこと。

第二に、そのうえで、武道を「スポーツの一種目として、教育的に取り扱い、民主的な方法によつて運営」（文部省 一九五三）すること、「人格の涵養、身体の鍛錬を図ることを主眼とし個人の趣味、嗜好に俟ち、一層明朗健全なるスポーツ」（文部省 一九四六）として実施することを求めるものであったこと。

第三に、これら二点が、単なる理念にとどまらず、柔道や剣道の競技ルールの整備や指導法の開発などにも貫かれ、武道の文化的な内実そのものを革新していったことである。

以下では、「剣道のような好戦的精神を助長する古典的スポーツもすべて廃止されなければならない。体育はもはや〝精神教育〟に結びつけられるべきではない」（極東委員会　一九四七）とGHQから最も厳しい評価を受け、占領終結後まで復活を認められなかった剣道のスポーツ化についてみてみよう。

学校剣道の復帰については、保健体育審議会などでの審議を踏まえて、最終的には文部省によって設置された学校剣道研究会によって検討がなされた（加藤　一九八五）。そこにおける剣道のスポーツ化についての結論が、全日本剣道連盟編『学校剣道――指導の手びき解説』（新剣道社、一九五三）の第一章「学校剣道の性格」である。この部分の執筆は、加藤橘夫によってなされたものであり、この内容こそ武道のスポーツ化に関する戦後の議論のなかで最も水準が高いものといっていいだろう。そこでは、スポーツとしての剣道活動を成立させるために必要な要素として、以下の四つを挙げている。

⑴活動過程を楽しむ心。「何らかの手段」としておこなうのではなく、剣道をすること自体を目的とし、結果に拘束されず、活動の過程そのものを楽しむこと。⑵技術の追求。活動過程そのものに内在する目的＝よりよい技術の追求をめざす自己目的的な活動としておこない、外部の目的に拘束されてはならない。⑶相互の協力関係。かつての「武道としての剣道」における両者の人間関係は相互否定的なものであった。「スポーツとしての剣道」は、約束事として営まれるものであり、そこでの人間関係は、相互肯定的な協力関係でなければならない。⑷競技規則。

この「スポーツとしての剣道」の理論的な核心は、内と外を区分する境界線にあるといっていいだろう。この境界線によって、剣道が外部の目的に従属して「何らかの手段」となり、その活動自体の価値が傷つけられてしまうことを断固として拒否しているのだ。それは、戦技化はもちろんのこと、「超国家主義的、あるいは軍国主義的思想」の鼓吹や独善的な考えによる「形式的、宗教的の行事」の強制などを再現させないための理念的な歯止めであったといっていいだろう。それだけではない。それは民族的な精神の養成や精神修養なども、外部の目的と見なし、剣道がその手段となることをも拒否するものであった。それは、文部省通達にある「純粋スポーツ」への転身をはかるという課題にこたえるものであり、剣道を何ものにも従属しない自己目的的な活動として再生させたのだった。

(3)戦前・戦中との連続と断絶

以上のように武道のスポーツ化は、理論的にはまさに画期的なものであったが、他方でこうした再生の方向とは逆行するような言動が武道関係者や政治家の一部にみられた。「逆コースといわれる動きもあって、学校柔道の復活もその一端とみられるおそれがあった」。これは『柔道』(旺文社、一九五六)のなかで著者の金光弥一兵衛が述べていることだが、当時国会でなされていた議論は、そのような評価がなされても当然なほど復古主義的な色彩の強いものであった。

たとえば、一九五〇年四月に「新日本精神教育実施促進に関する請願」について審議がなされた際には、「現在精神教育が軽視されている結果、国民の道義心は低下し、思想は混乱して憂慮すべき事態」だとし、教育勅語とともに「武道的鍛錬」を礼讃し、柔道だけでなく剣道も復活させるべきだといった主張がなされている(衆議院文部委員会　一九五〇b)。また、翌五一年三月に教育関係の法案が審議された際にも、「こういうふうに国際情勢が逼迫しており、また日本人の再起を必要とする際には、やはり精神方面、愛国心を作興すると同時に、やはり体力、あるいはみずからを守ること、必要に応じて進んで攻撃すること、その一つの準備として剣道のごときは最もいい」といった発言がなされており、これに対して文部大臣天野貞祐は、その主旨には賛成だが、「日本の軍国主義の復興というようなことに対しては、非常に世界が敏感でありますから、そういう点に対して、自分たちも言論を慎むとか、いろいろなことが必要だ」と答弁している（衆議院文部委員会　一九五一）。

武道のスポーツ化によってナショナリズムとの切断がなされる一方で、武道とナショナリズムの結合を復活させようとする動きが同時に起こっていたのである。その全面復活の抑止力となっていたのが、当時にあっては日本軍国主義復活に対する国内外の厳しいまなざしであったことは、先の文部大臣天野の発言によって明らかであろう。それだけではない。武道の禁止やスポーツとしての再生を肯定せざるを得ない別の理由が存在した。この点に関して、戦後の剣道に対する措置をめぐってGHQとの交渉経験を持つ笹森順造は、一九五〇年七月の衆議院文部委員会で次のように発言している。

〔武道が〕真に日本の青年の喜びであり、魂の中に触れたりっぱな体育の一面のありまするこ とは、だれも否定できない、その通りであります。しかしながら、戦時中これが戦技武道として用いられたという点については、これまた否定ができない。そこで私どもは、禁止せられたことに対する非常な反対議論を、ずいぶん関係する方面に向ってやつたのでありますけれども、結局するところ、ある時期においてある制約を受けたということに対しては、私どもはこれを承服をせざるを得なかつたのであります。
（衆議院文部委員会　一九五〇ａ）

戦技武道としての武道の戦争加担の事実は消せないということ。それゆえ笹森は「武道の復活をしようということは、毛頭考えておりません」と明言するとともに、「体育として、競技として考えられるべき範疇の中にありまする日本民族の従来のデイフエンシーヴ・スポーツというもので、実は考えたい」という。デフェンシブ・スポーツ（defensive sport）というのは、笹森が武道の攻撃的なイメージを弱めるために考案した表現だと思われるが、具体的には、「全然新しい合理化されたスポーツとして、あるいはまたほんとうに趣味としてやる」「個人が個人の喜びにおいてやる」ようなかたちでの武道の再生であった。

笹森はその後、著書『剣道』（旺文社、一九五五）でも、「現在学校が体育の一課目として採用している剣道はしない競技とともに、格技の方式によるものであっても、純然たるスポーツである。それは相手を殺し滅ぼすためのものではなく、相手とともに体育をはげみ、競技を楽しむことを目的とするものである」とし、剣道は「民族固有の尊い経験を本競技所産の素材としているのであるから、その発展途上の史的過程をみ、さらに現在の科学的な体育原理に合致するように創造進化を遂げた経路がここに明らかに示され、またよく理解されなければならない」と主張している。

4　噴出するナショナリズム

（1）東京オリンピックのインパクト

時の流れとともに敗惨の虚脱から立ちあがった日本人は、〝武道〟が民族のほこるべき伝統的遺産であることに気づいた。いじめられ、こづかれながらも、これを温存して警察界から一般社会へ、されに学校へと芽ぶくことができたのである。（中略）柔道、剣道、弓道、薙刀道、すもうという純日本的技術修錬の場をとおしてすぐれた体位にともなう体力の養成をはかり、修錬の過程のなかに礼の精神を培い、苦行をとおして強固な意志力を涵養する為の教課としてその重要性が再認識された。

（巻頭言「武道指導者養成機関の設立をいそげ」『武道評論』一九六〇年一二月号）

スポーツとして再生した武道は、一九六〇年代以降、ナショナリズムとふたたび結合しはじめ、伝統文化としての独自的価値を強調するようになる。右の引用はその一例であるが、こうした動きに巨大なインパクトを与えたのが、一九六四年の東京オリンピックであった。東京オリンピックは、日本が平和国家・民主国家として敗戦から復興したことを大々的に祝福するセレモニーとなり、日本人の傷ついたプライドを回復する役割を果たしたが（ブルマ 二〇〇六）、それは武道に対しても同様のインパクトを与えた。日本生まれの柔道がオリンピック種目に採用されたためだ。この柔道に対する国際的な評価が、柔道のみならず他の武道についての再評価の機運を生みだす（東京オリンピックでは、公開演技として剣道、弓道、相撲の実演もなされた）。

一九六一年六月のＩＯＣ総会で柔道が東京オリンピックの正式種目となることが決定されたのを受けて、翌七月、正力松太郎や木村篤太郎らの国会議員が、武道会館建設議員連盟を結成する。同連盟の賛同者は、衆参両院で五二五人に達したが、これを母体として翌六二年一月には、財団法人日本武道館（会長正力松太郎）を設立し、八月には、衆議院本会議において自民・社会・民社の三党共同提案による「国技の総合会館建設に関する決議案」を可決する。こうして、総工費二二億円をかけた収容人員一万五〇〇〇人の日本武道館の建設が急ピッチで進められ、六四年一〇月の完成とともにオリンピックの柔

図３－１　武道会館建設に賛同する国会議員525人の署名簿

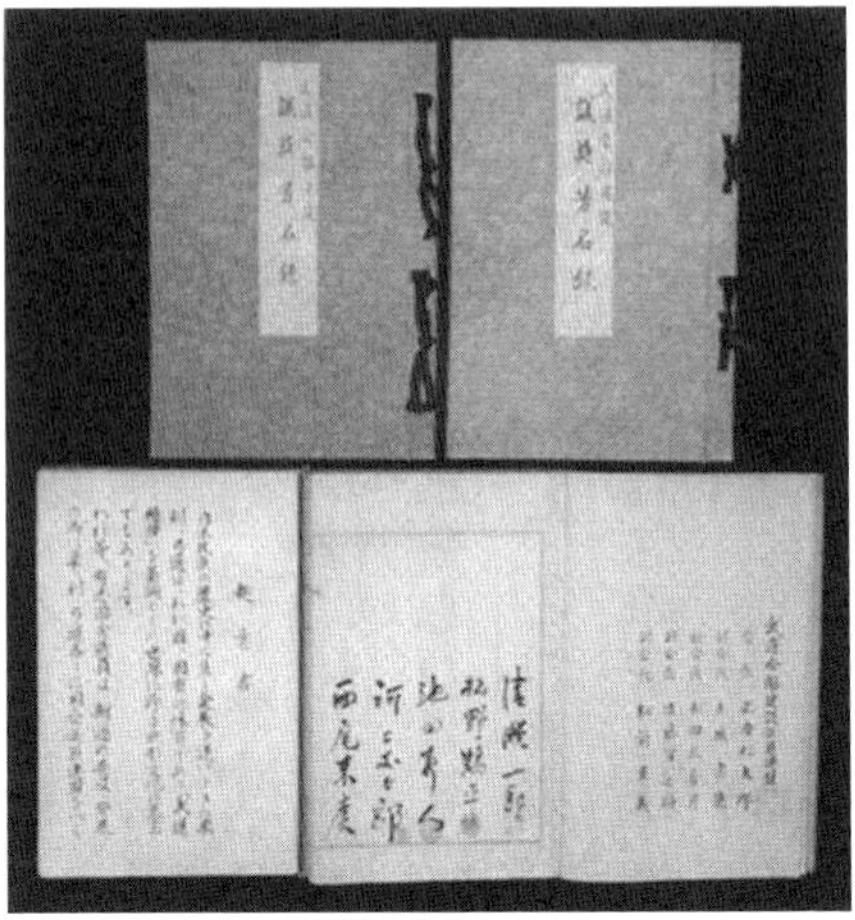

道会場として使用されるのである（片木 二〇一〇）。

東京オリンピックのインパクトを剣道の側からみてみよう。東京教育大学の中野八十二は、「オリンピックを契機にして剣道の精神面での復活はなった」（中野 一九七二）という。「オリンピックを契機にして生じた日本武道にたいする内外の関心が、武道の精神面の復活に大きな影響を与えた。少なくとも終戦後の剣道が軍国主義の手先であるとしてその改善を強力に要求されていただけにその反動は大きく、外国人の、武道にたいする真剣な態度は剣道のもつ伝統的な精神を失いかけていた剣道人に、大きな刺激剤となった」と指摘している。

オリンピックは単なるスポーツの国際競技大会ではない。ムーブメントとしてのオリンピックは、世界平和への貢献という崇高な理念を掲げており、したがってオリンピック種目への柔道の採用は、柔道も世界平和に貢献しうるものとして世界が認めたことを意味する。それは、中野が驚きをもって受け止めたように、「軍国主義の手先」とされていた武道の評価が一八〇度転換したことを意味した。『武道評論』（一九六一年一〇月号）が巻頭言で、海外での柔道指導のために渡航する柔道家に対して、「剣道、弓道、角道についてもその本質が柔道と等しく世界平和に貢献する所以のものを説明してもらいたい」と主張したように、柔道だけではなく、剣道や弓道なども柔道のような国際的な評価を受けることが可能だという希望が一気に膨らんだのだ。

（2）学校武道への影響

中野は、「以後徐々に剣道の特性が重視され剣道本来の姿に戻った」とし、その現れとして、文部省制定の学校剣道の手引き書の文言が、「学校剣道は格技系統の対人スポーツである」（一九五三・一九五七）から、「多くの格闘形式の運動種目のなかから、すもう、柔道、剣道の三種目が体育の学習内容として取り上げられたのは、この種目が日本に生まれて日本で育ってきた伝統的な運動であり、国民の間に広く普及し親しまれている運動であるからである」（一九六六）へと変化したことを挙げている（中野一九七二）。

図3-2　国会で武道会館建設決議案の趣旨説明をする正力松太郎

こうした変化は、学習指導要領の改訂によってもたらされたものであり、一九六二年四月より中学校で、六三年四月より高校で、それぞれ剣道、柔道、相撲が選択必修となり、さらに六四年七月には、文部省が剣道、柔道の高校教員検定制度を新設する。この検定制度は、同年六月の国会における「教育職員免許法の一部を改正する法律案」の可決をもって実施に至ったが、それは日本武道館と日本志道会（一九五九年一二月に全日本柔道連盟、全日本剣道連盟、全日本弓道連盟、日本相撲連盟により結成）が、文部省

図３－３　『武道』創刊号
（1967年１月）

に要請した武道振興策の項目を実現に移したものであった（全日本剣道連盟編　一九八二）。このように武道団体および日本武道館が、圧力団体として文部省の政策決定に大きな影響を与えていくのである。

　こうした状況下で、雑誌『体育科教育』なども「武道科の独立は可能か」といった問題の核心をつく特集を組み、体育研究者や教育関係者、武道関係者、国会議員などが議論を戦わせた。そのなかで、社会的な存在としての武道という広い視野からこの問題を論じた丹下保夫は、武道の戦後改革をふりかえって、武道のスポーツ化に関する「現代民主主義という観点」の甘さ、特に武道の近代化、現代化の特質の究明の不十分さが、「古いナショナリズムを指頭させる思想的空白を生んでいる」と鋭い指摘をおこなっている（丹下　一九六五）。次に引用する日本武道館事務局長三浦英夫の発言は、丹下の指摘の正しさを裏づけるものといっていいだろう。

「武道本来の姿を変えて学校教材にする事《ママ》ならば、そこにはもはや日本武道館の使命はない。現代に生きる青少年に愛好されている武道は決して格技スポーツではない」（三浦　一九六六）。このように三浦は、学校教材としてスポーツ化された武道を否定し、その変更を強固に主張するのである。三浦は、「格技」を「戦後の虚脱状態の中」で強いられた「植民地的表現」であるとし、「武道の精神構造は本質において決してまちがっていない」とも述べているが、こうした主張は、敗戦後、GHQ主導の下でなされた武道のスポーツ化に対する強い反発と武道の伝統に対する愛着を示すものであり、人々のナショナルな感情に訴えかける力強さを持っている。と同時に、学校教育の自律性を土足で踏みにじる「不当な支配」（教育基本法第一〇条）として社会的な批判を免れえないものであり、また、その内容はほとんど感情論にとどまっており、理論的にはきわめて貧弱なものであった。

5　伝統文化としての武道への回帰

（1）強力な圧力団体の登場

吉野耕作は、学習指導要領を「その時々の国家のナショナリズム教育に対する姿勢と意図を知る上で格好の材料である」（吉野　一九九七）と述べているが、それは武道においてもあてはまる。武道の実施時間数は、その後、学習指導要領の改訂のたびに増大し、一九八九年には格技から武道への名称変更がなされた。実に四三年ぶりの武道という名称の復活であったが、さらに二〇〇八年には中学校で武道が必修化される。これらにつながる重要な動きに的を絞って、経緯をみてみよう。

まずは、一九七七年四月に、武道九団体（柔道・剣道・弓道・相撲・空手・合気道・少林寺拳法・薙刀・銃剣道）によって、日本志道会が日本武道協議会へと再編されたこと、さらに翌七八年二月に、「学校教育に於ける知育偏重を憂え、徳育体育を重視する視点」から武道を積極的に奨励するために、国会議員一三二人が発起人となって、国会武道議員連盟が設立されたことである。国会武道議員連盟の設立趣意書には、その目的として、中学校の柔道・剣道を積極的に奨励するために、①体育とは別に柔道・剣道を独立の正課とするために教育課程を改正する、②柔道・剣道の教員を全国に配置する、③指導者養成のために国立大学にも柔道・剣道を正規の課程として採用し、さらに武道大学を設立することなどが掲

図3-4　表札を掛ける松前重義日本武道協議会初代会長（1977年）

図3-5　日本武道協議会発会式典（1977年）

げられている。

以上のような動きは、一九七七～七八年の学習指導要領の改訂に照準を合わせたものであったが、その影響力の大きさは、当時学習指導要領の改訂に携わっていた前川峰雄の次のような証言によって明らかである。「新しい学習指導要領の作成過程において、スポーツを、(1)個人スポーツ、(2)団体スポーツ、(3)対人スポーツに分類し、柔道や剣道および相撲を対人スポーツにすることに意見の一致をみていたところ、ある日突然対人スポーツが「格技」にかかわっていたので驚いた。若いころ武道できたえあげた人たちが当局に申し入れをおこなって、その結果格技になったと説明された」（前川 一九八〇）。彼らは、格技から「対人スポーツ」への名称変更を力づくで阻止したのだ。それだけではない。文部省は、一九七九年度より、中学校の指導時間配分の最大限（三五％）の実施、格技推進校の指定、高校の柔道・剣道教員資格認定試験の毎年実施、非常勤講師の採用、柔道・剣道場の大幅な新設などを内容とする柔道・剣道教育推進施策を実施していくのである（編集部 一九七九）。

こうして国会武道議員連盟、日本武道協議会、日本武道館、以上の三団体の年次総会あるいは総決起集会として、一九七九年より開催されるようになったのが、武道振興大会である。武道振興大会で採択される決議は、日本武道館が発行している『月刊武道』にも毎年掲載されているが、そこでは特に青少年層に見られる自制心や責任感の欠如などを憂慮し、心身を一体的に育む武道教育の必要性を強調するとともに、武道教育の推進をはかるための具体的な施策を要求項目として提起している。これが文部省に提出され、学校武道にすぐさま影響を与えていくという構図が出来上がるのである。

(2) 格技から武道へ

その後の変化としてまず注目されるのが、一九八五年の武道振興大会の決議である。それまでの決議では、「我が国の武道は、たくましい身体とたくましい精神を同時に養う全人的教育であり、西洋型の知育、徳育、体育に三分するバラバラの教育方法ではない」などといった西洋文化に対する対抗的な姿勢を強調しつつも、「武道は心身統一のため最適のスポーツ」とか「偏狭な民族意識にとらわれず、我が国古来の伝統的武道の特殊性を保持しつつ、スポーツとしての普遍性を包摂する武道観の確立を期せねばならない」といった文言が入っていたが、それらがこの年の決議から消える。武道はスポーツではない、という意思表明がなされたのである。これは、体育とは別に柔道・剣道を独立の正課（武道学科）とするというこれまで掲げていた目標を実現するための第一段階として、「格技の名称を武道に改め、その学習時間を大幅に増やす」ためになされた戦略的な修正であった。

一九八五年決議は、「日本古来の伝統や美風、民族的精神を尊重する社会的風潮が失われ、日本の未来を担う青少年は自制心に乏しく、社会的責任感を喪失しつつある」と現状を憂い、「今日ほど強健な身体と勇気、忍耐、克己等の精神を一体的に鍛錬する全人教育としての武道振興の必要性を痛感するときはない」とする。また「最近、世界各国においても、日本の武道は、人間形成についての価値意識から高く評価されており、民族文化から人類共通の文化になりつつある。従って我々は、旧来の偏狭かつ独善的な民族意識を排し、固有の文化としての特性を生かしつつ、国際連帯の立場を踏まえ、民主的国家国民としての自覚と使命感をもつ人格形成に努むべきである」と主張する。「スポーツ」という用語を消し、それに代えて「文化」という用語を用い、また、偏狭かつ独善的な民族意識を排除する理由を戦中の負の歴史ではなく、国際的なまなざしに求めているのが特徴的だ。

他方、それに関連したもう一つの重要な動きとして、日本武道協議会によって作成された「武道憲章」（一九八七年四月制定）がある。武道組織が総力をあげて統一的な武道理念を打ち出したのだ。憲章前文は、「武道は日本古来の尚武の精神に由来し、長い歴史と社会の変遷を経て、術から道に発展した伝統文化である」とし、その特質を「心技一如の教えに則り、礼を修め、技を磨き、身体を鍛え、心胆を錬る修行道・鍛練法」と規定した。そして第一条で、「武道は、武技による心身の鍛練を通じて人格を磨き、識見を高め、有為の人物を育成することを目的とする」と定めた。

国会武道議員連盟ら三団体による強力な圧力を背景として、翌八六年七月の教育課程審議会の総会で、「武道という言葉にはスポーツという以上の意味が込められている」とし、「我が国固有の文化である武道の特性を重視」するため格技から武道へ名称を変更することが決定された。

こうして一九八九年告知の学習指導要領では、武道への名称変更がなされるとともに、武道の特性は人間形成を重視するという「伝統的な考え方」であるとし、態度に関する内容のなかに「伝統的な行動のし方に留意」することという項目を新たに加え、「相手を尊重し、礼儀作法を尊重した態度で練習や試合をする」「勝負に対して公正な態度をとる」ことなどを留意すべき点として列挙した。また、武道の「伝統的な考え方」とは、「礼」という厳格な形式に従うこと、勝敗にともなう感情を抑え、相手を尊重し、自己を制御（セルフコントロール）することが人間形成につながるという考え方であり、ガッツポーズをしないのもそのためであり、だからこそ武道は外来のスポーツよりも教育内容としてすぐれているといった説明がなされるようになる（坂上 一九九三）。

図３-６　武道憲章制定記者発表（1987年）

この学習指導要領は、九三年度より中学校で実施されたが、それは保守的な色彩が従来になく濃厚で、吉野耕作が指摘しているように全体としてナショナリズムを強化する内容となっている（吉野 一九九七）。学習指導要領の新機軸の一つが文化・伝統の尊重と国際理解の推進であり、「国際化」の名のもとに日本の伝統文化や道徳教育が重視され、日の丸、君が代の指導も強化された。武道もその一端を担うものへと改変されたといっていいだろう。それは、スポーツとして歩んできた戦後の学校武道が、「わが国固有の文化」としての武道へと大きく転換したことを意味する（坂上 一九九二；一九九三；一九九五）。

（３）武道復活の背景

武道という名称の使用が否定された一九四六年から数えると、その復活に四三年の歳月を要したことになるが、この点に関して、元文部省体育局審議官の西村勝巳は、次のように述べている。

柔剣道関係国会議員がその復活と強化を叫べば反対勢力は反動教育の推進として、阻止しようとする。このような堅い壁を打開する一番有効な手段は、国際的にも理解され易いスポーツとして、武道を位置づけ、実施方法のスポーツ化を図ることであった。（西村　一九八四）

昭和四〇〔一九六五〕年頃からはじまった武道を含めての体育の時間数の増加の問題等につき、一般に通用するような有力な根拠がみつからず、組織の中での仕事でありましたので、私は悪戦苦闘いたしました。（中略）武道をスポーツといってなぜ悪いか、というような考え方が支配的であり、指導要領の改訂の時も当然のこととして武道は格技として位置づけられました。（西村　一九八三）

つまり、①反対勢力の「堅い壁」の存在と、②「武道はスポーツだ」という主張を正面から論破しうる論理をもちえなかったこと、この二つが四〇年以上にわたってスポーツとしての武道を維持せざるを得なかった理由だというのである。一九八九年告知の学習指導要領は、それを大きく転換し、「わが国固有の文化」としての武道の実施へと舵を切ったわけであるが、それが可能となったのは、西村の理解に従えば、①反対勢力が弱体化するとともに、②「武道はスポーツではない」という論理が構築されたから、ということになる。

八〇年代の半ばに生まれたこのような変化が、武道の復活を可能にしたということになるが、第一の点については、何よりも八〇年代末まで自民党が国会議員のほぼ過半数を占め、政権を維持しつづけるという「保守派の全盛期」（ゴードン　二〇〇六）であったことに注目すべきだろう。こうした政治状況こそが、国会武道議員連盟のパワーの源であり、彼らを含めた武道教育推進派が文部行政に対して大きな影響力をもった理由であった。ちなみに中曽根首相が、「戦後政治の総決算」の必要性を強調し、戦後の首相としてはじめて靖国神社に公式参拝して中国の激しい反発を引き起こしたのも、一九八五年であった（中北 二〇一四）。

国会武道議員連盟ら三団体による武道振興大会の決議から、スポーツという文言が消えるのが一九八五年であったことは先にみたとおりだが、実はその後、一九九二〜九五年の決議においてスポーツという文言が一時的に復活する。その時期は、自民党が政権の座を他党に奪われた時期と重なっており、「武道はスポーツではない」という主張が政治状況と不可分一体のものであったことを見事に示している。

高校の剣道部員数が戦後のピークを記録するのは一九八四年であるが（大塚 一九九五）、この時期が七〇年代後半からつづいた武道ブームの頂点であったことも重要であろう。この武道ブームの背景には、国会武道議員連盟が「現代の世相を見て、これではいけない、我が子はもっと明るく、強く、正しくと人々の健全な反発力が少年の武道を盛り上げた原動力ではないか」（設立趣意書）と指摘しているように、校内暴力などの青少年非行の社会問題化とその対症療法としての武道への期待の高まりがあった（唐木 一九八〇）。国会武道議員連盟は、こうした父母国民のニーズの高まりを捉え、「武道特に柔剣道は我国固有の文化として国民に再評価される時が来た」とそこにナショナリスティックな価値を加味して、武道という「民族的遺産を特に次代を背おう青少年」に継承するために学校武道の拡充が必要であると主張したのである（設立趣意書）。

ちなみに一九七九年にはアメリカのエズラ・ヴォーゲルの『ジャパン・アズ・ナンバーワン』が日本でベストセラーとなり、八〇年には自動車生産台数がアメリカを抜いて世界第一位となるなど、日本経済の成功が人々のナショナル・プライドを鼓舞し（ＮＨＫ放送文化研究所 二〇一五）、いわゆる経済大国ナショナリズムに日本が覆われていた。この新たなナショナリズムが、武道の伝統性や民族性への再評価を直接的に生みだしたわけではもちろんないが、それを願ってきた国会武道議員連盟のような保守派の人々などを鼓舞する一つのインパクトとなったという面はあるだろう。

第二の「武道はスポーツではない」という論理が構築されたという点については、一九八七年の武道憲章の制定が一つのメルクマールであろう。その起草委員でもあった西村勝巳は、憲章の意義について、「長い歴史と社会の変遷の中で、変容する武道の態容のうちから一貫して不滅であり、後世にも伝承すべき武道の特質を洗い出したもの」（西村　一九八九ａ）と指摘し、それを踏まえて、

娯楽性、競技性などを中心とし、自己目的的活動とされるスポーツも、武道とは本質的性格を異にする。「スポーツのためのスポーツ」というのは、立派な思想と論理に基礎づけられた価値ある考え方であるが、およそ「武道のための武道」などということは、あり得ない。武道は、武道のために行なうものではなく、人間を練磨し、世のためにも役に立つ人を育成することである。武道は、歴史的にも、それ故に社会的存在意義を保ってきたのである。まして、完成した姿の武道の背景には、儒道や仏道の深遠な思想が秘められており、それは生きた魂として武道精神の格調を高めている。

（西村　一九八九ｂ）

と自信に満ちた主張を披露している。個人の自己目的的な活動としての武道を否定し、社会貢献のための手段としての武道のみを称賛し、これこそが普遍的な「武道の特質」だというのである。こうした主張は、スポーツの価値に関する国際的な議論のなかで戒められてきた「分裂主義」に他ならず（坂上　二

○一四）、技の自己目的的探究や仲間との交流、ストレス解消といった個人レベルにおける多様な価値を否定する暴力性さえ帯びている（坂上 一九九三）。また、武道思想に関する歴史的な理解も、今日の学術的な研究成果（寒川 二〇一四等）に照らしてみれば、その恣意性を免れない。

その後の学校武道政策は、先にも指摘したような政権交代の影響を受けつつも、第一次安倍政権下で教育基本法が改正（二〇〇六年一二月施行）され、その第二条第五号で「伝統と文化を尊重し、それらをはぐくんできた我が国と郷土を愛する」ことが教育の目標に掲げられたことを梃にして、あたかも既定方針であるかのように武道の必修化に向かって邁進していった（山本 二〇一三）。こうしたなか、二〇〇七年二月には、学校武道の必修化を求める請願書を日本武道協議会会長・塩川正十郎が安倍総理大臣に提出するが、そこには「武士道」という用語までもが復活し、しかもそれが「国民精神の根源」とされている（青沼 二〇〇九）。かくして二〇〇八年告知の学習指導要領によって、中学校での武道の必修化が実施される。

「武道の教科内容に関する本質的な議論を置き去りにして、外から創られた「伝統と文化の尊重」を軸にしながら必修化へと進んできた」（石坂 二〇一三）という石坂友司の指摘は、この問題の核心をついているといっていいだろう。

図3‐7　塩川日本武道協議会会長が安倍総理大臣に請願書を提出（2007年）

6　今後の研究のために

敗戦後、「消滅したのは明らかな忠君愛国だけで、残りはそっくり引き継がれた。いな、忠君愛国とセットであった皇祖建国尚武さえ、武道憲章の「武道は、日本古来の尚武の精神に由来し……」という漠たる表現の中に生き続けている」（寒川 二〇一四）――寒川恒夫が指摘しているように敗戦後に否定され排除されたはずの武道の精神文化は、順次復活を遂げてきた。こうした動きは、本章で追跡してきたように戦後日本における武道とナショナリズムの強固な関係を示すものに他ならないが、それらを私たちはどう評価すべきだろうか。

それらは単なる戦前・戦中の復活ではない。武道関係団体の主張には、それに近いものや復古主義的なものもしばしば見られるが、彼らの主張が説得力を持ちえた最大のポイントは、実はナショナリズム教育としての武道という点ではなく、武道の価値を個人主義と物質主義的消費拡大主義に毒された日本の青少年への有効な対症療法として提起したという点にあったのではないか。過去に対する単なるノスタルジアではなく、青少年にとって何が必要なのかという、日本の社会の未来をめぐる切実な議論のなかで武道の価値を主張してきたことがわが子の成長を願う親のニーズとも合致し、一定の共感を得てきたということではないか。

また、その際、武道が持つ修養主義的な価値観が、青少年の拒否反応を引き起こすようなものではなかったという点にも留意すべきであろう（櫻井 二〇〇三）。彼らにとって日本の伝統文化とされる武道の継承者となることは、自尊心をくすぐり、日本人としてのアイデンティティを喚起するものであったかもしれない。武道人口が減少に転じる八〇年代半ば以降（大塚 一九九五）についても、こうした説明が有効かどうかは注意が必要だが、国家による武道教育がナショナリズムを促進するうえでどれほどの効果をあげたのかという問題については、こうした受け手の側からの検討も含めて、各時期についての精緻な分析をおこなう必要があるだろう。

中野八十二は、「剣道の伝統的感情とは剣道にたいする国民感情である」といい、「日本国民が信仰の対象とまでしている日本刀の操作の技術として発生した剣道には、たんなる格技運動としては割り切れない国民感情のあることを忘れてはならない」と述べている。その具体例として中野が挙げたのは、一九七一年に放送されて人気を博したテレビドラマ「春の坂道」であり、「殺人剣」に対する「活人剣」の活躍が人々の共感を呼んだというのが中野の理解であった（中野 一九七二）。当時、筆者は中学生で剣道部に入っていたが、私たちの周辺で人気があったのは「春の坂道」ではなく、高校の剣道部をテーマとした「おれは男だ！」の方だった。こうした世代間の差違も含めた国民感情レベルの分析も、スポーツ・ナショナリズム研究を深化させていくうえで必要であろう。

最後に一つ、東アジアの歴史認識問題にかかわる問題について指摘しておきたい。それは先にみた「百人斬り競争」に関するものである。この事件は、その後、日本軍による南京事件の惨たらしさを象徴する史実として『東京日日新聞』の記事とともに中国の中学校の歴史教科書に掲載されるようになった（笠原 二〇〇八）。「百人斬り競争」は、中国の人々にとって、今なお生々しい体験として記憶されつづけているのである。このような事態のなかで、剣道が中国に受け入れられ、当地に根づくことは不可能である――筆者はそのように考えていた。

しかし、その中国で、二〇〇〇年頃から剣道が普及しはじめ、競技人口がここ四、五年で倍増し、一万二〇〇〇人ほどになっているという。つい先日、筆者も知人から、上海から日本を訪れる観光客の間で剣道体験ツアーのニーズが高まっており、なんとか実施できないかとの相談を受けた。中国でちょっとした剣道ブームが起きているということなのだが、それを引き起こしているのが、日本のアニメ、マンガ、映画などであり、それらを通して日本のサムライや武士道に興味を持ち、剣道を始めるケースが多いとのことである（『産経ニュース』電子版、二〇一五年一月八日付）。サブカルチャーが教科書を上回るパワーを発揮し、剣道ブームを引き起こしている。こうした現象もまた、スポーツを通した東アジアにおける国際協調を考えていく材料として重要ではないだろうか。

参考文献

アイヒベルク、H.／清水諭訳（一九九七）『身体文化のイマジネーション——デンマークにおける「身体の知」』新評論。

青沼裕之（二〇〇九）「『我が国固有の伝統』を重んじる武道教育とは何なのか？」『たのしい体育・スポーツ』二二三、一九頁。

石坂友司（二〇一三）「中学校保健体育における武道必修化の影響と授業展開に関する一考察」『関東学園大学紀要』二一、一頁。

岩原拓（一九三六）「本邦体育運動の行政的観察」田中寛一・寺澤厳男編『師範大学講座体育』第一四巻、建文館、一—一二頁。

NHK放送文化研究所（二〇一五）『現代日本人の意識構造』NHK出版。

老松信一（一九七六）『改訂新版柔道百年』時事通信社。

大塚忠義（一九九五）『日本剣道の歴史』窓社。

小原淳（二〇一一）『フォルクと帝国創設——一九世紀ドイツにおけるトゥルネン運動の史的考察』彩流社。

笠原十九司（二〇〇八）『「百人斬り競争」と南京事件――史実の解明から歴史対話へ』大月書店。

片木篤（二〇一〇）『オリンピック・シティ東京一九四〇・一九六四』河出書房新社。

加藤橘夫（一九八五）「学校剣道研究会の楽屋話」『加藤橘夫著作選集』一、ベースボール・マガジン社、二〇三―二一三頁。

上村嵐（一九七一）「高山政吉範士未だ健在」『水交』二二〇、一〇頁。

川口智久（一九七七）「スポーツ文化の形成――アメリカにおける国民スポーツ〈ナショナルゲームとしてのフットボール〉の形成過程をめぐって」影山健編『国民スポーツ文化』大修館書店、八一―一三三頁。

唐木国彦（一九八〇）「武道ブームの危険な側面――なぜ学校で偏重されねばならないのか」『エコノミスト』一九八〇年一月二二日号、五八―六〇頁。

極東委員会（一九四七）「日本教育制度改革に関する政策」鈴木英一『日本占領と教育改革』勁草書房、一九八三、二六三頁。

近代武道研究会編（一九六一）『武道のあゆみ90年』商工財務研究会。

高津勝（二〇〇一）「武道」久保義三・米田俊彦・駒込武・児美川孝一郎編『現代教育史事典』東京書籍、二四五頁。

ゴードン、I.／森谷文昭訳（二〇〇六）『日本の二〇〇年』下、みすず書房。

佐伯泰樹（一九九八）『ベースボール創世記』新潮社。

坂上康博（一九九〇）「大正期における大日本武徳会――その政治的・軍事的機能の検討を中心として」『体育史研究』七、日本体育学会体育史専門分科会、三七―五一頁。

坂上康博（一九九二）「「武道」復活をめぐる基本問題」『たのしい体育・スポーツ』三八、三四―四〇頁。

坂上康博（一九九三）「現代武道の文化的課題」『体育科教育』四一（一三）、大修館書店、一八―二〇頁。

坂上康博（一九九五）「「楽しい武道」は継承されたのか」『体育科教育』四三（一）、大修館書店、七八―七九頁。

坂上康博（二〇〇九）「武道界の戦時体制化――武道綜合団体「大日本武徳会」の成立」坂上康博・高岡裕之編

『幻の東京オリンピックとその時代――戦時期のスポーツ・都市・身体』青弓社、二五〇―二五四頁。

坂上康博（二〇一二）「武徳会パージの審査実態（その2）――支部部会長の分析を中心に」『一橋大学スポーツ研究』三一、二四頁。

坂上康博（二〇一三）「帝国議会衆議院における「体育ニ関スル建議案」の審議過程――一九〇五年の剣道、柔道の正科採用をめぐる対抗」『一橋大学スポーツ研究』三二、二六―四三頁。

坂上康博（二〇一四）「スポーツ文化の価値と可能性――一九六〇～七〇年代の国際的な宣言・憲章を中心に」『一橋大学スポーツ研究』三三、七五―七六頁。

相良亨（一九九一）「武士道」『国史大辞典』第一二巻、吉川弘文館、一五二頁。

櫻井良樹（二〇〇三）『宮本武蔵の読まれ方』吉川弘文館。

笹森順造（一九五五）『剣道』旺文社。

塩谷宗雄（一九三五）「武道の教育的考察」田中寛一・寺澤厳男編『師範大学講座体育』第二巻、建文館、一―一二、三七―五四頁。

衆議院文部委員会（一九五〇a）第四号、国会会議録検索システム。

衆議院文部委員会（一九五〇b）第二〇号、国会会議録検索システム。

衆議院文部委員会（一九五二）第二二号、国会会議録検索システム。

鈴木眞哉（二〇〇〇）『刀と首取り』平凡社。

全日本剣道連盟編（一九八二）『三十年史』全日本剣道連盟。

寒川恒夫（二〇一四）『日本武道と東洋思想』平凡社。

高山政吉（一九四〇）「実戦的剣道に就て」『武道日本』八、二五頁。

武田寅男（一九四一）「新武道の提唱」『新武道』一（一）、一九頁。

丹下保夫（一九六五）「武道施設の拡充と武道教師の検定制――日本文化と学校体育」『体育科教育』一三（一二）、二二―二五頁。

中北浩爾（二〇一四）『自民党政治の変容』ＮＨＫ出版。

中野八十二（一九七二）「剣道の技術史」岸野雄三編『スポーツの技術史』大修館書店、二八〇―二八一頁。

西村勝巳（一九八三）「学校教育における「武道」の推移」日本武道協議会・日本武道館編『現代武道レポート 日本武道協議会武道憲章作成委員会講演録』八四―八五頁。

西村勝巳（一九八四）「本来の武道と政策としての武道」『武道学研究』一六（三）、六頁。

西村勝巳（一九八九ａ）「武道憲章の意義」『月刊武道』二六八、一二頁。

西村勝巳（一九八九ｂ）「学校武道の推移と復活の意義」『月刊武道』二七一、一一―一五頁。

福田宏（二〇〇六）『身体の国民化――多極化するチェコ社会と体操運動』北海道大学出版会。

二荒芳徳（一九三〇）「真髄を発揮せよ」宮内省監修『昭和天覧試合』講談社、三七五頁。

ブルマ、I．／小林朋則訳（二〇〇六）『近代日本の誕生』ランダムハウス講談社。

編集者（一九三八）「事変と我等の覚悟」『つるぎ』七、『つるぎ合本号』三田剣友会、一九六一、二〇九頁。

編集部（一九七九）「柔・剣道教育の行方をめぐって」『新体育』四九（一〇）、七頁。

前川峰雄（一九八〇）「武道を考える」『新体育』五〇（九）、六三〇頁。

三浦英夫（一九六六）「日本武道館の使命」『体育科教育』一四（三）、二〇―二一頁。

文部省（一九四六）「社会体育の実施に関する件」全日本剣道連盟編『剣道の歴史』二〇〇三、四五〇頁。

文部省（一九五三）「社会体育としての剣道の取扱いについて」全日本剣道連盟編『剣道の歴史』二〇〇三、四五一頁。

山本徳郎（二〇一三）『教育現場での柔道死を考える』かもがわ出版。

山本礼子（二〇〇三）『米国対日占領政策と武道教育』日本図書センター。

吉田裕（二〇〇二）『日本の軍隊――兵士たちの近代史』岩波書店。

吉野耕作（一九九七）『文化ナショナリズムの社会学』名古屋大学出版会。

渡辺一郎編（一九八二）『近代武道史研究資料』Ⅲ、自刊。

渡辺一郎編（一九八三）『近代武道史研究資料』Ⅳ、自刊。

Mandel, W. F. (1987), *The Gaelic Athletic Association : Irish Nationalist Politics 1884-1924*, Ireland : Gill and Macmillan Ltd.

第四章　中国カンフー映画

——武術に投影されたナショナリズム——

呂洲翔《ル・チョウシャン》、張綺《チャン・チ》、凡紅《ファン・ホン》

1　記憶の意味

エルネスト・ルナンは、「国民とは魂であり、精神的な原理である」と論じた（Renan & Girardet 1995 : 26）。魂、あるいは精神的な原理は、二つの要素から成り立っている。一つは記憶という遺産であり、もう一つはそうした遺産を評価し続けようとする意志である。武術《ウーシュー》（武術太極拳）は、中国文化のなかで最も重要な要素の一つだとずっと見なされてきた。中国のナショナリズムは、その誕生から武術と緊密に結びついていた。一八九〇年代、急速に広がった武術クラブのネットワークは、外国の侵略者に対抗して中国人民を結びつけ、義和団の乱（一八九九～一九〇一）を生みだした。一九一一年に勃発した辛亥革命以降、武術はほとんどの中国人にとって「国家を守り」「民族を守る」ための基本的手段であると認識されるようになった。政府も、教育者や民衆も、武術のさらなる発展を歓迎し、武術が個人の体力を向上させ、国防を助ける手段であると認めるようになった（Lin 1994）。中華民国期（一九一二～四九）に武術が全国規模に広がったことは、民族の魂と精神的な原理が人民によってどのくらい評価され、守り育てられていたかを実証するものだ。その後の数十年間、武術は中華民族の最も重要な文化的イメージの一つとして、その地位を確かなものにした。武術と中国ナショナリズムとの関係は、歴史の経過とともに揺るぎないものになってきたのである。

ベネディクト・アンダーソンは、印刷メディアがナショナリズムと国民意識の構築を促進したと論じている（Anderson 2006：44）。映画もまた、「国民性の維持と再創造」（Lu & Yeh 2005：2）を促進する大切な手段として機能してきた。二〇世紀初頭から、武術とナショナリズムとの関係はカンフー映画によって強固なものになった。ナショナリズムの影響を受けつつ、カンフー映画は「武術の文献、京劇、そして格闘技そのものを含む広範囲の中国伝統」（Wallis 2013）に頼ってきた。それは、武術を中国固有の美徳と力のシンボルに仕立て上げてきた。本章は、ナショナリズムと武術やカンフー映画との関係について論じ、以下の問いに答えたい。すなわち、武術が映画を通じてどのように国民的アイデンティティやナショナリズムと結びつけられるようになったか、そしてカンフー映画の力で武術はどのように中国人の純粋性やアイデンティティに対する修辞的権利を主張できるようになったか。

2　はじまり（一九二〇〜三〇年代）

武術に関する記述は、夏王朝（BC二一〇〇〜BC一六〇〇）にまで遡ることができる（Green & Svinth 2010）。当時、武術は軍事訓練の一部であった（Graff & Higham 2002）。技術や軍事戦術の発展とともに、接近戦の技能や武器を使った技能が春秋時代（BC七七〇〜BC四七六）の軍事訓練にあらわれた。その後の数世紀、武術は階級を問わず最も人気のある運動の一形式へと発展した（Zhou 2005）。前漢の時代（BC二〇六～AD九）にはすでに、多数の浪人や武人がいたことを歴史家の司馬遷が書き残しているが、彼は武人が身につけている原理と価値に感嘆を禁じえなかった（Hamm 2006：17）。司馬遷は、武術について文献に書き残している最も初期の学者の一人であった。武術は、それから繰り返し中国の文献にあらわれるテーマであり続けてきた。たとえば、唐代の李白の詩『俠客行《きょうかくこう》』や物語『聶隠娘《じょういんじょう》』、あるいは明代の『水滸伝』や清代の『三俠五義』といった小説をその例として挙げることができる。

一九一二年に中華民国が建国されてから、第一次世界大戦という歴史状況に抗し、通俗的な社会進化論の風潮に煽られるなかで、武術の習得は民族の救済を成し遂げる基本的なアプローチであると広く認識されるようになった。こうした見方は、一九世紀後半から列強の手で踏みにじられてきた中国の痛ましい歴史に刺激されることで、ナショナリズムと軍国主義をさらに燃えたぎらせるものへと発展させた。中国人は、武術の習得が伝統文化の奨励を意味すると信じた。政府、教育者、そして民衆に支えられながら、個人の体力を向上させ、国防を助けることを目的とした全国キャンペーンが一九一〇年代後半に繰り広げられた（Lu & Fan 2013）。あらゆる階層の人々が、この伝統的スポーツを復興させるキャンペーンに参加した。武術は、学校や大学のカリキュラムに組み込まれた。武術団体が興隆をきわめた（Lu & Li 2004）。中国で最も影響力のある武術団体である「精武体育会」は、一九〇九年に上海で設立された（Huang 1983）。一九二〇年までに、それは全国規模のスポーツ組織となり（Li 1998）、さらに、東南アジアのいくつかの主要都市へと広がっていった（Ma 2011）。

一九二〇年代末までには、反キリスト教運動や一九一九年の五四運動が引き金となった反帝国主義ナショナリズムに影響されながら、武術の振興は中国人民と政府からさらに強力な支持を受けるようになった（Lu & Li 2004）。国民党政府は、一九二八年、南京に「國立南京中央國術館（ＣＮＳＲＡ）」を設立した。その使命は、武術の研究、教育、教本の発行、そして武術に関連する活動の組織であった。一九三三年末までに、二四以上の省に支部が置かれた（Luo 2008）。

武術の復興は、カンフー映画の隆盛をともなっていた。その圧倒的な人気ゆえに、武術は、中国映画産業の勃興とともに製作者にとって最重要のテーマとなった。武術の古典小説や物語は、映画化されるとたちまち市場で人気を勝ち取った（Lee 2003, Zhang 2004）。『女侠李飛飛』（一九二五）は、最初の中国カンフー映画であり、上海に拠点を置くメディア企業の天一影片公司によって製作された。物語は、女性の武術家が若い少女を悪者から救い出すというものだった（Ye 1997）。その後の数年間で、厖大な本数のカンフー映画が北京や上海のスタジオで製作された。李と胡の研究によれば、一九二八年から三一年の間に中国では二二七本のカンフー映画が作られた（Li & Hu 1996）。ロマンスやドラマとともに、カンフー映画は中国映画産業の大黒柱となったのである。

こうした初期のカンフー映画は、「時代劇カンフー映画」や「剣劇映画」のカテゴリーに属していた。物語の焦点は、中国の伝統的価値や社会規範を探求することにあり、さらに、儒教、道教、仏教という哲学と宗教を見直すことにあった。映画に登場するヒーローとヒロインは、武術の技を使って悪の勢力と戦い、正直、公正さ、利他精神といった伝統的な美徳と規範を促進しようと奮闘するのであった。『火焼紅蓮寺（*Burning of the Red Lotus Monastery*）』（一九二八）は、一九二〇年代のカンフー映画で最も有名な映画の一本である（Zhang 2004：40）。これは、満州族の支配に抗する漢民族の武術家集団の物語に基づいている。映画は大きな成功を収めた。記録破りの興行成績に後押しされ、同じプロデューサーが一九二八年から三一年の間に一八本のシリーズを製作した（Li 2005）。他の映画スタジオも、さらにたくさんのカンフー映画を製作しはじめた（Guo 1994）。

『火焼紅蓮寺』が成功した大きな理由として、ナショナリズムがある。一九〇〇年代前半から、国民国家の概念と主権の意識に基づくナショナリズムが生まれはじめた。自強運動（一八六一～九五）、百日維新〔戊戌の変法〕（一八九八）、そして義和団の乱（一八九九～一九〇一）の失敗に直面し、有識層や政治エリートは、民族的救済が政治改革抜きに成し遂げられないことを確信した。その結果、漢民族主義者らは、満州族王朝に支配されていた清政府を転覆させるため反満運動を繰り広げた。清政府の腐敗や外国の侵略を防げない無能さに起因する積年の怨恨とともに、漢民族による民族ナショナリズムは、一九〇〇年代末についに清政府に対する反乱を引き起こしたのである[1]。漢民族主義者らは、一九一一年に満州族の皇帝を打ち倒すことに成功し、一九一二年に中華民国を設立した。共和国の樹立後は、漢民族主義者らは反満から「五族共和」という新たな観念の奨励へと戦略を変え、中国で増大しつつあった民族間葛藤を和らげようとした。とはいえ、反満感情は多くの中国人の考え方を依然として支配していた。『火焼紅蓮寺』は、反満運動の遺産であり、儒教に根ざした社会的価値と規範のために戦う何人かの反満スーパーヒーローを生みだした。それは、二五〇年にわたる満州族支配からの独立を宣言し、自らの民族的文化的アイデンティティを祝福したいと願う漢族の聴衆を満足させた。

図４-１　映画『火焼紅蓮寺』の１シーン

出所：『火焼紅蓮寺』（1928）より。

一九二〇年代を通してナショナリズムの影響が続き、代表的な中国映画の製作者や監督は「民族精神」を売り出すことに躍起になった。彼らは、大衆に民族意識を植えつけるために映画を利用するよう同業者に促した（Zhang 2004：57）。その結果、漢民族の文化的伝統や価値が支配していた古代の民話、神話、伝説から映画の題材が採られた。そうした文化的要素は、カンフー映画のなかで頻繁に呈示され、漢民族の聴衆を喜ばせた（Zhang 2004）。

一九三一年に第二次中日戦争〔満州事変・日中戦争〕が始まると、主要な監督、俳優、スタジオは、中国本土から香港に移動せざるを得なくなった。この移動によって、香港におけるカンフー映画発展の基礎が築かれた（Lee 2003）。

戦争の結果、武術そのものも苦境に陥った。CNSRAや精武体育会といった代表的な武術協会は、活動停止になった。日本軍が首都の南京を爆撃したとき、CNSRAは本部を南京から中国南部に移し、一九四〇年代前半には解散することになった（Yang 2008）。

3　中国伝統の復権（一九三〇～五〇年代）

香港は、中国の南東端に位置する。清政府が二度のアヘン戦争に負けてから、そこは英国の植民地になった。第二次中日戦争の間、香港は本土からの人々を受け入れる避難所の役割を果たした（Harrison & So 1996）。北京、上海や他の主要都市から逃げてくる映画人を受け入れることで、香港は中国国民映画にとって重要なセンターとなった（Zhang 2004：92）。一九三〇年代、四〇年代、そして五〇年代において、香港はカンフー映画を製作するために必要な資源、才能、そして自由のある唯一の場所になった。

『方世玉打擂台（*The Adventures of Fong Sai-yuk*）』（一九三八）は、香港で製作された最初のカンフー映画である。筋は二つの家族間の葛藤についてであったが、依然として反満感情を引きずる内容だった。主人公の方世玉《フォン・サイヨ》〔架空の人物〕は、少林寺拳法を身につけた代表的な反満活動家であった。好調な興行成績に便乗して、一九四〇年代には方世玉の映画がそれ以外に何本も作られた。[2] 同じ時期に、香港のスタジオは古代中国の伝説上の達人に題材を採ったカンフー映画を次々につくり始めた（Klein 2004）。『荒江女俠第一集大破韓家莊（*Swordswoman of the Wild River*）』（一九四〇）、『銅鎚俠大戰九花娘（*Big Fight between Hero Copper and Madame Nine Flowers*）』（一九四九）などが人気作だった。そうした映画の筋は、実在ないし伝説上の武術家の英雄談についてであり、正義、忠誠、信念、高潔、礼儀、犠牲、寛容、寛大、孝行といった伝統中国の美徳と倫理を説くものであった。

図４‐２　映画『黄飛鴻傳上集・鞭風滅燭』の１シーン

出所：『黄飛鴻傳上集・鞭風滅燭』（1949）より。

一九四〇年代後半までに、映画産業は香港に根を下ろし繁栄するまでになっていた。黄飛鴻《ウォン・フェイホン》シリーズの映画が一九四九年に初上映されたことは、中国カンフー映画産業にとって新時代を画する出来事であった（Green & Svinth 2010 : 530）。それまでのカンフー映画は、超自然的な武術の技を見せたり、「指先で刀を放ち、口から光を発する」（Zhang 2004 : 41）といった人工的な要素に満ち満ちていた。『黄飛鴻傳上集・鞭風滅燭（*The Story of Wong Fei-hung*）』（一九四九）は、初めて本物の武術を取り入れた映画であり、大成功を収めた（Lee 2003, Li 2001）。市場からの需要が高まり、総計で六一本のシリーズが五〇年代に製作された。黄飛鴻シリーズは、六〇年代になっても聴衆を引きつけることをやめなかった。主人公の黄飛鴻（一八四七～一九二四）は、伝統中国の美徳と力を表象する理想的イメージへとかたちづくられていった。

4　ナショナリズムと中国カンフー映画の変容（一九六〇～七〇年代）

一九六〇年代には、中国のナショナリズムに変容が見られた。中国本土では、中印国境紛争、中ソ対立、ベトナム戦争などが引き金となりナショナリズムの防衛的な緊張状態が高まった。その結果、中国人は国権、国益、国家安全保障を守護するために非常に独断的になっていった。こうした防衛的ナショナリズムは、二〇世紀の変わり目に帝国主義者や植民地主義列強により敗北を続けたことからくる国民的恥辱の感情に根ざすものだった。過去の恥辱の記憶ゆえに、多くの中国人は「自分たちのことをいつも外国に包囲された国民だと感じている。国外で安全でないから自国が不安定になり、自国で弱いから国外で攻撃を受けやすくなる。中国人にとって、中国はいつでもバラバラに引き裂かれる用意があるように見える」（Nathan & Ross 1998：34）。中国のナショナリズムは、こうして自国の領土と主権を確かなものにするために国家の軍事力を固める強い欲求を生みだした。こうした防衛的ナショナリズムは、文化大革命（一九六六～七六）によって強固なものになり、強烈な排外主義という歴史に埋もれていた思想を蘇らせることになった（Harding 1984：188）。これはさらに、英米が代表する西側諸国に対する敵意のうねりとなった。

この反帝国主義的ナショナリズムに影響され、英国の植民地支配に反対する大規模なデモが一九六七年の香港で発生した。それは五月に始まったのだが、折しも九龍の造花工場で労働争議が勃発したのである。労働者は警察と衝突し、事件は暴動へと発展した。翌日、数百人の労働者が抗議のため街頭デモに繰り出した。香港工會聯合會が仲介に乗り出し、労働者を解放して安全を保証するよう当局に求めた。中国外交部は、一九六七年五月一五日に駐北京イギリス臨時代理大使宛に声明を発表し、引き続き北京と広州では反英デモが見られた。翌週、親北京左派組織の人々が労働者勢力に加わって大規模なデモを組織し、警察とさらなる衝突を引き起こした。「親北京組織にかかわりなく政治的動員のプロセスに参加する一般市民もいた」（Cheng 2010）。一部の住民は、暴動に対する植民地政府の鎮圧を支持しなかったのである（Cheng 2010）。労働争議はストライキとデモ行進に取って代わり、もともとの労使関係に対する関心は、香港全土の反植民地主義・反帝国主義キャンペーンへと間もなく変わっていった（Yep 2012）。香港政府は、騒乱を鎮めるために緊急事態の統制を発動した。数百人の活動家が当局に逮捕された。それに対抗して反乱者は計画性のない爆弾攻撃を仕掛け、さらなる暴力と死を生んだ。暴力は、その年の終わりまで終息しなかった（Cheng 2010）。

香港の映画産業は、一九六七年の暴動が表現していた反帝国主義的・反植民地主義的な感情から影響を受けた。一九六〇年代後半以降に香港で製作されたカンフー映画は、大衆ナショナリズムによって方向づけられ、またその一部をなすような新たな文化的想像力を形成しはじめた（Li 2001）。この文化的想像力は、中国の復活に焦点を合わせたものであり、伝統的な中国格闘技の道着によって「装備された」逞しく男らしい肉体イメージに頼っていた（Li 2001）。当時の映画の多くは、清朝末期か中華民国期初期の社会歴史的設定を背景にしていた。武術家は、外国の格闘家を打ち倒すことによって中国人が自信と尊厳を取り戻すことを助ける国民的ヒーローとして描かれた。日本の空手家や西洋のキックボクサーを打ちのめす中国人格闘家のシーンは、お馴染みのものとなった（Lee 2003：518）。外国の格闘技術に対する武術の勝利は、カンフーを文化的・国民的アイデンティティのなかに統合したのである（Dresser 2005）。

『龍虎門（*The Chinese Boxer.* 邦題：吼えろ！ ドラゴン 起て！ ジャガー）』（一九七〇）は、日本軍の中国侵略を背景とした中華民国期に設定された映画であり、この種のものとして最初の大作であった。この映画は、伝統的な剣術の描写からナショナリズムの味つけを加えた現代的カンフー映画への移行が始まったことを告げるものだった。物語は、中国武術の達人が日本の空手家を打ち倒す内容だ。『龍虎門』は大成功を収め、一九七〇年の香港で最高の興行成績を記録した。その二年後、ブルース・リーの『精武門（*Fist of Fury.* 邦題：ドラゴン怒りの鉄拳）』（一九七二）と『猛龍過江（*The Way of the Dragon.* 邦題：ドラゴンへの道）』（一九七二）が登場し、カンフー映画の新たな時代の幕が切って落とされた。『ドラゴン怒りの鉄拳』の時代設定は二〇世紀初期の上海である。ブルース・リーは、精武体育会のメンバーである〔架空の〕陳　真《チェン・ジェン》を演じている。陳は、帝国主義勢力を表象する外国の格闘家を打ち倒すことによって、同胞が自信と尊厳を取り戻すことを助ける国民的ヒーローとして描かれている。映画には反日的・反植民地主義的な感情が溢れており、儒教的徳目、孝道、個人の尊厳、兄弟愛、国民的名誉などと混じり合った中国のナショナリズムを押し出している。映画は、陳の師匠で精武体育会の創設者である霍　元　甲《フォ・ユェンジャア》（一八六九〜一九一〇）の葬儀の場面から始まる。上海にある日本の道場から日本人武道家の一団が精武体育会の本部を訪れ、「東亜病夫」という文字を残して中国人を侮蔑する。陳は一人で道場に出向き、日本人武道家を一人残らず叩きのめす。彼はそこで、「よく覚えておけ、中国人が病人でないことを」と言い放つ(3)。陳はさらに魯迅公園〔旧虹口公園〕を通りかかるのだが、そこは上海共同租界の所有地だった。彼は外国人の警備員に入場を拒まれるが、その脇で白人女性と彼女のペットの犬が入場を許される。一人の日本人が、陳に向かって入りたければ犬の振りをするようにいう。陳は怒りのあまり男とその連れを叩きのめし、「犬と中国人はお断り」と公園の入口に書いてある木の札を蹴破る。後に陳は、霍元甲が精武体育会の二人の裏切り者によって毒殺され、その背後に日本人がいたことを知る。そこで彼は最後の復讐のため虹口の道場に戻り、師範の鈴木寛を打ち倒す。最後の戦いは、陳と鈴木の友人であるロシア人ヘラクレス・ペトロフとの間で繰り広げられる。ロシアは一九世紀後半から二〇世紀初頭まで中国北部を占領し、ほとんどの中国人はロシアを日本とともに中国を収奪し恥辱を与えた主要な帝国主義勢力だと見なしていた。ロシア人ペトロフを陳が打ちのめす場面は、反帝国主義的感情が映画でピークに達する瞬間だ。観客は、強い意志と厳しい修練によって弱者が強者の抑圧に打ち勝つことができると信じたのである。

『ドラゴンへの道』は、強烈な反西洋的排外主義を表現していた。（ブルース・リー演じる）主役のタン・ロンは、地元のマフィアにレストランの営業を妨害されて困っていた従姉妹を助けるためローマを訪れる。彼は、武術の技を使ってイタリアのギャングを残らず叩きのめす。映画で最も有名なシーンは、リーと空手世界チャンピオンのチャック・ノリスがローマのコロセウムで戦う場面である。ノリスを打ち破ったリーは、「暴力によって男性的アイデンティティを取り戻し、中国人を外国の侵略の歴史から象徴的に救い出すのである」（Tasker 2006：444）。その含意は、武術が外国の格闘技に優越しているということであり、中国はもはや「東亜病夫」ではないということである。

李によれば、「リーのカンフー映画、とくに『ドラゴン怒りの鉄拳』と『ドラゴンへの道』は、彼の素晴らしい肉体から迸り出る男性的ナショナリズムの言説というナイーブな形式を多彩なアクションに

図4-3　ブルース・リー主演『ドラゴンへの道』の1シーン

出所：『ドラゴンへの道』（1972）より。

よって（再）生産した」（Li 2001）。武術の力を借りることにより、帝国主義や植民地支配に抗する中国の国民的アイデンティティを体現した男性的肉体が創造されたのである。この肉体は、政治的・文化的意味を授けられ、中国ナショナリズムのユニークな表象として進化していった（Li 2001）。

ブルース・リーの映画はまた、「イギリス統治にたいする香港人の不満」を表現し、「その感情を昔日の中国にたいする人種的・文化的記憶と結びつけた」（Shu 2003: 53）。一九七〇年代の香港の政治状況は、緊張をはらんでいた。ブルース・リーの映画は、香港に住む中国人にとって不安と周縁に追いやられた者の感情を表現した（Wallis 2013）。李が指摘するように、「ナショナリストで反植民地主義者であるために、想像力はカンフーに向かった」（Li 2001: 519）のである。

5　反帝国主義的感情の強化（一九八〇年代）

一九四九年に中華人民共和国が成立してからは、全産業の国有化と厳格な政治的検閲の導入により、映画は主にイデオロギー宣伝を目的として製作されるようになった。テーマは階級闘争、イデオロギー闘争、中日戦争と国共内戦に限定された（Cheng 1982）。武術は封建文化の一部と見なされ、それゆえ捨て去られるべきものとなった。地元の武術協会や組織は閉鎖され、師範や門下生は隠れて練習をするか、あるいは武術をやめるかせねばならなかった。そうした背景のもとで、毛沢東時代（一九四九～七六）にカンフー映画は消え去ったのである（Fu 2007）。

一九八〇年代には、中国本土の改革と規制緩和が始まった。それはまた解放の時代だった。人民の精神と生活の解放である。啓蒙を目的とした記事が書かれ、人民の思考を古い社会主義的・集団主義的・平等主義的思考法から解放しようとした（Ma 1998）。同時に、自由市場経済の導入は、個人の自由に向けた道を切り開いた。映画産業は自由化された。政府による検閲はまだ続いていたが、厳格な禁止は解除され、映画製作者はいまや幅広い話題に触れることが可能になった（Cheng 1982）。映画産業は復活しはじめ、間もなく実を結ぶことになる。一九七九年の映画『小花（*Little Flower.* 邦題：戦場の花）』は、国中に衝撃を引き起こし、国際的な注目を引きつけた（Xie 2013：62）。主役の陳冲《チェン・チョン》は、ユーゴスラビア映画祭で主演女優賞を受賞した。一年後、『廬山恋（*Romance on Lushan Mountain*）』が一九四九年以降に中国本土で撮られた映画として初のキスシーンを紹介し、大ヒットを飛ばした。一九八〇年から八四年の間に中国本土で一二〇本の映画が製作された（Li 2010）。映画産業の復活はカンフー映画の製作も呼び覚ました（Lei 2005）。一九八〇年、中国本土で初のカンフー映画である『神秘的大佛（*Mysterious Buddha*）』が北京電影製片廠によって製作された。一九七〇年代に香港で製作された多くのカンフー映画のように、『神秘的大佛』の時代設定は中華民国期であり、強烈な国民主権と尊厳の意識に根ざしている。物語は、古代中国仏教の財宝を盗み出そうとする日本人の陰謀をめぐって展開し、共産党と国民党のスパイが引き立て役となった。『神秘的大佛』は、武術の要素があまりない探偵アクション映画のようなものだったが、中華人民共和国におけるカンフー映画のはじまりと見なされた（Gong 2008）。

その後の数年間に多数のカンフー映画が製作され、観客から好評をもって受け入れられた。たとえば、『大刀王五（*Kung Fu Hero Wang Wu*）』（一九八三）、『武林志（*Pride's Deadly Fury*）』（一九八三）、『自古英雄出少年（*Little Heroes*）』（一九八五）、『神鞭（*The Magic Braid*）』（一九八六）、『俠十三妹（*Lucky 13*）』（一九八六）、『白龍劍（*The White Dragon Sword*）』（一九八六）、『関東大俠（*The Hero in Northeast*）』（一九八七）、『少林海灯法師（*The Shaolin Cleric: Haideng*）』（一九八八）などが製作された。それらの作品は、一九世紀後半と二〇世紀初頭に設定され、プロットは一八九八年の百日維新、義和団の乱、一九一一年の辛亥革命、そして第二次中日戦争に基づいていた。中心的テーマは、反帝国主義、反封建主義、ナショナリズム、そして愛国主義だった。好例は、張華勲《チャン・ファシュン》が監督し北京電影製片廠によって製作された『武林志』である。物語の設定は一九一〇年代の天津だが、ここはヨーロッパ植民地勢力によって租界と軍事駐屯のため占領された港湾都市である。映画は才能溢れる若い男についての話だが、彼は街頭芸人から武術家へと転身した後に、四六カ国の一流格闘家を打ち負かしたというロシア人レスラーのチャンピオンを破り、中国の国民的名誉とプライドを守り通した。プロの俳優を使った『神秘的大佛』と異なり、『武林志』の登場人物は本当の武術家によって演じられた。北京の武術家チームの主任コーチをしていた李俊峰《リ・ジュンフン》が招待され、主役を演じている。弟子の戈春艶《ゲ・チュニャン》は主演女優を演じている。瀋陽、湖南、河北の武術家チームのメンバーも他のキャラクターを演じている。プロの武術家の実演が、映画のユニークなセールスポイントになったのである。強烈な愛国的尊厳の感情を生みだすプロットのおかげで、映画はたちまち大人気を博した。中国全土の五〇〇〇館以上の映画館で上映され、国家優秀影片奨の「主演男優賞」を受賞し、中国文化部によって一九八三年度の最優秀映画にも選定された(4)。

ここで見たカンフー映画と中国ナショナリズムとの関係は、より広い歴史的・社会的・政治的・経済的文脈から説明される必要がある。中国政府と国家メディアによって「悪の帝国主義者」の領域として描かれるのが常だった西洋は、一九八〇年代初頭から中国人民に再び紹介されることになり、西洋研究が流行した。高度に発展した西洋諸国の繁栄、特に米国の繁栄は多くの中国人に衝撃を与えた。その結果、自彊《じきょう》と国民的復活に焦点を当てた現代的中国ナショナリズムが流行し、近代化への途方もない期待と需要を引き出した。カンフー映画は、土着の美徳と力を説くものであり、この自彊に向けた感情に声を与え、愛国と対外強硬論の気分をさらに生みだした（Wang 2010）。中国の武術家を外国の格闘家と戦わせることで、これらの映画は中国人に国民的威信の表現手段を与えたのだ。中国が経済や国家建設の面で西洋諸国にはるかに後れをとっている一方で、中国人民は国民的アイデンティティを打ち立てるにあたり、テクノロジーの産物ではなくむしろ武術に頼ったのである（Li 2001）。カンフー映画は、外国の競争相手に対する勝利を描きながら、自信を取り戻させてくれるものだった。

こうした感情は、麗的呼声（レディフュージョン）ＴＶの『大俠霍元甲（*The Legendary Fok*）』（一九八一）や『陳真（*The Fist*）』（一九八二）といった香港のカンフーＴＶドラマの人気が上昇することによって強化された。『大俠霍元甲』は霍元甲の伝記に基づいており、彼は一九一〇年代に上海共同租界の外国人格闘家を打ち負かしたことで中国の国民的ヒーローと見なされていた。シリーズは一九八一年にまず香港で放映され、後に中国本土、台湾、シンガポールや他の中華圏の視聴者にも紹介された。それは大成功を収め、一九八〇年代の中華世界における大衆文化の一部となった。ナショナリズムこそが、並ぶもののない人気の主因だった。オープニングテーマ曲の「万里の長城は永遠に倒れず」は、一九八〇年代の中国で最も人気のある歌の一つとなった。

眠ること百年、中国人はついに目覚める
目を開き、注意深く見よ
誰が俘虜になることを望む
畏れ耐えたのだ
人はさらに傲慢さを増す
口を開き叫べ、高らかに叫べ
ここでは全員が戦士だ
強盗が侵入しても、最後は必ず命を落とす
万里の長城は永遠に倒れず
千里の黄河の水は滔々とし
山河は麗しく峰々は色を重ねる
我が国のどこが病んでいる
血路を開け、手を大きく振れ
力を尽くし国家を中興せよ
ふたたび国土を踏みにじられるのか
各人が使命を負う
この眠れる獅子がようやく目覚める(5)

カンフー映画の再興は、武術の復興とともにやってきた。政府の政策変更により、一九七〇年代後半には武術の振興が体育部の重要な使命となった。国家遺産のこの要素を復活させることに特別の注意を払うべきだと広く信じられた（Hao 2008）。政府の資金援助を受け、歴史学者、人類学者、教育学者などが調査に着手し、武術の全流派について資料収集を始めた。武術の協会やチームがあらゆるレベルで結成され、大学は武術の課程を提供し始めた（Hao 2008）。武術の会報や雑誌が発行された。武術の国内・国際競技会が組織され、スポーツの発展を促進した。一九七九年に広西省〔現広西チワン族自治区〕南寧市で全国武術招待トーナメントが開かれた。この大会には二九の省・市から約三〇〇人の選手が参加し、四〇〇以上の武術の流派と技を披露した（Hao 2008）。一九八五年に第一回国際招待試合が陝西省西安市で挙行され、一七の国と地域から八九人の選手が参加した（Wang 2012）。

政府はエリート層の武術の振興に焦点を合わせていたが、カンフー映画は草の根レベルにおける武術の発展を促進することに大きな役割を果たした。カンフー映画のヒーローやヒロインに影響されて、何百万もの中国人が武術を習い始めた。ある者は、武術が体力を高め戦闘技術を授けてくれると信じた。別の者は、心身の健康増進のため気功や太極を使おうとした（Hao 2008：190-191）。武術ファンの多くは、中国伝統の哲学と宗教に根ざしたユニークな理論的枠組みであるがゆえに、武術は西洋のスポーツより中国人にふさわしいと確信していた。そして、一九八〇年代末までに、武術は著しい発展を遂げ、中国で最も人気のあるスポーツと余暇活動の一つとなった（Zhou 2005）。

6　黄飛鴻とその後継者——移りゆく防御的ナショナリズム

一九九〇年代に入り、中国のナショナリズムは一連の国際政治上の事件によって変貌を遂げた

(Hillman 2004)。一九九三年の銀河号事件[6]、一九九五～九六年の台湾海峡危機、一九九九年のベオグラード中国大使館へのNATO軍の誤爆、そして二〇〇一年の海南島事件[7]などが起こり、米国と西洋列強に対する否定的で排外的な感情が広がった。国際的な葛藤は国益を巻き込み、外国の脅威に抗する大衆の支持を結集させ、大衆が感じていた外国の攻撃や抑圧に対する怒りを蘇らせた。大衆は、「国家の防衛をより信頼でき、安心できるものにするよう要求し」(Townsend 1992: 121)、防衛的ナショナリズムを呼び覚ました(Shambaugh 1996: 205, Zhao 2000)。一九九〇年代中盤までには、「増大しつつある中国の不満の多くは、中国を「封じ込め」ようとする新たな西洋の(とりわけ米国の)試みと見なされるものに向けて激しい憤激として吐き出された」(Liu 2001: 206)。こうした感情は、米国の政治学者サミュエル・ハンティントンの著書『文明の衝突』によってさらに油を注がれた。本書の主張によれば、人々の文化的・宗教的アイデンティティが脱冷戦時代の世界にとって主要な衝突の原因になるのであり、中国や他の非西洋文明の台頭が西洋文明にとって潜在的な脅威になるというのである。多くの者は、ハンティントンの著書によって「封じ込め」論の正当性を確信した。

一九九〇年代初頭から、中国が世界経済を牽引する立場になり、国際情勢において重要な役割を果たすようになるにつれ、強烈な国民的威信や自信の感覚も現れるようになった。多くの中国人は、二一世紀の中国はもはや弱小国ではないと信じている。中国文明を復興させ、「中国の台頭」を確かなものにすることが、現代の中国ナショナリズムの究極的ゴールとなった。一九九〇年代中盤からは、中国の防御的ナショナリズムと中国対西洋の対立が中国本土や香港で製作されるカンフー映画に集中的に表現されるようになった。

それらの映画は、三つのカテゴリーに分けられる。第一のカテゴリーは、「中国対西洋」の対立を現代的な時代設定に据えた映画を指している。ブルース・リーの『ドラゴンへの道』を手本に、それらは西洋諸国で撮影された。プロットは、中国人の武術家が外国に赴き、地元のギャングやマフィアを相手に戦いを繰り広げるというものだ。『黄飛鴻'92之龍行天下（*The Master.* 邦題：ハード・ブラッド）』（一九八九）は、この種の映画として最初のヒット作だった。中国語のタイトルにある「ドラゴンが世界を行く」という文句には、伝統的な「武侠」のイメージを現代的な形式に置き換えようとする意図がはっきり示されている。物語は、現代のサンフランシスコが舞台となっている。米国に移住した武術家のタクおじさんは、サンフランシスコで漢方薬の店と武術の道場を開いている。地元のギャングのジョニーがタクの道場を乗っ取り、彼の殺害まで企てる。タクおじさんの愛弟子役で出ているジェット・リーが、師匠を訪問するためロサンゼルスに飛び、最後はジョニーとギャングを打ち負かす。この映画は八〇九万六五四二HKドルの興行成績を上げ、のちに中国本土、台湾、米国でも配給された。大衆ナショナリズムの影響で、この映画は中国本土のホームビデオ市場でも大成功を収めた（Geng 2010）。

『ハード・ブラッド』の直後、ジャッキー・チェンの『紅番區（*Rumble in The Bronx.* 邦題：レッド・ブロンクス）』（一九九五）が再び中国映画市場でヒットを飛ばし、耳目を集めた。映画の舞台はニューヨークだ。香港の警官クーン（ジャッキー・チェン）が叔父の結婚式に出席するため米国にやってくる。ニューヨーク滞在中、クーンは不良少年グループに店を襲われた中国人女性を助けようとし、ギャングと戦うことを余儀なくされる。たまたまニューヨークマフィアのダイヤモンド取引に巻き込まれ、戦いは命がけの銃撃戦へと発展する。この映画は五六九一万一一三六HKドルの売上を上げ、香港の興行記録を打ち破った。中国本土で一九九五年一月に上映されたとき、『レッド・ブロンクス』は三五〇〇万人民元の興行成績を上げたが、それは前年に上映されたハリソン・フォードの『逃亡者』の三倍の売上

図4-4　ジャッキー・チェン主演『レッド・ブロンクス』の1シーン

出所：『レッド・ブロンクス』（1995）より。

だった。その後の二〇年間、『ハード・ブラッド』や『レッド・ブロンクス』のプロットに似た映画がさらに作られた。主な作品に、ジェット・リーの『*Kiss of the Dragon*（邦題：キス・オブ・ザ・ドラゴン）』（二〇〇一）、『*Unleashed*（邦題：ダニー・ザ・ドッグ）』、ジャッキー・チェンの『一個好人（*Mr. Nice Guy.* 邦題：ナイスガイ）』（一九九七）などが挙げられる。これらの映画によって、ジェット・リーとジャッキー・チェンは、ブルース・リー以後で最も人気のあるカンフー映画スターとなった。

　第二のカテゴリーは、中国の現代史に根ざした映画からなり、そのプロットは主要な歴史的出来事に基づいている。たとえば、清朝末期のアヘン戦争、義和団の乱、反満運動、一九一一年の辛亥革命などに時代設定を置いている。清朝末期の民衆ヒーローである黄飛鴻や方世玉は、愛国的革命家として描かれた。彼らの敵は、もはや地元のギャングではなく外国の侵略者であり、また外国の侵略から中国を守ることのできない腐敗した清朝政府である。シリーズ第一作目の『黄飛鴻（*Once Upon a Time in China.* 邦題：ワンス・アポン・ア・タイム・イン・チャイナ）』（一九九一）のなかで、黄飛鴻は仏山市でイギリスとのアヘン貿易をやめさせようとするヒーローとして描かれている。彼はまた、外国の侵略を防ぐため中国人に武術を教える。シリーズ第二作目『黄飛鴻之二男兒當自強（*Once Upon a Time in China II.* 邦題：ワンス・アポン・ア・タイム・イン・チャイナ　天地大乱）』（一九九二）で黄は反満運動に加わり、漢族のナショナリストや革命家を助けることで中国の将来のために戦う。『方世玉（*Fong Sai-yuk.* 邦題：レジェンド・オブ・フラッシュ・ファイター 格闘飛龍）』（一九九二）とその第二作目『方世玉続集（*Fong Sai-yuk II.* 邦題：レジェンド・オブ・フラッシュ・ファイター 電光飛龍）』（一九九三）において、方世玉は清政府を打ち倒すため武術の技を使い、漢族ナショナリスト組織の紅花会を助ける（Lee 2008：29）。『十月圍城（*Bodyguards and Assassins.* 邦題：孫文の義士団）』（二〇〇九）では、武術家の集団が結集し、清朝政府が放った暗殺者に狙われていた革命家孫文を守る。

第三のカテゴリーは、中華民国期に時代設定を置いたものである。ほとんどの映画は、外国の占領・侵略や第二次中日戦争（一九三一～四五）から題材を取っている。反日・反帝国主義的感情がそういった映画の中軸をなす。カンフー映画で日本を中国の敵に選ぶ理由は、要するに中日関係の問題に起因している。消し去ることのできない過去、特に二度の中日戦争は、中国人の心に深く刻みつけられ、反日感情を現代の中国ナショナリズムにとって主要な焦点としてきたのである。近年では、尖閣諸島をめぐる領土紛争や日本の歴史教科書をめぐる論争、そして日本の指導者による度重なる靖国神社参拝といった問題が、中国の一般大衆が抱く反日感情をさらにかたくななものにしている。この感情は、近現代の中国の文学、映画、TVドラマなどのなかで表現され続けてきた。カンフー映画は、おそらく反日感情を表現する最もありふれたはけ口の一つである。一九九〇年代と二〇〇〇年代には、この種の映画の製作本数が急カーブで上昇した。ジェット・リーの『精武英雄（*Fist of Legend.* 邦題：フィスト・オブ・レジェンド／怒りの鉄拳）』はブルース・リーの『ドラゴン怒りの鉄拳』のリメークであるが、一九九四年に封切りされるとそうした流行の先駆けとなった。さらに、二〇〇六年に上映されたジェット・リーの『霍元甲（*Fearless.* 邦題：SPIRIT）』は、中国カンフー映画産業の新たなスタンダードになった。物語は霍元甲の伝記に基づいており、彼は天津商工会議所が組織した格闘大会で外国人格闘家に戦いを挑み、外国の植民地主義勢力が祖国をひざまずかせているとき国民にプライドと自信を取り戻してくれたのである。彼の相手をした英国のボクサー、ベルギーの槍使い、スペインの剣士、そして日本の武道家は、二〇世紀の変わり目に中国を分割した四大帝国主義勢力を代表している。日本の武道家、田中との最後の戦いで、大会の主催者は霍が勝てば日本を侮辱し、中国人の排外感情を刺激するだろうことを恐れ、霍に毒を盛る。死ぬ前に、霍は田中を打ち破って中国のプライドを守る。ドキドキするような格闘シーン、英雄的な物語、そして強烈なナショナリズムのモチーフによって『SPIRIT』の成功は保証されたのも同然だった。映画は中国本土で一億人民元、香港で三〇二〇万一六〇〇ＨＫドルの売上を記録した[8]。

二〇〇六年以降、ジャッキー・チェンとジェット・リーはもはやかつてほど活躍していないが、霍元甲とその後継者の伝説は絶えることがない。ドニー・イェンなど新世代の武術俳優も登場し始めた。二〇〇八年一二月、ドニー・イェンの『葉問（*Ip Man.* 邦題：イップ・マン 序章）』は、映画ファンから熱狂的な反響で迎えられた。映画は武術家、葉問《イェー・ウェン》（一八九三〜一九七三）の生涯に基づいている。時代設定は一九三〇年代だが、そのころ日本の中国侵略が始まり葉問の人生は突如として大変動に見舞われる。彼は、同胞を奴隷扱いした外国の侵略者に対して立ち上がらざるを得なくなる。格闘技大会で日本人格闘家集団を破り、日本軍の三浦将軍に兵士の訓練を依頼される。葉は三浦の依頼を断り、公開試合で彼を打ち破る。『イップ・マン 序章』は中国、香港、台湾の観客によって称賛された。第四六回台湾金馬奨、第二八回香港電影金像奨、中国電影華表奨、上海影評人奨など中華圏の有名な映画賞を受賞した。二年後、『葉問2 宗師傳奇（*Ip Man 2.* 邦題：イップ・マン 葉問）』が公開された。この続編は、英領香港における葉問の生涯を中心に描いている。彼は、中国武術の一派、詠春拳を広めようと望み、地元の武術家から尊敬を集める。英国人ボクシング・チャンピオンのツイスターが武術の演技デモを侮辱し、どんな中国人武術家も打ち倒すことができると公言したとき、映画にナショナリズムのテーマが付け加えられる。葉はツイスターの挑戦を受け、公開試合で彼を打ち破る。映画の終わりで、彼は観衆に向けて愛国的だが謙虚な口調でスピーチをおこなう。

私は、武術が西洋のボクシングよりすぐれていると証明するためにここにいるのではありません。〔中国と西洋の〕人々の〔社会経済的な〕身分は異なっていますが、品位というものは誰が誰よりすぐれているということではありません。今後は、人々がお互いを尊重するようになればいいと思います。(9)

ちょうどハリウッド映画『アイアンマン2』の上映と重なったにもかかわらず、この中国ナショナリズムに彩られたB級映画は観客から喝采をもって迎えられ、中国で二億人民元、香港で二五〇〇万HKドル、シンガポールで八二万七〇〇〇SGドルの売上を記録した（Chen 2010）。映画評論家のジョイ・ファンは、こういっている。「日本の中国占領に起因する悲痛で激烈な問題に焦点を当てた一作目と異なり、続編は大作とはいえないが、深い文化的ルーツに根ざした中国人のプライドを呼び覚ました」(10)。『イップ・マン』シリーズ成功の理由には、まさに民族的プライドがあった。主演のドニー・イェンはこう結論づけている。「私たちは、民族の名誉と威信のために戦う強力な中国人戦士をつくり出しました。だからこそ、観客の魂を打つのです」（Chen 2010）。

ここで触れた映画は、観客として中国人と華僑という明確なターゲットを持っていた。映画に埋め込まれたナショナリズムのテーマは、中国市場において心から共感されることが期待されていた（Wang

図4－5　映画『イップ・マン　葉問』の1シーン

出所：『イップ・マン 葉問』（2010）より。

2008：52-53）。それゆえに、それらがグローバル市場であまりよい反応を得られなかったとしても驚くべきことではない。少なくとも、オスカー賞レベルの『臥虎蔵龍（*Crouching Tiger, Hidden Dragon*. 邦題：グリーン・デスティニー）』（二〇〇〇）やその後続には及ばなかった。たとえば、『イップ・マン 序章』も『イップ・マン 葉問』もアメリカで公開される予定はなかった。

カンフー映画産業の興隆とともに、武術は国際スポーツへと成長した。一九九〇年代と二〇〇〇年代は、武術の黄金期となった。人気の上昇を考慮して、武術は一九九〇年北京アジア競技大会において公式競技種目に登録されている。一年後、第一回世界武術選手権が北京で開かれた。二〇〇二年、第一回世界武術フリーボクシング競技会（世界杯武術散打賽）が上海で始まった。近年、国際武術連合会（ＩＷＵＦ）によって武術をオリンピック競技に加えようとする努力がなされている。疑いなく、中国カンフー映画は武術の復興に決定的な役割を果たしてきたのである。

7 〈中国人らしさ〉の投影

武術は、長い間、中華民族の重要な文化的イメージだと見なされてきた。二〇世紀初頭から武術はさまざまな方法で中国のナショナリズムと結びつけられてきたが、その関係はカンフー映画によって強化されたのである。ナショナリズムに鼓舞されることで、中国カンフー映画は武術を中国固有の美徳と力のシンボルに仕立て上げた。

黄飛鴻から葉問まで、『ドラゴン怒りの鉄拳』から『SPIRIT』まで、中国の映画製作者は武術を描くことに向けたナショナリズムのアプローチを発展させてきた。伝説的な武術家は、武術を使って「中国の植民地主義的抑圧者を表象する悪役を打ち負かし、文化的アイデンティティを披露する」（Wallis 2013）愛国的ヒーローとして描かれる。中国カンフー映画は過去数十年間にいくつもの大きな革新を経てきたのだが、大半の中国の観客はその核心に「〈中国人らしさ〉という伝統主義的・民族主義的イデオロギー」（Chan 2004：4）が保持されていることを今でも期待している。『グリーン・デスティニー』の伝統的な剣術が成功してからというもの、中国本土の監督によってこのモデルに倣う例が相次いでいる。たとえば、張芸謀《チャン・イーモウ》監督の『英雄（*Hero.* 邦題：HERO）』（二〇〇〇）、『十面埋伏（*House of Flying Daggers.* 邦題：LOVERS）』（二〇〇四）、『満城尽帯黄金甲（*Curse of the Golden Flower.* 邦題：王妃の紋章）』（二〇〇六）、そして陳凱歌《チェン・カイコー》監督の『無極（*The Promise.* 邦題：PROMISE 無極）』（二〇〇五）などの例がある。これらは最初から西洋の市場をねらって企画された映画であり、国際的な認知を得ることをめざして製作された。これらの監督の高い国際的声名にもかかわらず、彼らの映画が中国の映画評論家からあまり好意的に受け止められず、中国の観客による評価が大きく分かれたことは、驚くべきことではない（Chung 2007, Larson 2008, Levitin 2006, Zhang 2005）。大半の中国の観客は、今でも「中国」と「外国」の国や文化との対立に基づいたカンフー映画が好きなのである。彼らは、格闘技のジャンルをナショナリズムの枠組みによって特徴づけられた芸術的形式だと考えている（Teo 2008）。このジャンルに不可欠の精神は、中国伝統の中核的価値を継承・保持し、ナショナリズムの意味を強調することである

(Wang 2008)。ここで論じてきたタイプの映画に見られた人気と成功は、中国ナショナリズムにおける武術の重要性を示しているだけでなく、中国映画に対するナショナリズムの影響力もまた示しているのである。

（土佐昌樹訳）

＊　本章の初出は、Lu Zhouxiang, Qi Zhang & Fan Hong (2014) "Projecting 'Chineseness': Nationalism, Identity and Chinese Martial Arts Films," *The International Journal of the History of Sport*, 31-3: 320-335.

注

（1）漢民族は中国の全人口の大多数を占めている。

（2）『方世玉胡恵乾三探武当山（*Fong Saiyuk and Wu Waikin's Three Attempts at Wudang Mountain Fong Saiyuk*）』（一九四九）とその続編、『方世玉夷戰峨眉山（*Fang Shiyu's Nine Battles at Emei Hill*）』（一九四九）、『方世玉萬里報師仇（*How Fong Sze Yu Undertook a 10,000 Mile Journey for Vengeance*）』（一九四九）、『方世玉火焼紅雲寺（*Fong Sze Yu Sets Fire to Hong-Yun Monastery*）』（一九四九）など。

（3）『ドラゴン怒りの鉄拳』（ロー・ウェイ監督、レイモンド・チョウ製作、ゴールデン・ハーベスト配給、一九七二年）より。

（4）中国中央電視台（ＣＣＴＶ）、"Wulinzhi," http://www.cctv.com/program/ljsy_new/14/62/index.shtml (accessed October 10, 2013)。

（5）「万里長城永不倒（The Great Wall Will Never Fall Down）」（一九八一、盧国霑作詞、黎小田作曲）。

（6）事件は、米国海軍が中国船籍の貨物船「銀河号」をインド洋公海上で抑留し、化学兵器の原料をイランに運んでいると船員を告発したことから起きた。船を捜索したが、証拠は見つからなかった。にもかかわらず、米政府は謝罪しようとはしなかった。この事件は国民全体に対する屈辱と受け止められ、中国人のナショナリスティックな感情を煽り立てた。

（7）米国海軍偵察機ＥＰ-３と中国人民解放軍海軍迎撃戦闘機が二〇〇一年四月一日に海南島付近で空中衝突した。米軍搭乗員は最終的に中国当局によって解放されたが、怒れる中国民衆は米国政府に抗議をしただけでなく、中国政府の弱腰や西洋にへりくだる卑屈さに対しても非難した。

（8）Yi Liao, "Fearless: The Most Successful Hong Kong Movie in 2006," http://news.xinhuanet.com/newmedia/2006-12/25/content_5528009.htm (accessed October 15, 2013).

（9）『イップ・マン 葉問』（ウィルソン・イップ監督、エドモンド・ウォン脚本、二〇一〇年）より。

（10）Joy Fang, "Quick Take: Ip Man 2," http://www.asiaone.com/print/News/Latest%2BNews/Showbiz/Story/A1Story20100429-213082.html (accessed October 30, 2013).

参考文献

Anderson, Benedict (2006), *Imagined Communities: Reflections on the Origin and Spread of Nationalism*, London: Verso Books.

Chan, Kenneth (2004), "The Global Return of the Wu Xia Pian (Chinese Sword-Fighting Movie): Ang Lee's Crouching Tiger, Hidden Dragon," *Cinema Journal* 43, no. 4: 3-17.

Chen, Xiangjiao (2010), "Yip Man 2's Box Office Exceeded 02. Billion RMB," *South China Daily*, May 15, 2010.

Cheng, Jihua (1982), *The History of Chinese Cinema*, Beijing: China Film Press.

Cheng, Joseph Y. S. (2010), "Hong Kong's Watershed: The 1967 Riots," *Journal of Comparative Asian Development* 9, no. 1: 175-177.

Chung, Peichi (2007), "Hollywood Domination of the Chinese Kung Fu Market," *Inter-Asia Cultural Studies* 8, no. 3: 414-424.

Dresser, David (2005), "Fists of Legend: Constructing Chinese Identity in the Hong Kong Cinema," In *Chinese-*

Language Film : Historiography, Poetics, Politics, edited by Sheldon Lu, & Emilie Yueh-Yu Yeh, Honolulu : University of Hawai'i Press, 280-297.

Fu, Yannong (ed.) (2007), *The History of Sport in China, 1949-1979*, Vol. 5, Beijing : People's Sport Press.

Geng, Dianlei (2010), "Dragon on Foreign Land : Jet Li and the Construction of China's National Image," *Film Literature*, no. 3 : 20-22.

Gong, Haoyu (2008), "Mysterious Buddha : A New Approach," *Journal of School of Chinese Language and Culture Nanjing Normal University*, no. 4 : 165-170.

Graff, David A. & Robin D. S. Higham (2002), *A Military History of China*, Boulder, CO : Westview Press.

Green, Thomas A. & Joseph R. Svinth (2001), *Martial Arts of the World : An Encyclopaedia of History and Innovation*, Santa Barbara, FL : ABC-CLIO.

Green, Thomas A. & Joseph R. Svinth (2010), *Martial Arts of the World : An Encyclopaedia of History and Innovation*, Volume I : Regions and Individual Arts, Oxford : ABC-CLIO.

Guo, Wei (1994), "A Brief History of Chinese Martial Arts Films," *Chinese Wushu*, no. 8 : 25-26.

Hamm, John Christopher (2006), *Paper Swordsmen : Jin Yong and the Modern Chinese Martial Arts Novel*, Honolulu : University of Hawai'i Press.

Hao, Qin (ed.) (2008), *The History of Sport in China*, (*1980-1992*), Vol. 6, Beijing : People's Sport Press.

Harding, Harry (ed.) (1984), "China's Changing Roles in the Contemporary World," *China's Foreign Relations in the 1980s*, New Haven, CT : Yale University Press, 177-223.

Harrison, Godfrey & Lydia, K. H. So. (1996), "The Background to Language Change in Hong Kong," *Current Issues in Language and Society* 3, no. 2 : 114-127.

Hillman, Ben (2004), "Chinese Nationalism and the Belgrade Embassy Bombing," In *Nationalism, Democracy and National Integration in China*, edited by Leong H. Liew & Shaoguang Wang, London : Routledge, 65-84.

Huang, Wencong (1983), "The Development of the Jingwu Society in China and Abroad," *Sports Culture Guide*, no. 1 : 37-51.

Klein, Christina (2004), "Crouching Tiger, Hidden Dragon : A Diasporic Reading," *Cinema Journal* 43, no. 4 : 18-42.

Larson, Wendy (2008), "Zhang Yimou's Hero : Dismantling the Myth of Cultural Power," *Journal of Chinese Cinemas* 2, no. 3 : 181-196.

Lee, Jing-Lan (2008), *Wuxia Film : A Qualitative Perspective of Chinese Legal Consciousness*, Washington, DC : University of Washington Libraries.

Lee, Ken-fang (2003), "Far Away, So Close : Cultural Translation in Ang Lee's Crouching Tiger, Hidden Dragon," *Inter-Asia Cultural Studies* 4, no. 2 : 281-295.

Lei, Lei (2005), *The History of Chinese Martial Arts Films*, Beijing : Literature Press.

Levitin, Jacqueline (2006), "Crouching Tiger, Hidden Dragon, Hero, and House of the Flying Daggers : Interpreting Gender Thematics in the Contemporary Swordplay Film - A View from the West," *Asian Cinema* 17, no. 1 : 166-182.

Li, Duoyu (2005), *Chinese Cinema in the Past One Hundred Years*, Beijing : China Radio and Television Publishing House.

Li, Jian (2010), "History and Reality : Chinese Cinema in the 1980s," *New Vision Art*, no. 5 : 104-106.

Li, Peixuan (1998), "The History of the Jingwu Society," *Sports Culture Guide*, no. 1 : 36.

Li, Siu Leung (2001), "Kung Fu : Negotiating Nationalism and Modernity," *Cultural Studies* 15, no. 3-4 : 515-542.

Li, Suyuan & Hu Jubin (1996), *A History of Chinese Silent Films*, Beijing : China Film Press.

Lin, Boyuan (1994), "The Development of Wushu Societies in the Republic of China Era," *Sports Culture Guide*, no. 3 : 14-15.

Liu, Jun Toming (2001), "Restless Chinese Nationalist Currents in the 1980s and the 1990s : A Comparative Reading of River Elegy and China Can Say No," In *Chinese Nationalism in Perspective : Historical and Recent Cases*, edited by C. X. George Wei & Xiaoyuan Liu, London : Greenwood Press, 205-231.

Lu, Li & Weiguo Li (2004), "The Development of Wushu in Modern China," *Wushu Science* 5 : 43-45.

Lu, Sheldon H. & Emilie Yueh-Yu Yeh (eds.) (2005), "Introduction : Mapping the Field of Chinese- Language Cinema," *Chinese-Language Film : Historiography, Poetics, Politics*, Honolulu : University of Hawai'i Press, 1-27.

Lu, Zhouxiang & Hong Fan (2013), *Sport and Nationalism in China*, New York : Routledge.

Luo, Shiming (ed.) (2008), *The History of Sport in China, 1840-1926*, Vol. 3, Beijing : People's Sport Press.

Ma, Lianzhen (2011), "The Rise and Fall of the Jingwu Society in South East Asia in the Republic of China Era," *Journal of Anhui Normal University*, no. 5 : 10-11.

Ma, Licheng (1998), *Crossing Swords : The Liberation of People's Minds in Contemporary China*, Beijing : Contemporary China Press.

Nathan, Andrew & Robert S. Ross (1998), *The Great Wall and the Empty Fortress*, New York : W. W. Norton.

National Martial Arts Research Academy (1997), *The History of Chinese Martial Arts*, Beijing : People's Sport Press.

Renan, Ernest & Raoul Girardet (1995), *Qu'est-ce qu'une nation ? Et autres écrits politiques*, Paris : Imprimerie Nationale.

Shambaugh, David (1996), "Containment or Engagement of China ?" *International Security* 21, no. 2 : 180-209.

Shu, Yuan (2003), "Reading the Kung Fu Film in an American Context : From Bruce Lee to Jackie Chan," *Journal of Popular Film and Television* 31, no. 2 : 50-59.

Tasker, Y. (2006), "Fists of Fury : Discourses of Race and Masculinity in the Martial Art Cinema," In *Asian Cinemas : A Reader and Guide*, edited by D. Eleftheriotis & G. Needham, Edinburgh : Edinburgh University Press, 437-456.

Teo, Stephen (2008), "Promise and Perhaps Love : Pan-Asian Production and the Hong Kong-China

Interrelationship," *Inter-Asia Cultural Studies* 9, no. 3 : 341-358.

Teo, Stephen (2009), *Chinese Martial Arts Cinema : The Wuxia Tradition*, Edinburgh : Edinburgh University Press.

Townsend, James (1992), "Chinese Nationalism," *The Australian Journal of Chinese Affairs* 27 : 97-130.

Wallis, Kez (2013), "Bruce Lee Representative of Chinese Nationalism and Masculinity." (http://academicotaku.wordpress.com/2011/06/01/bruce-lee-representative-of-chinese-nationalism-and-masculinity/ (accessed October 20, 2013))

Wang, Guangxi (2012), *Chinese Kung Fu*, Cambridge : Cambridge University Press.

Wang, Wei-Ching (2008), "A Critical Interrogation of Cultural Globalization and Hybridity," *The Journal of International Communication* 14, no. 1 : 46-64.

Wang, Yukun (2010), "The Special Form of Martial Arts Films Produced in Mainland China in the 1980s," *Film Literature* 11 : 12-13.

Xie, Ying (2013), "Celluloid Century," *News China* 503, no. 1 : 61-63.

Yang, Dongxiao (2008), "Zhang Zhijiang Dianji Guoshuguan," *The New Century Weekly* 22 : 137-138.

Ye, Zi (1997), "The First Chinese Martial Arts Film," *Chinese Wushu* 5 : 37.

Yep, Ray (2012), "Cultural Revolution in Hong Kong : Emergency Powers, Administration of Justice and the Turbulent Year of 1967," *Modern Asian Studies* 46, no. 4 : 1007-1032.

Zhang, Jia-xuan (2005), "Hero," *Film Quarterly* 58, no. 4 : 47-52.

Zhang, Yinjin (2004), *Chinese National Cinema*, London : Routledge.

Zhao, Suisheng (2000), "Chinese Nationalism and Its International Orientations," *Political Science Quarterly* 115, no. 1 : 1-33.

Zhou, Weiliang (2005), *The History of Chinese Martial Arts*, Beijing : Higher Education Press.

第Ⅱ部

政策から見る

第五章　韓国のスポーツ政策

――スポーツビジョン二〇一八に向けて――

イ・ヨンシク

1　韓国における体育政策の必要性

韓国におけるスポーツ（体育）政策は、社会問題に対する政府の介入を意味している。全国民の体育活動やエリート体育、そしてスポーツ産業などは、個人の健康と生活の質を向上させ、社会的に健全な文化形成と市民の連帯感を強化することに寄与し、国家の地位向上や経済発展に寄与する。韓国における体育政策は、望ましいスポーツ社会を構築し、新しい環境に対応するために振興政策と規制政策を中心に推進している。最近では、スポーツバウチャー制度のように再分配政策を推進する傾向も見られる。韓国で体育政策を効率的に推進するため、政府次元における体育行政システムの構築と民間次元における体育団体および競技団体の育成を進め、体育政策事業を効率的に推進するための投資財源を準備し、法令と制度を整備するなど、体育政策の環境醸成にも努力している。

2　韓国における体育問題と政策対案

韓国における体育問題としては、まず高齢化社会への突入を挙げることができる。高齢化社会への突入は、健康な老年に対する欲求を高め、これによって生活体育や運動が重要な課題として浮上することになるだろう。実際、高齢者たちは生計問題以上に健康問題に悩んでおり、生活体育と運動が非常に重要な課題だと考えている。

二番目に、少子化社会への突入を挙げることができる。一人っ子の家庭が多くなっている韓国社会において、親の子に対する財政的投資が大きくなり、子どもは多様な方面の能力を備えてこそ競争力を備えて生きていけることになるだろう。こうした次元において、韓国の子どもは知的能力、人格形成に加えて身体能力まで備えなければならないのであり、このことから体育活動は就学前の時期から高校を卒業する時まで活発になるであろう。ただ、一人っ子現象によって、練習が大変で困難をともなう不人気種目のエリート選手を確保することには苦労すると考えられる。

三番目に、週五日勤務制と週五日授業制の拡大である。会社員の場合、二〇一二年以降、週五日勤務制が五人以上の職場すべてに適用され、週末余暇に対する関心が増加した。二〇一三年から始まった学生の週五日授業制導入により、学生たちの週末余暇活動に関心が増加している。これに対し文化体育観光部や体育団体は、週末余暇時間を体育活動で満たすための体育施設の拡充、週末体育プログラムの導入などに心血を注ぐと思われる。

四番目に、体育福祉の概念が拡充するであろう。これまで、体育活動は個人の問題であったが、今や誰にでも体育活動の権利が認められており、障害者や低所得層も体育活動から疎外されないようにする必要性が大きくなっている。これに対し、政府は彼らのスポーツアクセス権を向上させ、運動情報の提供、または活動支援といった具体的な役割を果たすことになるだろう。

五番目に、スポーツの公正性を向上させることが重要になるだろう。韓国はこれまで、オリンピックのメダル獲得を中心としたスポーツ政策を推進してきたわけだが、一方で、学習権侵害、性暴行および身体暴力の増加、体育特技者の不正進学、八百長や金品授受など多様な不道徳や不公正の慣行が見られた。今や、スポーツ民主化およびスポーツ先進化のための変化が必要な時期になった。

3　スポーツ（体育）の領域拡張と政策含意

体育界の重要な課題の一つは、スポーツ（体育）の概念の定義であるが、これは社会変化により過去にはスポーツ（体育）ではなかったものが最近ではスポーツ（体育）として認められるようになるケースを指す。たとえば、囲碁がスポーツとして認められようとする理由は、大韓体育会から大韓囲碁協会への財政支援、国際大会参加および国内大会開催に対する支援、囲碁国家代表の訓練支援、囲碁選手の大学特例入学許可などを得るためである。また、オン・オフラインスポーツであるスクリーンゴルフやオンラインゲーム類型のe-スポーツ（例としてスタークラフトなど）もスポーツとして認められるために努力している。最近では、スポーツ科学的に効果検証が容易ではなく、スポーツ（体育）として認められてこなかったテッキョン〔独特の舞踊的動作をともなう伝統武芸〕や海東《ヘドン》剣道といった伝統武芸も、スポーツ（体育）活動として認められる傾向にある。こうして、ITの発達とともにオンラインを活用するスポーツ（スクリーンゴルフ、e-スポーツなど）もスポーツとして認められつつあるので、未来のスポーツはオンライン活用のスポーツをオンラインスポーツと命名し、これに対して既存の現実世界のスポーツをオフラインスポーツと命名する必要がある。

具体的にオフラインスポーツは、表5-1で見るように典型的スポーツ、気のスポーツ、マインドスポーツに区分して見ることができる。典型的スポーツは、オリンピックやアジア競技大会など筋肉活動と競争性を含み、そして規則が明確に整理されたものであり、スポーツの典型といえる。本質的・制度的側面においてあらゆるスポーツ的要素を備えていると評価できる。気のスポーツは、東洋、または韓国の武芸や身体的遊びなどを指し、丹田呼吸と気を生かして心身の調和がとれた発達を企てるスポーツであり、競争、仲裁、組織性などが典型的スポーツに比べて少し劣るものの、気のスポーツはそれ自体としてスポーツ的価値が大きい。マインドスポーツは、囲碁やチェスなどのボードゲームが該当し、身体より頭脳を使う競争活動として競争性や現実性が高い反面、身体的表現や思想・感情の身体的表現は少ないと評価できる。

オン・オフラインスポーツは、スクリーンゴルフ、スクリーンアーチェリーなどを挙げることができるが、ITの発達により仮想現実環境とオフライン環境を連結してスポーツ活動を楽しむ形態である。オン・オフラインスポーツの身体活動性は、スクリーンゴルフやポンプゲームの場合かなり高く、現実の具現性は中間程度だが、ITの発達が加速化すれば現実の具現性がさらに高まると期待できる。また、思想と感情の身体的表現も高いほうであり、競争性も中間以上にはなるが、ITの発達が最近のことなので歴史性と社会的認知などはまだ高くないほうである。ただ、健全な余暇活動の性格は有している。

オンラインスポーツとしては、e-スポーツやインターネット囲碁が挙げられる。身体的表現がほと

表5-1　スポーツの領域拡張

スポーツ領域	オフラインスポーツ			オン・オフラインスポーツ	オンラインスポーツ
細分類型 成立条件	典型的スポーツ	気のスポーツ（テッキョン，海東剣道）	マインドスポーツ（囲碁，チェス等）	仮想現実スポーツ（スクリーンゴルフ等）	e-スポーツ，インターネット囲碁等
A1. 身体活動性	筋肉的 身体活動高い	筋肉的 身体活動高い	筋肉的 身体活動低い	筋肉的身体活動　高い／中間	身体活動低いキーボードとマウスの操作に依存
A2. 現実具現性	現実性高い	現実性高い	現実性高い	現実具現性中間	現実具現性低い／無し
A3. 思想・感情の身体的表現	高い	高い	高い	中間	低い／無し
A4. 競争性	高い	中間／低い	高い／中間	高い／中間	高い
B1. 歴史性	高い	高い	高い	低い	低い
B2. 社会的認知	高い	高い／中間	高い／中間	中間	低い／高い
B3. 健全性	高い	高い／中間	高い／中間	中間	低い／高い
B4. 余暇活動	高い （プロは無し）	高い	高い （プロは無し）	高い	無し／中間
C1. 固有性 独創的形式	高い	高い／中間	高い	中間	中間
C2. 組織性	高い	中間／低い	中間／低い	中間／低い	体系的組織はあるが性格が異なる
C3. 訓練性	高い	高い	低い／無し	高い／中間	低い／無し

注：A：十分条件，B：本質的条件，C：制度的条件
出所：이용식（2012）。

んどなく現実の具現性が低いが、競争性は高く身体的技術や体力などが勝敗の決定要素ではない。特に、オンラインスポーツは、人間対人間の身体的競争ではなく機械対機械の対決に人間の知略を利用するものであり、ゲーム的要素が強く、今後オンライン環境の変化によりスポーツとして定着するかどうかが決まる見通しである。以上を具体的に示せば、表5-1のようになる。

4　スポーツ政策重点分野の変遷

韓国におけるスポーツ政策は、政府の介入として一八九五年以降に始まる。まず、一八七六年の江華島条約（日朝修好条規）以降、朝鮮は開港して米国、日本などから学校体育が流入し、一八九五年に学校体育に対する政府の関心が始まった。学校体育は、日帝強制占領期の体操中心から解放後の米軍政を経て学校体育として整理され、中央官庁としては一九八〇年以前までは文教部、それ以降は体育部、体育青少年部、教育部と文化観光部、あるいは教育部と文化体育観光部が協力しながら政策を推進し今日に至っている。

二番目に、一九五〇年代以後は、南北分断状況を背景に民主主義体制の優越性を見せるためオリンピック出場を優先するエリート体育が始まった時期であり、運動選手の大学特例入学、メダリスト年金制度、兵役特例制度、泰陵《テヌン》選手村建設などが推進された時期である。

三番目に、一九八〇年代以降は、八八年のソウル・オリンピック開催以後の所得増加、政治的民主化、地方自治制導入などにより、国民の生活体育が拡大し、生活体育同好人組織が増加した（二〇〇三年六万四六六五団体→二〇〇八年九万五〇七五団体）時期である。政府は、国民体育センター建設、体育公園設置、地域体育施設整備等を通じて運動空間を拡充し、生活体育の指導者を養成して市郡区の生活体育の現場に配置し、非参加者の参加拡大（教室および広場事業）、参加者の参加の質の向上（大会およびリーグ事業）などを推進した。

四番目に、二〇〇〇年代には一九八〇年代から始まったプロスポーツの定着、二〇〇二年W杯開催成功、テニス・ゴルフ・スキーなど高級スポーツの大衆化、ないし登山・自転車・キャンプなど大衆スポーツの高級化などを契機にスポーツのビジネス的価値が向上し、スポーツイベントによる地域経済の活性化が可能になるとともに、スポーツ産業政策が進められた。たとえば、スポーツ産業振興法の制定や、文化体育観光部にスポーツ産業課の新設などが実現した。

5　体育政策推進環境（組織、予算、法）の現況および展望

韓国の体育政策推進環境としては、まず、体育行政組織部門は二〇一四年現在、生活体育、エリート体育、スポーツ産業の部分を文化体育観光部で推進しており、学校体育は文化体育観光部と教育部が協力して推進している。一九八八年の金大中政府から二〇〇三年の盧武鉉政府まで体育の名称が中央官庁の部署名から削除され文化観光部となったが、二〇〇八年以後、李明博政府になって文化体育観光部として体育の名称が復活し、二〇一三年の朴槿恵政府まで維持されている。学校体育は、二〇一三年の時点で、教育部に人格体育芸術教育課が設置されており、文化体育観光部では体育政策課において業務を担当している。韓国の場合、文化体育観光部体育局の傘下に障害者体育課が設置され、保健福祉部から移管された障害者オリンピックおよびエリート選手養成、障害者生活体育など障害者体育業務を担当し

表5-2　韓国の体育財政の源泉と財政規模

	国　　庫	国民体育振興基金	地 方 費	計（億ウォン）
2006	1,489	2,291	13,835	17,615
2007	1,812	2,663	20,510	24,985
2008	2,343	2,578	24,808	29,729
2009	2,135	3,860	25,949	31,944
2010	1,529	5,295	26,193	33,017
2011	1,559	6,568	25,677	33,804
2012	1,516	7,344	28,198	37,058
2013	1,717	9,265	32,130	43,112

出所：『2013年度体育白書』より。

ている。民間体育組織としては、一九二〇年に設立された朝鮮体育会から一九四五年解放後に大韓体育会に名称改正した後、名実共に韓国体育の代表的な民間団体として大韓体育会が設立されており、生活体育の母体として国民生活体育会が一九九一年に、さらに保健福祉部から移管された障害者体育を育成するための大韓障害者体育会が二〇〇七年に設立されている。最近まで一〇年余りの間、大韓体育会、国民生活体育会、大韓オリンピック委員会（KOC）を統合するという議論があり、大韓障害者体育会と大韓体育会および国民生活体育会を統合するという議論も一部進められたことがある。

二番目に、体育政策を推進するにあたり最も重要な政策手段が財政であるが、体育財政は一九八八年ソウル・オリンピック開催以降、余剰金三〇〇〇億ウォンで設立された国民体育振興公団が法定事業として競艇・競輪・スポーツtoto事業を推進することによって、国民体育振興基金が数千億ウォン以上確保され、スポーツtoto収益金も加えて相当な体育財政を確保している（表5-2）。国民体育振興基金の拡大は、反対に政府予算における体育予算比率を〇・一%以内に縮小させる結果を招いたが、韓国において国庫と基金の統合運営（国会の予算審議通過が必要）により全体的に体育財政は拡大した。現在、全体の体育財政は国庫と基金の比率が三対七の水準にあるが、一〇年前には七対三の水準だった。現在の国民体育振興基金は、カジノ、宝くじ事業、競艇・競輪などの射倖性縮小のために設置された射倖性監視委員会の収益性制限（一回当たりの賭け金縮小、売上総額上限制など）により基金拡大にブレーキがかかった状況だが、相変わらず体育財政にとって大きな役割を果たしている。一方で、一九八〇年代以降、地方自治制が導入されるとともに、生活体育に対する住民たちの関心が増加して地方自治体の体育予算は増加の一路にあり、一般国民のレジャー活動費のうちスポーツ活動費も毎年増加傾向にあり体育財政は堅固なものである。

三番目に、体育政策を推進する政策手段として法制度は除外できない手段である。一九六二年、国民体育振興法を契機に体育関係法が初めて制定され、一九八七年にいろいろな部署に分散していた体育施設の業務を体育関係部署に一元化するための体育施設設置・利用に関する法が制定されるとともに、公共体育施設の建設と体育施設業の発展が実現した。二〇〇〇年代には二〇〇七年にスポーツ産業振興法、二〇〇八年に伝統武芸振興法、二〇一二年には学校体育振興法が続けて制定され、体育関係法が増加している。最近では、レジャースポーツ振興法が国会で審議係留になっており、生活体育振興法が朴槿恵政府で通過を目標に法案作業を進行中である。韓国の場合、法律の水準で法制化されてこそ、政府の予算確保、法定事業推進が容易になり、地方自治体における条例制定もやりやすくなる。国会議員の法律制定件数が国会議員の能力を判断する物差しになるため、行政立法より議員立法が乱発される傾向も体育関係法の増加の一因となることもある。

6　最近の体育政策の中長期計画事例

(1) スポーツビジョン二〇一八のビジョン、目標、推進課題、そして変化の様相

政府は、期待寿命一〇〇歳、一人当たりの国民所得三万米ドルを目前に控え、韓国の現時点（新政府五年間の二〇一三～一七年）をスポーツの可能性と価値を浮上させる時期としてスポーツ政策のビジョンを提示し、スポーツが人生のかたちと文化になり、スポーツで経済・社会・未来を変える〝文化興隆〟を実現しようとしている。二〇一二年からスポーツビジョン二〇二〇政策研究、各分野別スポーツ政策の研究および意見取りまとめなどを経て「スポーツビジョン二〇一八」を樹立し、現場討論会（二〇一三年八月）を通じてスポーツ参加者、スポーツ産業従事者、スポーツ人などが国民とビジョンを共有しようとした。政府は、スポーツビジョン二〇一八の発表を手始めに、二〇一四年まで細部分野別に政策発表を推進して事業を具体化していく計画である。スポーツビジョン二〇一八の目標は、スポーツで社会、国の品格、未来の三つを変えることであり、生活体育参加率六〇%、世界一〇位以内の競技力、スポーツ産業規模五三兆ウォンを達成することである。スポーツビジョン二〇一八の推進戦略は、手の届くスポーツ、根がしっかりしたスポーツ、経済を生かすスポーツとして、推進課題はそれぞれ六種類ずつから構成されている。最後に、スポーツ自体を変える政策として、スポーツ行政体系の改善、スポーツ公正性の確保という二つの推進課題を提示している（図5-1、5-2）。

図5-1　スポーツビジョン2018　ビジョンと目標，推進課題

ビジョン	百歳時代，「スポーツで大韓民国を変えます」		
目標（2017）	スポーツで社会を変える	スポーツで国の品格を変える	スポーツで未来を変える
	生活体育参加率 43.3%（2013） →60%（2017）	世界10位以内の競技力 国際スポーツ界の足場強化	スポーツ産業規模 37兆ウォン（2013）→53兆ウォン（2017） スポーツ産業職場 23万カ所（2013）→27万カ所（2017）
推進戦略	手の届くスポーツ	根がしっかりしたスポーツ	経済を生かすスポーツ
推進課題	1. スポーツ参加拠点用意 2. スポーツ参加施設拡充 3. スポーツ情報提供拡大 4. スポーツ参加誘因拡大 5. 指導者ポストの創出および専門性の向上 6. 対象に合わせた支援の拡大	1. 選手層底辺の拡大 2. 選手の人権・福祉の強化 3. スポーツ科学の基盤強化 4. 国際スポーツ人材の養成および進出支援 5. スポーツ国際協力の先導 6. 国際大会効果性の向上	1. スポーツ融合複合市場の創出 2. スポーツ産業需要創出 3. スポーツ創業，就労先の支援 4. プロスポーツ活性化支援 5. スポーツの観光資源化 6. スポーツサービス業の活性化
推進体系	スポーツを変える		
	1. スポーツ行政体系の改善 2. スポーツ公正性の確保		

図5－2　スポーツビジョン2018　推進で変化する様相

(2) スポーツビジョン二〇一八の具体的な推進課題

① 手の届くスポーツ

手の届くスポーツは大きくいえば六種類の事業からなっており、スポーツ参加拠点の用意、スポーツ参加施設の拡充、スポーツ情報提供の拡大、スポーツ参加誘因の拡大、指導者ポストの創出および専門性の向上、対象に合わせた支援の拡大がそれである。

まず、スポーツ参加拠点の用意である。現在の生活体育同好会参加率は、体育活動参加者のうち一四・六%(男性二〇・三%、女性七・四%)であり、「一人でスポーツに参加」するのが支配的でクラブ型参加が多くなく、日常生活圏内のスポーツ参加条件が不足しているのが実状である。目標は、生活圏内で簡単にスポーツ活動に参加できる拠点を用意することである。具体的には、総合型スポーツクラブをつくりあげることであり、このため地域体育施設をベースに多様な階層の会員が参加して多様な種目、プログラム、指導者の活動拠点になる自立型スポーツクラブを造成しないといけない(二〇一三年九カ所→一七年二二九カ所)。その次は、交流型スポーツ広場の拡大事業であり、多世代・多階層・多文化が交わる交流型スポーツ広場を拡大することである(二〇一三年四三四カ所→一七年一〇〇〇カ所)。さらに生活圏スポーツ講座事業として、住民たちが利用する散歩道に生活体育講座(登山法、ストレッチングなど)を開設し(四五八カ所、市郡区二カ所ずつ)、都心の家族オリエンテーリング・コース開発(二〇一四年一〇カ所→一七年一〇〇カ所)等スポーツ参加拠点を日常化する必要がある。

二番目は、スポーツ参加施設の拡充である。二〇一二年の韓国一人当たり体育施設供給基準は三・三一m^2であり、フランスやドイツなど先進国に比べて体育施設が相対的に不足しているのが実状である。目標は、限られた国土の効率的施設配置誘導、および百歳時代に備え世代間疎通を有する融合・複合型体育施設の造成にある。具体的に、スポーツ種目別に施設アクセス時間を勘案してスポーツ施設を建設・配置する「公共体育施設均衡配置ガイドライン」を提示することである。次に、「小さな体育館」建設事業であり、敬老堂、農村地域の廃校、都市地域の元派出所など既存施設を活用してコミュニティ単位の生活体育施設およびコミュニケーション空間につくりかえる必要がある（二〇一七年まで九〇〇カ所余り）。さらに、世代間コミュニケーションのための体育施設事業として、高齢者、子ども、家族が一つの空間に一緒に集まり、運動でコミュニケーションを図る世代間交流体育施設をつくる（二〇一四年〜）。次に、文化・体育融合複合型の老人健康体育施設を建設する事業として、百歳時代の高齢者に不足した文化享有および健康増進、世代間疎通のためのインフラ空間をつくる事業である（二〇一五年〜）。最後に、「動く体育館」の運営事業であるが、スポーツプログラムと簡易スポーツ施設を備えた「スポーツバス（Sports Bus）」を製作し、低所得階層および多文化家族居住地域などを直接訪ね、生活体育を指導する事業である（二〇一五年〜、市・道当たり一台）。

三番目は、スポーツ情報の提供拡大である。現在、全国の公共・民間体育施設および公園が合計七万二〇〇〇カ所あるが、二〇一三年五月基準で「スポーツコリア（http://www.sports.co.kr）」の体育施設検索に登録された施設は四六〇五カ所で六％の水準にすぎない。目標は、日常的にスポーツ参加に必要な情報を確保できる環境を醸成することである。具体的に、「生活体育コールセンター」を構築することであるが、そこでスポーツ情報の需要増加に対応して専門化したワンストップ総合生活体育情報を提供する（二〇一三年三一万六八〇〇コール（試験数）→一七年四二万二四〇〇コール）。さらに、「体育施設マップ」を構築することで、全国公共・民間体育施設情報のデータベースを「体育施設マップ」として構築し（二〇一三年四〇〇〇カ所余り→一七年五・六万カ所余り）、民間に開放し共有する。次に、スポーツ活動履歴の管理システム構築として、野球、サッカーなどスポーツクラブの活発な種目からシステム開発を進め、個人履歴を管理（スポーツ活動認証制と連携）できるようにし、関連情報は民間に開放するシステムを構築する（二〇一四年～）。

四番目は、スポーツ参加の誘因拡大である。現在、規則的体育活動による医療費節減効果が認められるにもかかわらず、保険料引き下げなど持続的体育活動のための補償や誘因が不足しているのが実状である。目標は、国家的投資の次元で持続的体力管理のためのインセンティブ提供にある。具体的に、国民体力認証制を導入することであるが、これにより体力認証（二〇一三年～）、スポーツ活動認証（二〇一五年～）、スポーツ種目認証（二〇一六年～）の施行により科学的体力管理と自発的参加動機を提供する。

五番目は、体育指導者の就労先創出および専門性向上である。現在、登録体育施設の業態転換などで体育指導者の義務配置基準が持続的に緩和されており、公共部門の体育指導者が超過し、民間部門の指導者は供給過剰で部門別ミスマッチングが発生しているので、指導者の資質低下問題が続いているのが実状である。これに対する目標として、体育指導者の公共部門配置を拡大させて指導者の専門性を強化し、民間部門の就労先を創出する。具体的に、生活体育指導者の配置を拡大することで住民たちのスポーツ参加機会の拡大、および体育人の就労先創出のために生活体育指導者を市・道（市郡区）の生活体育会などに拡大配置する。さらには、体育指導者の専門性強化であり、二〇一五年体育指導者資格改編を通じ、現場実務にたけた優秀な指導者を養成する。

六番目は、オーダーメード型支援の拡大である。二〇一二年現在の国民生活体育の参加率は四三・三％で、以前に比べて少し増加したが、女性、障害者、高齢者、低所得層などの参加は相変わらず低い水準である（高齢者四一・四％、女性四〇・〇％、障害者一〇・六％）。目標は、利用者が願う政策、つまりオーダーメード型支援政策の推進である。各対象は、幼少年、学生（青少年）、高齢者、障害者、女性、会社員、低所得階層などに分類することができる。一〇代の場合、幼少年の週二回規則的体育活動参加率は三〇％の水準で、二〇〇〇年代以前の五〇％水準から減少している。幼少年生活体育政策としては、乳児スポーツ指導者養成および派遣政策がある。これは、「一幼稚園に一指導者」の原則から、保育所、幼稚園などに乳児スポーツ指導者を派遣するよう支援することである（二〇一五年〜）。さらに、幼少年体育サポートのサービスとして、共稼ぎ、低所得層、片親・多文化家庭などの幼少年を対象に体育のサポートサービスを提供することによってスポーツの享有機会を拡大する。次に、幼少年に合わせたプログラム開発・普及を支援する。最後に、参加誘因の提供として、身体活動領域別（健康、挑戦、競争、表現、余暇）ないし段階別に成就基準を用意して、体育活動の成就褒賞制を導入する（二〇一五年〜）。

学生、青少年対象としては、学校スポーツクラブを拡大（二〇一三年三〇〇〇チーム→一七年五〇〇〇チーム）およびクラブ間地域リーグ支援を拡大（二〇一三年一七八〇リーグ→一七年五二四〇リーグ）する。さらに、参加誘因の拡大として、学生たちのスポーツ活動の内訳が入学選考時に活用されるよう履歴管理を体系化する必要がある。次に、学校スポーツクラブと地域社会との連携強化として、学校スポーツクラブの運営の中心を学校単位から地域社会に開放し、活動の自律性と多様性を拡充する。また、スポーツ講師の支援方式を変更するために、土曜スポーツ講師の支援範囲を拡大し（土曜日→平日、放課後および週末）、学校外の体育を活性化して、支援方式の改編により就労先創出にも寄与する（二〇一五年〜）。最後に、「スポンジ・プロジェクト」を施行して、「スポーツを楽しんで（退屈しないで）続ける」ことにより青少年が好むようなプログラムを普及させる。

一方で、韓国の高齢者の体育活動参加率は先進国に比べて低調なのが実状である。高齢者を対象にした政策としては、指導者と用品の普及がある。これは、公共体育施設、老人福祉館、住民自治センターなどに指導者を配置し、巡回指導および運動用品の普及を拡大することである。さらに、高齢者に合わせた体操の普及として、ダンススポーツ、健康体操など高齢者向きの体操を開発および普及させ、痴呆など退行性疾患を領域別に分類した基礎的動作およびリズムの活用プログラムを開発する。次に、訪問体力管理サービスであり、国民体力拠点センターの高齢者サービス拡大、および老人施設や福祉機関を対象に、訪問型の体力測定および運動処方サービスを実施する。さらには、老人体育施設の拡大であり、敬老堂、老人住居福祉施設など既存の集会場のリモデリング、および運動用品を支援する（二〇一四年）。最後に、誘因提供として、六五歳以上の高齢者に対する公共体育施設利用料の減免、条例改正（地方自治体協議）と敬老優待施設に公共体育施設を含むよう要請する（二〇一三年老人福祉法施行令）。

二〇一三年、障害者の生活体育参加率は一〇・六％で、非障害者の生活体育参加率四三・三％よりはるかに低い。障害者を対象にした支援政策としては、障害者体育統合支援センターの設立がある。これは、情報提供、運動方法などの相談、参加者の発掘、同好人の活動支援、用品賃貸、体力診断および評価を総合的に遂行できるワンストップ支援センターを設立することである（二〇一四年四カ所→一七年一七カ所）。さらに、類型別（初心者・季節スポーツ・女性障害者・職場障害者など）に生活体育教室を拡大する（二〇一三年四〇五カ所→一七年八〇〇カ所）。次に、指導者の拡充により障害者生活体育指導者の配置を拡大し（二〇一三年二三〇人→一七年六〇〇人）、障害者スポーツ指導者を養成する（二〇一五年七〇〇人→一七年二〇〇〇人）。また、疎外された障害者の体育参加拡大を支援し、重症患者・女性・在宅患者・高齢者などの参加拡大のための実態調査を実施する（二〇一五、一七年）。そして、女性障害者の体育教室を段階的に拡大する（女性障害者教室二〇一三年二四カ所→一七年五〇カ所）。さらに、施設整備として、公共体育施設（全国四〇〇〇カ所余り）の主要出入口、トイレ、駐車場、便宜施設などの改善補修を拡大する（二〇一七年まで合計四〇〇カ所支援）。

女性のスポーツ参加率は、男性に比べて低い水準である。運動をまったくしない比率が、男性（四六・五％）より女性（五七・〇％）のほうが高い。こうした女性を対象にした支援政策としては、女子学生の体育参加支援がある。これは、女性が好む体育プログラム（ヨガ、ニュースポーツなど）および健康ビューティープログラム（例：ダイエット連携）等を開発・普及させることである。さらに、女性同好会活動の支援および種目別（水泳、ヨガ、エアロビクスなど）女性同好会リーグを開催する（二〇一四年三種目→一七年一〇種目）。次に、出産・育児女性を訪問する生活体育指導サービスとして、ヨガ、水泳、ウォーキングなどのプログラムを運営する。

会社員の場合、OECD加盟国のうち職務ストレスが最高水準であるにもかかわらず、関連法では体育指導者配置、スポーツ施設支援規定などが死文化している。これと関連して、会社員支援政策としては、職場スポーツクラブの開設および運営の支援がある。そのために、一社に一スポーツクラブをつくり、職場で運動する日を設けるなどのキャンペーンを展開し、モデル職場を選定して指導者、用品支援および体育施設を賃貸支援する。さらに、会社員同好人大会の支援として、会社員同好人大会およびスポーツクラブリーグ開催を支援する（二〇一四年～）。次に、職場におけるトータルヘルスプランの実施として、体力および健康診断、生活習慣および運動相談、運動実践などを総合的に支援する。

低所得階層のための政策としては、「幸せを分かち合うスポーツ教室」および用品普及事業により不遇な環境にある児童・青少年、疎外階層などを対象に生活体育講習および運動用品普及を拡大する。さらに、幼児・青少年スポーツ講座利用券の支援として、低所得層の幼児・青少年を対象にスポーツ講座利用券（月七万ウォン限度）の支援事業を拡大する（二〇一三年三万六〇〇〇人→一七年四万三五〇〇人）。

② 根がしっかりしたスポーツ

根がしっかりしたスポーツは、大きくいえば六種類の事業からなっており、選手層底辺の拡大、選手の人権・福祉の強化、スポーツ科学の基盤強化、国際スポーツ人材の養成および進出支援、スポーツ国際協力の先導、国際大会の効果性向上がそれである。

最初に、選手層底辺の拡大である。現在、国家代表選手の土台となるべき「夢の木（平均して小五から中二までを対象に選抜されるエリート）」や国家代表選手より少ないという逆ピラミッド型の変則的体系が固定化し、国家代表の競技力向上に困難が発生しているのが実状である。これに対処するために、選手の発掘・育成の底辺を多元化し、優秀選手の裾野を広げ、エリート体育の長期的発展を企てる。具体的に、選手の発掘・育成と関連して体育英才の育成・拡大政策であるが、これは小学校一～三年生を対象にした「体育英才センター」の対象種目を拡大し（陸上、水泳、体操などの基礎種目→体力種目）、支援人員を拡大することである（二〇一三年七三〇人→一七年九〇〇人）。そして、選手育成体系の先進化も推進する必要がある。「夢の木」および青少年代表選手（平均して中三から高一までを対象に選抜されるエリート）を拡充して逆ピラミッド型である現在の選手育成体系をピラミッド型へと改善する。追加的に、障害者の優秀選手の発掘・育成の体系改善政策も必要である。選択と集中を通じ、重点・戦略種目から育成種目まで段階別に育成し、二〇一三年に三〇人、一四年三〇人、一五年三六人、一六年四一人と毎年拡大しながら発掘・育成する。

また、安定した訓練環境の醸成と関連して、国軍体育部隊および海洋警察体育団の活性化がある。これは、選手たちが兵役義務を履行しながら訓練・競技出場などを続けることができるように、国軍体育部隊・海洋警察庁などに訓練費を支援することである。その次に、実業団チームへの支援拡大であり、実業団チームに対する財政支援を拡大する（二〇一三年一六チーム→一七年二一チーム）。最後に、障害者・女性実業団チームへの支援拡大政策がある。現在施行中の障害者実業団チームへの支援を次第に拡大し（二〇一七年までに二五チーム以上の創立・入団を支援）、女性選手が含まれた実業団チーム（障害者・非障害者共通）に支援する時のインセンティブを付与することにより、女性選手の底辺拡大を推進する。

二番目は、選手の人権・福祉の強化である。最近まで、勝利至上主義による選手の人権侵害が頻繁に起こり、引退後の備えも不十分なのが実状であった。これに対する目標として、少数でなく多数の未来のための人権保護・福祉体系を用意する。具体的に、選手の人権強化として、これは大韓体育会で運営している「アスリート権益センター」の支援対象を拡大（プロ・障害者など）することにより、選手たちの人権を保護することであり、また、心理・情緒専門相談プログラムも拡充する計画である。さらに、学生選手の学習権保障として、正規授業履修の義務化（二〇一七年～）にともなう総合支援政策がある。次に、学校運動部の透明性を向上することである。運動部指導者の採用手続きや（性）暴力予防などの素養教育を強化し（二〇一七年までに履修率一〇〇％）、不正関連の懲戒を強化する。引退後の備えに関連する対策として、引退選手の進路教育やキャリア開発支援による引退選手の相談室を置いたり、泰陵・鎮川《チンチョン》選手村などに就職および進路相談のための相談員を配置し年次的に拡大したりする（一人→三人）。最後に、体育指導者の進路支援として、国家代表選手の体育指導者資格（競技指導者二級、生活体育指導者二級）の取得要件を緩和する（国民体育振興法施行規則改正完、二〇一三年七月）。

三番目は、スポーツ科学の基盤強化である。現在、メダル獲得のための国家間の競争はさらに熾烈になる状況であるが、韓国のスポーツ科学に対する支援は、国家代表および候補選手に主として限定されている。これに対して、最上位競技力を維持するための科学的訓練基盤の構築が必要である。具体的に、地域別にスポーツ科学拠点センターを構築することであり、このため地域別スポーツ科学拠点を構築し、地域の学生や実業団チーム選手を対象に選手発掘・体力測定・相談・訓練などの科学的プログラムを提供する（二〇一四年五カ所→一七年一七カ所）。さらに、障害者選手の科学訓練システム構築として、種目や障害類型別に選手特性を反映したオーダーメード型の体力管理・訓練・訓練評価プログラムを支援する。最後に、選手村の環境改善であり、国家代表選手村（泰陵、鎮川、太白《テベク》）の機能的分担を推進する。

四番目に、国際スポーツ人材の養成および進出の支援である。現在、高い国際競技力水準にあるにもかかわらず、国際スポーツ界で影響力のあるＩＯＣ委員などの大物要人が不足しているのが実状である（二〇〇二～〇五年三人だったが、二〇一四年は二人）。目標は、国際スポーツ機構役職者の進出拡大のため戦略的に支援をすることである。具体的に、国際スポーツ人材の養成であるが、このため教育の内実化や、教育・就業間の連携強化を通じて主要国際スポーツ機構の正職員（二〇一三年八人→一七年一五人）および役職者（二〇一三年八八人→一七年一〇〇人）を拡大支援しないといけない。その次は、障害者国際スポーツ人材の養成であり、国際障害者スポーツ機構役員（二〇一三年二一人→一七年二七人）および国際障害等級分類士（二〇一三年三三人→一七年四〇人）を拡大支援する。最後に、女性国際スポーツ人材の養成であり、女性スポーツリーダーの養成教育の拡大（二〇一三年三五人→一七年一〇〇人）、および国際交流の支援拡大等を通じて女性スポーツ人の国際スポーツ界進出の拡大を誘導する。

五番目は、スポーツ国際協力の先導である。現在、スポーツの政策的価値実現のために戦略的接近をすることに消極的なのが実状である。目標は、国家間の戦略的交流、低開発国支援等を通じ、外交力を拡大することである。具体的には、政府間スポーツの協力強化であり、これは二者間・多者間協力の強化および内実化のことをいう。さらに、南北スポーツ交流の拡大として、交流環境の分析に基づいて南北スポーツ交流の中長期計画を樹立および推進した上で（二〇一三年六月〜）、二〇一五光州《クァンジュ》夏季ユニバーシアード大会南北単一チーム準備も推進する必要がある（北朝鮮は不参加）。次に、スポーツODAの拡大として、開発途上国スポーツの行政官・指導者・選手に対する支援を拡大する。最後に、テコンドーの世界化であるが、国際スポーツとしての位置強化および国家間ネットワーク構築のため、海外低開発国にテコンドー師範の派遣を拡大しないといけない（二〇一三年一九カ国一九人→一七年七〇カ国八〇人、アジア圏→アフリカ、中南米圏）。

六番目は、国際大会の効果性を向上させることである。現在、国際競技大会の競争的誘致により、地方および国家財政の支援が負担となる状況にある。目標は、国際大会の効果性を確保する装置を制度的に構築することである。具体的に、国際大会の管理強化に関して国際大会の誘致基準を強化し、このため総事業費三〇〇億ウォン以上の国際競技大会の誘致・開催基準を強化する（二〇一三年一一月〜、国際競技大会支援法および関係法令改正）。さらに、管理監督の強化として、誘致の透明性向上（国際スポーツ機構誘致申請書の提出前に政府協議および地方議会報告の義務化）、政府の予算支援基準の強化（誘致審議時に評価した予算に物価上昇率だけを反映）、誘致妥当性報告書の実名制などを実施する。主要国際大会の成功開催支援と関連して、二〇一四仁川《インチョン》（障害者）アジア競技大会で安定した収益をつくり出すように支援し、体育・文化融合の祝祭を構成して、障害者・非障害者に合わせた行事を用意した。また、二〇一五光州ユニバーシアードで効率的な財政投資（アパート再利用方式の選手村建設、競技場新設最小化および既存施設リモデリング）とUN共同プロジェクトによる南北単一チーム・共同応援などを推進しようとした。最後に、二〇一八平昌《ピョンチャン》冬季オリンピック・パラリンピックにおいて文化オリンピック・環境オリンピック・経済オリンピックなどの戦略を達成することをめざしている。

③　経済を生かすスポーツ

経済を生かすスポーツは、大きくいって六種類の事業からなっており、スポーツ融合・複合市場の創出、スポーツ産業の需要創出、スポーツ創業・就労先の支援、プロスポーツ活性化の支援、スポーツの観光資源化、スポーツサービス業の活性化がそれである。

最初に、スポーツ融合・複合市場の創出である。現在、スポーツと情報通信技術（ICT）との融合市場の拡大が予想され、国内スポーツ企業の零細性から市場の蚕食《さんしょく》が憂慮される状況である。目標は、融合・複合化を支援することにより、スポーツ産業の競争力を向上し、スポーツと情報、情報通信技術などが結びついたサービス、デバイスなどの新規市場をつくりだすことである。具体的に、スポーツ活動情報活用の産業化であり、これにより個人の身体活動情報、体力および健康記録サービスなどの情報をデータベース化して民間に公開（二〇一五年）することで、民間創業および新しいビジネスチャンスをつくる。その次に、実感型仮想スポーツサービスの開発として、実感型仮想スポーツのコンテンツ・シミュレーターを開発支援（二〇一四年）し、体育施設内体験アーケード設置（二〇一七年）を支援する。最後は、技術商用化の支援であり、スポーツ用品の技術開発から製品商用化までワンストップ型トータルケア・システムを構築することをめざす。

二番目は、スポーツ産業の需要創出である。最近、アウトドアなどのスポーツ用品市場は毎年一〇％以上ずつ拡大している反面、国産用品の市場支配力は減少しているのが実状である。目標は、潜在的需要が参加、観覧、消費に連結されるよう積極的に情報と観覧便宜などを提供することである。具体的に、コンシューマーリポートを発刊し、これにより国内外スポーツ用品に対する客観的な品質・性能の比較情報を提供する、消費者の知る権利を充足し、国内用品の需要を促進する。その次は、開放型中継サイトを用意することで、インターネット上に開放型スポーツ中継サイト（オンラインおよびモバイル）を開発し（二〇一四～一五年）、高画質中継を支援する（中継費およびプログラム製作費支援、二〇一七年まで三五六〇余りの大会支援）。

三番目は、スポーツ創業と就労先の支援である。大学などにおいて毎年二・五万人以上のスポーツ人材が輩出されているが、スポーツ産業の現場で必要な人材が不足するというミスマッチング状況が発生しており、融合・複合スポーツ企業の創業、社会的企業や協同組合の育成に対する関心が高いにもかかわらず、スポーツ関連企業の創業促進支援政策はまだ不十分なのが実状である。目標は、社会的企業および青年起業家の育成のためのスタートアップ支援であり、「創造経済」によるスポーツ産業の力量強化である。具体的に、スポーツ企業確認制の導入であり、これによりスポーツ企業、協同組合、社会的企業に対する確認制を導入し、創業支援など政策支援によって連携する。さらに、スポーツ企業「創業支援センター」の運営として、スポーツ企業などを対象にした地域拠点の創業支援センターを指定し（二〇一五年、三カ所）、運営を支援する。次に、就労先支援センターの運営として、就労先の情報提供、求人求職仲介、引退選手の創業および就職支援、スポーツ産業人材採用博覧会の開催、オーダーメード型教育プログラムを提供する（二〇一七年就労先仲介二万件以上登録、二〇〇〇人以上就職）。

四番目は、プロスポーツ活性化の支援である。最近、プロ市民球団の自力が不足し、競技場委託運営や収益施設の設置・運営が難しく、プロスポーツ球団の財政難が続いている。目標は、プロスポーツ球団の収益安定化とサービス再投資との間の好循環関係形成を誘導し、選手権益の保護を通じてプロスポーツの活性化に寄与することである。具体的に、プロ球団財政安定化のための制度改善であり、これにより地方自治体などのプロ市民球団に財政支援をし、プロ球団の競技場長期賃貸・競技場委託運営・収益施設設置を容易にするためにスポーツ産業振興法を改正する（二〇一四年）。その次は、スポーツ代理人制度の導入であり、選手権益保護とプロスポーツ活性化の均衡化を企てるためにスポーツ代理人（エージェント）制度導入のために法令を改正（二〇一四年）する。

五番目は、スポーツの観光資源化である。最近、高い費用で国際大会を誘致しているにもかかわらず、観光効果への連結が不十分なのが実状である。目標は、低費用・高効率スポーツイベントの開発、二〇一八平昌冬季オリンピックの遺産活用など、スポーツ観光コンテンツの多様化および効果性の向上である。具体的に、有名スポーツイベントの開発および観光資源化をにらんで、マラソン、ゴルフ、冬季スポーツなど地域特化スポーツイベントを発掘することを通じて観光資源化する。次に、オリンピック観光の活性化であり、これにより二〇一八平昌冬季オリンピックを契機に江原道《カンウォンド》地域の観光活性化とともに、オリンピック遺産（Legacy）として維持されるように推進する。さらに、レジャースポーツ活性化のための法・制度的基盤の醸成として、レジャースポーツの需要増加に備えて利用者の安全な余暇活用およびレジャースポーツの統合管理・調整のための法・制度基盤を用意する（二〇一四年）。最後に、オリンピック・スポーツコンプレックスの造成であり、オリンピック公園内に「体育人名誉の殿堂」を建設し、ホテル・コンベンションなどを備えた融合・複合クラスターをつくってスポーツ・文化・観光が集積したハブへと育成する（二〇一四～一六年造成）。

六番目は、スポーツサービス業の活性化である。最近、スポーツマーケティング業界の専門人材不足による多様なスポーツコンテンツや収益モデルの開発が不十分なのが実状である。目標として、スポーツ金融、スポーツマーケティング業の専門化を通じてサービス業の活性化を誘導する。具体的に、スポーツ無形資産の価値評価制度を導入することであり、これはスポーツ競技から生まれる放送中継権、広告権など各種無形資産の価値を評価し、今後スポーツビジネスの担保として活用できる方案を用意する制度である。さらに、スポーツマーケティング業の専門化支援として、各種スポーツコンテンツの商品化促進、および新しいビジネスチャンス提供を通じてマーケティング業の専門化を誘導する。

④　スポーツを変える

これは大きくいって二つの事業からなっており、スポーツ行政体系の改善、スポーツ公正性の確保がそれである。

第一に、スポーツ行政体系の改善である。政府、地方自治体、競技団体などスポーツ行政主体の役割分担と運営の透明性、そして競技団体の先進化、政府・地方・国民間のコミュニケーション活性化のためにスポーツ行政体系を改善し、スポーツの潜在力を強化していく。具体的に、競技団体に対しては運営規定の改正および遵守についての評価を実施し、競技団体の役割評価では競技団体の真の役割である「該当種目活性化寄与度」に対する評価を新設する。次に、法人化支援であるが、これは財政自立基盤の醸成のために財政を支援することにより、競技団体の法人化を拡大してこれを通じて公信力（社会的信頼度）・行政責任性を向上させる。現在、地方自治体および地域生活体育会は、地域住民のスポーツ参加拡大に責任がある。これを実現するために、まずスポーツ行政主体の機能を強化する必要があるが、これは地方自治体および地域生活体育会の生活体育ヘルパーとしての役割強化を意味する。さらに、法人化支援として、法的な支援根拠の用意および財政支援に基づく法人格を持った支部を増やす（二〇一七年までに一七の法人化推進)。最後に、責任性の強化として、自治団体長の地域生活体育会長との兼職(統合運営)を実態調査した後、「兼職不可」など関連規定の新設および制度化方案を用意する(二〇一四年〜)。

二番目は、スポーツ公正性の確保である。最近、スポーツ公正性対策など何度も対策発表がなされたにもかかわらず、公正性・倫理性の毀損事例が持続的に発生している。これに対する制度的な対策として、根本的な解決策を模索しなければならない。具体的には、体育団体の不正、選手暴力・人権侵害・勝負操作・誤審などの不公正行為を根絶するために「公正委員会(仮称)」を設置する(二〇一四年)。次に、公正性タスクフォース運営であるが、これは関係部署、法律・会計専門家、体育専門家などで「公正性タスクフォース」を構成し、不正根絶および公正性の確保という課題を議論することである(二〇一四年八月スタート)。スポーツ競技の公正性確保と関連して、審判の公正性向上を通じて不公正審判根絶のための制度的装置を用意する。最後に、ドーピング防止活動の強化であり、選手の健康権保護と公正な競争価値を実現する。

(土佐昌樹訳)

原題:이용식「한국 체육정책의 변화와 추진과제」

参考文献

교육부・문화체육관광부(二〇一四)．학교체육 추진 방향．교육부、문화체육관광부 공동 제1차 학교체육진흥중앙위원회 보고문건．

문화관광부(二〇〇三)．二〇一二 체육백서．

문화체육관광부(二〇一三)．박근혜정부의 스포츠비전 二〇一八．

문화체육관광부(二〇一四)．二〇一四 년도 문화체육관광부 체육국 업무보고 문건．

문화체육관광부（二〇一四）．二〇一三 체육백서．
문화체육관광부（二〇一四）．二〇一三 한국의 체육지표．
이용식（二〇〇六）．e-스포츠가 청소년 체육활동에 미치는 영향．체육과학연구원 연구보고서 二〇〇六―一一．
이용식（二〇一二）．스포츠의 가치정립에 관한 연구．체육과학연구원 연구보고서 二〇一二―三〇．
이용식（二〇一三）．스포츠정책과 정책참여자들．단국대학교 대학원 스포츠정책 강의노트．
이용식（二〇〇〇）．생활체육의 세계적 경향．체육과학연구원 내부 보고서．
이학래（二〇〇〇）．한국체육백년사．사단법인 한국체육학회．

第六章　中国のスポーツ政策
――スポーツ大国からスポーツ強国へ――

鮑明暁《パオ・ミンシャオ》

1　改革開放とスポーツ事業

（1）中国のスポーツ事業

スポーツは、人類の本能的な社会改造と文化の発展により生まれたものである。スポーツの発達水準は国民の体質、クオリティ・オブ・ライフ、精神的品格、社会の文明程度に関わっている。またスポーツは、社会や国の基本であり、未来を創造する重要なエネルギーである。

一九七八年、中国で改革開放政策が始まったおかげでスポーツ事業も急速に発展し、輝かしい成績を収めてきた。しかし、急速に発展した中国のスポーツ事業は、現在難しい局面を迎えている。権力の争いや利益分配の不均衡といった問題が次々と浮上しているのだ。「挙国体制」によって発展した中国スポーツ事業は、現在、その体制に頼りすぎた状態になっている。特に、二〇一二年のロンドン・オリンピック開催後、国民はスポーツの発展方式、マネジメント、運営メカニズムなどについて真剣に反省しはじめている。とりわけ、「挙国体制」が本当に現在の実状に合っているかどうか、「金メダル重視」が間違っていないか、「競技の公平」が守られているかどうかという三つの面から反省している。国際舞台におけるサッカー、バスケットボール、バレーボールという三大球技の実力が衰えている一方、青少年の体力も低下しつつあり、大衆スポーツやスポーツ産業の発展が停滞している。こういったことに国民がこれまでにない関心を寄せ、憂慮している。つまり、中国のスポーツ事業は改革しなければならない局面にきているのである。

（2）改革の回顧

過去三十数年間、中国のスポーツ事業において準備期、実行期、微調整・停滞期という三段階の改革がおこなわれてきた。それら三段階の改革は、相互につながりがあり、また違いもある。改革の背景、目的や課題が違うため、改革の方策と効果がそれぞれ異なっている。

①　準備期（一九七八～九一年）

一九七八年、中国では改革開放が始められ、それとともに、スポーツ事業においても改革の幕が開かれた。改革を起こした要因としては二つの原因があった。一つは、一九七九年、中国が国際オリンピック委員会の会員資格を回復したことである。再びオリンピックに参加できるようになったため、中国のスポーツが世界の舞台で競技できることになった。それまでのスポーツの発展目標や運営メカニズムなどを調整しなければならなくなった。その時、国家の光栄のために、優秀な選手を集め、オリンピックで優れた成績を勝ち取ることが第一の任務になった。もう一つの原因としては、改革開放の初期、各業界では計画経済のデメリットを反省し、権限を下部に委ねることが強調され、膠着した体制を打破するため商品経済を発展させることを試みたことである。そのような社会的雰囲気を背景に、中国のスポーツ事業も改革への歩みを始めた。簡潔にいうと、その時期の改革としては、旧ソ連のスポーツモデルを模倣し、計画経済に合うようにつくられたスポーツ事業メカニズムを全体的に反省し、局部的に調整したことが挙げられる。そして、権限を下部に委ねることにより、スポーツ部門の多様な経営が始まった。

一九七九年二月、中国では全国体育業務会議が開かれた。その会議により、仕事の重点をスポーツ業務におき、「スポーツの普及とレベルアップの目標を調和させることを前提としながら、あくまでレベルアップを重視する」という方針が定められた。一九八四年、ロサンゼルスで開催された夏季オリンピックに参加し、許海峰《きょかいほう》を代表とした中国オリンピック選手団が優秀な成績を収めることができた。その大会では、許海峰が射撃において中国人初の金メダルを取り、中国選手団は金メダル一五、銀メダル八、銅メダル九という優秀な成績を上げ、中国人の民族精神を鼓舞した。一九八六年、中国国家体育委員会は「体育体制に関する改革の決定（草案）」を発表した。それにより、中国のスポーツ事業において、競技とトレーニングの改革を重点に、スポーツの社会化を突破口とする一〇方面五三カ条の改革施策を定めた。その時期の改革としては、主に次のような課題を解決しようとした。まず、スポーツの運営を国家運営の方式から国家と社会の協同で運営するように提案した。そして、国家体育委員会などの行政機構の機能を変え、体育委員会と各政府部門の関係を調整し、業界体育協会と基礎体育協会を発展させ、競技のルール、トレーニング体制、スポーツ科学研究体制なども調整するという一連の提案がなされた。

この時期の改革の特徴としては、スポーツ事業を改革し活性化したことが挙げられる。全国的な改革開放に応え、中国のスポーツ行政各部門および下位部門もスポーツ事業における経費不足の課題に向き合った。解決方法として、多様な経営方式で経営を始めた。スポーツ事業部門所有の土地および建物をレンタルするか、行政部門が会社・店舗・ホテル・フェアなどを運営するようなかたちをとった。それとともに、新しい分野を開拓する努力をした。たとえば、一九八四年、まず福建省においてスポーツ宝くじを発券することになった。一九八七年、中国全国スポーツ大会を主催する時、広東省はスポーツ宝くじの体制を新たにつくりあげた。一九九〇年、国務院の許可のもとに、アジアスポーツ大会を主催する経費を集めるために、スポーツ宝くじが全国で発券できるようになった。

この時期の改革は競技力をレベルアップし、経費を集めることに集中したのである。体制を変えないという前提のもとに、部分を調整した。改革の性質、方向がまだ定まっておらず、思い切った改革措置は取れなかったが、考えを変え、改革の意識を植えたのである。

②　実行期（一九九二〜二〇〇〇年）

一九九二年、中国政府は明確に社会主義的な市場経済体制を打ち立てるという発展の方向・目標を設定した。これを背景にした中国スポーツ改革の中心として、社会主義的な市場経済体制にふさわしいスポーツ体制を打ち立てることになった。改革すべき重要な領域は二つあった。一つはスポーツ事業において管理と運営を分離する管理体制の改革であり、もう一つは一部のスポーツをプロ化させ、スポーツ市場を培い、スポーツ産業を発展させることであった。

スポーツ管理体制を改革する面で、一九九三年四月、国家体育委員会は「体育改革の深化についての意見」を発表した。そのなかに「運動種目管理の協会化についての意見」「トレーニング体制の改革について」「競技ルール体制の改革について」「大衆スポーツの改革について」「スポーツ市場を培い、スポーツ産業化のプロセスを加速することについての意見」という五つの付属書類が含まれていた。「体育改革の深化についての意見」は、明確に中国スポーツ改革の総目標を定めた。社会主義市場経済にふさわしく現代スポーツ科学にかない、国家は調整役を担い、そして社会に根を下ろし活発な良性循環を有するスポーツ体制をつくり、二〇世紀末までに国家と社会の協力のもとに、中国的特色をもつ集中と分散がかみ合った社会主義的な新スポーツ体制を打ち立てることになった。

改革の構想と施策について、国家体育委員会は「六化」「六転換」を提案した。つまり、「スポーツ活動を福利型から消費型に転換し、大衆スポーツを生活化する」「スポーツ大会の開催を政府開催から大衆開催へ転換し、競技の普遍化を実現する」「スポーツ組織を行政型から社会型へ転換し、スポーツ組織を社会化する」「スポーツトレーニングを経験型から科学型へ転換し、スポーツトレーニングを科学化する」「スポーツ運営を事業型から産業型へ転換し、運営メカニズムを産業化する」「スポーツ運営を人治から法治へ転換し、管理体制を法治化する」という「六化」「六転換」である。一九九四年、スポーツ種目ごとに協会〔国家から独立した管理体制〕をつくる試験をおこなったうえで、国家体育委員会が一部の運動種目の管理機能を業務局から新たにつくられた一四の運動種目管理センターへ委ねることによって、管理と運営の分離が始まった。一九九七年、国家体育委員会は元の業務局を廃し、マクロ管理体制を主要機能にする競技体育局へと変換した。そして、新たに六つの運動種目管理センターをつくり、運動種目への直接管理機能を行政機構から完全に分離した。一九九八年三月、「中華人民共和国国家体育運動委員会」は「中国国家体育総局」へと名前を変えた。同時に、地方政府の機構改革のなかに、区・県レベルのスポーツ行政部門も大部分が廃置・合併された。主なパターンとしては、それらの機構は教育部門か文化部門と合併され、教育体育局か文化放送テレビ体育局になった。

一部の運動種目のプロ化を進める実験として、一九九二年六月、全国サッカー業務会議が北京の紅山口で開催され、サッカーがいち早く「体育改革および管理体制の転換を中核に、協会化の実現、クラブ制および産業開発を重点に」する階段へと進んだ。一九九四年、「マルボロ全国サッカー甲級リーグ戦」がスタートした。甲A級と甲B級に分けられ、合計二四クラブが参加した。中国プロサッカーリーグ戦が正式に動き始めた。サッカーの管理体制の改革は、バスケットボール、バレーボール、卓球などのプロ化を牽引していった。

改革開放の三十数年間、中国のスポーツ事業における諸方面での改革が実質的におこなわれた。主な内容としては以下の三点が挙げられる。一つ目は、スポーツ改革の深化を進める必要性をより深く認識したことである。一九九三年全国体育委員会主任会議が開催された時、元国務院委員李鉄映は「スポーツ事業の根本的な活路は改革しかない。原因としては国の経済体制が変わったからだ。スポーツ事業の管理体制および運営メカニズムは経済体制の改革とともに変えなければならない。現在のトレーニング体制、競技ルール等を含むスポーツ管理体制と運営メカニズムは計画経済を基に形成されたので、変えなければ現在の社会主義的な市場経済に適切ではなくなる。改革しなければ、スポーツ事業への資金投入、チーム管理、人材育成、トレーニング体制、競技体制などあらゆる面で問題が出てくる」と発言した(1)。一九九四年、李鵬総理は「政府業務報告」のなかで「積極的に新時代のスポーツ管理体制の改革を模索する」と強調した。このような国家指導者からの動員はスポーツ事業における改革意識を徹底的に認識させることになった。

二つ目は、社会主義的な市場経済にふさわしい新型スポーツ体制を打ち立てるという改革目標が定められたことである。そして、スポーツ行政管理、運動種目管理を実質的に調整し、ある程度まで管理と運営を分離したのである。

三つ目として、種目ごとに協会をつくることが実現され、サッカーのプロ化の実験をしたことが挙げられる。一部の運動種目のプロ化と市場化の改革プロセスが始まったことによって、中国のスポーツ形態と構造はより世界と一致するようになった。しかし、スポーツ宝くじ発券の実現および一九九六年と二〇〇〇年のオリンピックでの優秀な成績獲得に満足するようになった中国スポーツ事業関係者たちは、スポーツ体制をより深く改革する意欲を徐々に弱めてきた。

③　微調整・停滞期（二〇〇一年～現在）

二一世紀に入り、特に二〇〇一年七月一三日に北京で二〇〇八年夏季オリンピックを開催することが決まると、中国のスポーツ界は歴史上最も素晴らしいオリンピック主催を成功させようと努力し始めた。中華民族一〇〇年の夢を叶えるために、中国のスポーツ業界は空前の情熱で二〇〇八年北京オリンピックを準備する事業に取り組んだ。全力を尽して競技に優勝することが目標として定められ、競技のレベルアップを最優先した。このような背景のもと、改革による動揺を防ぐために、スポーツ体制と運営メカニズムの改革は意識的、ないし無意識的に放っておかれたのである。全国スポーツ大会の得点を記録するルールの調整、優秀な選手の引退後の待遇、選手への文化教育、労災保険、生活配慮基金などの面で改革と呼べる施策を採用し始めたが、そもそもそれらは競技スポーツ挙国体制を固めるための努力であった。一方、機構の改革はほぼ停滞の状態になった。唯一の施策としては、全国青少年のスポーツ業務をより効率的に管理し、青少年の低下しつつある体力を強化するために、国家体育総局の内部に青少年体育司を設立したことがある。全体的にいえば、その時期のスポーツ改革は、ほぼ停滞あるいは微調整の段階にとどまった。スポーツ管理体制の改革はなきに等しく、運動種目ごとの協会化の実現は進まず停滞した。協会化を実現するために設立された運動種目管理センターは、うまく機能しなかった。一九九三年、国家体育委員会により発表された「スポーツ改革の深化についての意見」のなかにあった、「第八次五カ年計画期間に約二分の一の全国の運動種目を協会化し、二〇世紀末に全運動種目を協会制にする」という改革目標が実現できなかった[2]。同時に、スポーツと教育の結合、大学および企業のなかにスポーツチームをつくる情熱も冷め、サッカーを代表にした運動種目のプロ化も難しい状態になった。期待されたサッカーの改革でも技術面で調整されただけであり、実質的な体制変革はなかった。

（3）改革の総括

一九七八年から三十数年間、中国のスポーツ事業は社会の発展に順応し、スポーツ事業自身の発展のために、行政管理体制、運動種目管理体制、トレーニング体制、競技ルール体制、スポーツのプロ化へと発展し、産業改革と発展、スポーツ科学、スポーツ教育などの個々の領域である程度、改革と呼べる施策を試みた。成果としては、スポーツの行政部門の機能を変え、管理と運営の分離を実現し、スポーツの社会化・産業化・科学化を進め、スポーツのプロ化改革を起動し、スポーツ産業の発展を加速させ、特に競技スポーツ挙国体制の打ち立ておよび改善の面で顕著な効果があり、オリンピック競技で優秀な成績を残した。

改革のプロセスを分析すると、約三〇年間続いてきた中国のスポーツ改革は「逆U型」のような改革の道を歩んできたといえる（図6-1）。一九八〇年代に中国のスポーツは改革を始め、そして九〇年代、改革が精力的におこなわれ、管理体制、運営メカニズムが実質的に調整された。二一世紀に入り、オリンピックに備えるために、改革が放置され停滞の状態に陥った。競技スポーツ挙国体制は、中国のスポーツ事業における限られた資源を利用し、発展の道を定めたと思われている。そのため、メディアと

図6-1　中国スポーツの改革プロセス

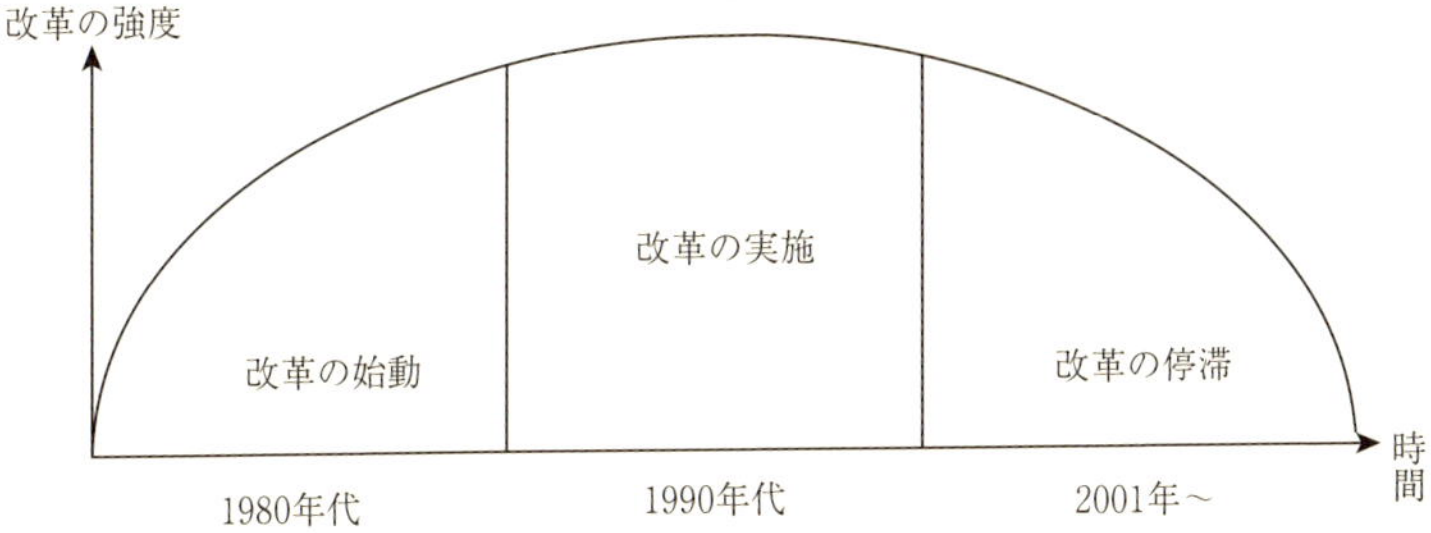

大衆は「金メダル重視」の現存のスポーツ発展方式を強く批判し、疑問を呈している。

なぜ、中国のスポーツ事業の三十数年間の改革は、「逆U型」のように最初の改革の強さが徐々に弱まっていったのだろうか。なぜ、改革のモチベーションが減りつつあるのだろうか。解釈としては三つあると思われている。まず、一つの原因は、全社会における改革の雰囲気の変化である。一九七八年、第一一期三中全会（党中央委員会第三回全体会議）が開催された時、改革開放の基本路線が決められ、改革の意識が全社会の基本的な共通認識になった。改革の社会的意欲が強くなった結果として、政府および国民は改革に非常に熱心になり、方向を考え出し、改革の実施を促進した。一九八〇年代末から九〇年代初頭ぐらいに改革の進路や推進が一時的に見失われたが、一九九二年、鄧小平の「南巡講話」により改革のペースが加速され、二〇世紀末にピークを迎えた。二一世紀になると、改革開放のおかげで良い成果が徐々にもたらされ、中国の経済力と国力が迅速にアップした。特に、二〇〇八年のリーマンショックおよび二〇一〇年のユーロ危機が起きたあと、世界経済の復興にある程度の貢献をしたことで、中国国内では中国的な発展方式を不当に高く評価する傾向が生まれた。このような社会背景のもとで、既得利益者たちが経済的階層的構造を堅固にしようとする願望がより強くなった。初期の改革は社会全体のあらゆる面でおこなわれ、国民全体が利益を得たが、後期の改革は限られた業界での改革であり、利益を得るのも一部の人たちだけであった。特に教育改革、医療改革、住宅改革では、費用が高くなったり、政策が不適切であったため、学校へ行けず、治療を受けられず、住宅を買えないという国全体に望ましくない現象が起き、国民の不満を引き出した。一時強くなった改革のモチベーションが弱くなる一方で、改革を続けるべきか、改革を支援するべきかについても分裂が起きた。約三〇年の歴史を持つ中国の改革開放において、スポーツ事業も同じ改革プロセスを経てきたのである。

改革モチベーションの衰弱に関わっているもう一つの原因としては、スポーツ事業、特に県・市など地方のスポーツ行政部門で支配できる経費の問題がある。「貧乏であるほど変わろうとする」という諺のように、お金の乏しさが改革を推進する重要な力となる。改革開放の初期、中国のスポーツ事業の経費不足は深刻であった。各県・市などのスポーツ行政部門では、スポーツ事業を発展させる経費が非常に限られていたのである。多くの地方スポーツ行政部門では人件費を除いて、基本的トレーニングおよび競技の経費すら深刻に不足していた。この頃の改革の中心として、多様な経営を立ち上げ、事業経費と人件費の不足を解決しようと努力した。九〇年代頃になると、経済発展とともに各県・市などの財政収入が迅速に増え、スポーツ事業への投入基金も増加した。そして、国家体育委員会の支援のもとに、スポーツ宝くじの発券がようやく全国規模で実現でき、スポーツ宝くじ公益金が正式にスポーツ行政部門の事業経費を補充する重要な手段になった。一九九四年から現在まで、中国経済がより速く発展し中央および地方政府の収入が大幅に増えると同時に、スポーツ宝くじの発券規模も拡大されつつある。そのため、ほとんどのスポーツ行政部門において経費不足が解決できたのである。中国沿岸部の発達地域では、一部のスポーツ行政部門、特に宝くじ発券数の多い行政部門では支配できる経費が改革初期の何百万元、何千万元から現在の一〇億元以上にまで増加したのである。現状に満足する傾向が徐々に強くなり、改革のモチベーションも低くなり、貧乏時代の改革意欲が弱くなりつつある。このような現状を見ると、スポーツ改革モチベーションの強さはスポーツ行政部門が支配できる経費とマイナスの相関があるといえる。

改革モチベーションに関わるもう一つの原因としては、オリンピックで得た金メダルの数が挙げられる。改革開放三十数年間のスポーツ事業における改革実践の歴史を分析すると、中国スポーツ代表団が夏季オリンピックで得た金メダルが多いほど改革モチベーションが弱くなるというおもしろい現象がある。過去三十数年間、中国のスポーツ事業での改革は、いち早くスポーツ競技レベルをアップし、オリンピックで優秀な成績を上げることが重要な目標であった。しかし、この目標を実現できるようになればなるほど、改革のモチベーションが弱まっていったのである。

2　中国スポーツ事業が直面している課題

（1）スポーツ価値観の偏り

新中国創立の初期、非常に厳しい内外環境を生き抜くために、あるいは冷戦期における両陣営の政治的対立からの悪影響を最小限にするために、あるいは改革開放によって優秀な成績を上げ国際社会に承認されるために、これまで六十数年間、中国のスポーツは道具的な発展理念を信じてきた。国のために戦い、国家の政治外交に貢献することが最優先されてきたのである。具体的には、スポーツが政府に直接管理され、社会の力が無視され、市場の力が排除され、各種の競技で優秀な成績を上げることが重要な目標とされてきたのである。「金メダルが業績であり、金メダルがすべてだ」というのが当たり前だと思われた。その結果、学校や社会における公共スポーツサービスシステムを構築することがなかなか実現できず、市場化・産業化を追求するプロスポーツの発展も難しかった。これこそ、中国のスポーツ業界が各種のスポーツ大会で大量の金メダルを得たのに、メディアや社会から高く評価されない原因である。そのため、これからの中国のスポーツ改革は人間性を大切にし、大衆を柱にしなければならない。国のためから大衆のためにへと、栄光のためから生活のためにへと転換しないといけない。スポーツ価値観の偏りが、中国のスポーツ改革および発展に関わる非常に重要な問題なのである。

(2) スポーツ発展方式の旧弊

新中国が創立されてから六十数年間、中国スポーツ事業は国の栄光のため、ほかの国を追い越すため、というロジックのもとに発展した。経済基盤と社会基盤がまだ弱い当時は、目的を達成するために政府がスポーツ事業を直接管理するのが一番現実的であった。このような行政型のスポーツ発展方式は、中国のスポーツを発展させるには決定的に役立ったといえる。しかし、社会およびスポーツ事業が発展するにつれ、大衆から政府に公共的なスポーツサービスを提供することが要求されるようになってくる。そして、高いレベルのスポーツサービスおよび商品も求められるようになったのである。大衆の要求する公共性や消費性を備えた多様なスポーツサービスは、政府だけが提供する限られたスポーツサービスと矛盾し、スポーツの発展を制約して衝突を引き起こしている。同時に、スポーツが政府に主導されたことにより、社会化および産業化が既存の政府による発展方式と衝突し、スポーツの発展する余地が非常に狭くなるという問題がある。それゆえ、スポーツ強国を建設するために、スポーツの発展方式を変え、政府がスポーツを運営することから政府・社会・市場・大衆が公平にスポーツを運営するやり方へと変えることが当然の選択である。体制とメカニズムの角度から発展方式を変えなければ、スポーツの発展に含まれる深い矛盾や問題を根本的に解決することは困難である。

（3）政府の役割のズレ

中国のスポーツ事業の主な特徴は、政府に主導されていることにある。つまり、「挙国体制」である。新中国が樹立されてから改革開放までの三〇年間、スポーツ体制は立ち上げられたばかりで、基盤を固める段階だった。組織が不完備で、人材が不足し、基本物資の提供もまだ不十分であった。そして、計画経済体制の下では大衆のスポーツ需要度がまだ低く、スポーツを発展させるには政府の力を借りなければならなかった。すなわち、中央政府は上から下へとスポーツ行政機構をつくり、そして各県・市などの行政機構の下に多種多様な事業部門を設立し、人材を養成する一方で、大衆スポーツは計画経済にふさわしく行政部門に頼り、政府の命令によってイベントをおこなった。改革開放から三十数年、社会主義的市場経済体制の実践はある程度成功したといえる。部門制の社会組織も解消され、スポーツの規模と構造、大衆のスポーツ需要も大きく変化したが、政府主導のスポーツ発展方式はまだ変わっていない。各スポーツ行政部門では管理と運営が分離していない状態が少なくない。政府主導の運営のせいで、役割のズレが深刻になっている。スポーツの規模がまだ小さく、構造が単純で大衆のスポーツ需要が小さく、発展の目的が単一で、そして社会組織・市場組織が不完備であった時は、政府が直接スポーツを管理・運営するしかなく、賢明で効率的な選択であったといえる。

しかし、現在の問題としては、中国のスポーツがすでに世界一の規模を有し、一三億人のために公共サービスを提供すると同時に、スポーツを市場化・産業化させ、大衆の日々多種多様に変化している要求を満足させなければならない。同時に、競技スポーツの面では、現在の優位種目の成績を維持するとともに、基礎競技スポーツおよびグループ型の球技のレベルをアップさせ、そして、まだ発展途上のプロスポーツを発展させなければならない。明らかに、現在のような発展段階や発展目標を前提とした場合、政府主導の「挙国体制」はもはや不適切である。政府がスポーツを運営することから退出しないと、社会・市場組織がなかなか成熟できないといえる。その後、一三億人の公共スポーツサービスシステムを建設するまではまだ道のりが遠い。このような背景において、これからのスポーツ改革では、政府の役割を変え、各県・市のスポーツ行政部門の役割をスポーツ運営から社会にサービスを提供することへと変えるのが非常に重要になりつつある。

(4) 社会組織の欠如

スポーツは一つの社会文化的現象であり、ゆえに社会組織から支えられなければならない。今のところ、中国のサッカー、バスケットボール、バレーボールという三大球技の競技レベルはまだ低く、スポーツ競技とスポーツ教育の結合が健全でない。スポーツの社会化・産業化の実現がなかなかできない原因としては、組織化の深さが不足し、特に社会組織が欠如していることが指摘できる。社会組織の面では、民政部門に登録した合法のスポーツ社会組織が少なく、民間自発の非公式の社会組織も欠如している。前者は中国の厳しい社会組織や管理政策と関係しており、とりわけ法輪功のような非合法組織の出現以来、この問題はさらに悪化している。後者は社会の転換期における部門制の解消および自治体の組織の不足と関わっている。

スポーツそのものを分析すると、一九九〇年代中盤において単一運動種目の協会化を実現した。それゆえ、スポーツ管理センターが設立された後、受益者の形成と固定化がスポーツの社会化の障害になった。運動種目管理センターと運動種目協会の運営がスポーツの管理を行政化したのである。「金メダル」を得ることが重要な任務となり、国家チームを優先しなければならなくなった。運動種目協会がほとんど機能しておらず、地方体育協会、基層体育協会、団体会員および個人会員へ良いサービスを提供することがなかなか実現できない。要するに、外部要因か内部要因であるかにかかわらず、中国スポーツ事業に全社会を覆うネットワーク型の社会組織が欠如していることは事実であり、このことが、中国スポーツの全面的・調和的・持続的な発展を制約している根本的な原因である。中国のスポーツ事業がスポーツ大国からスポーツ強国へ進もうとするなら、歩むべき道と架け橋を探さなければならない。社会的なスポーツ組織、特に民間スポーツ組織の欠如を根本的に解決しないと、中国スポーツ事業の改革が成功から遠ざかることになる。

（5）市場の力不足

世界のスポーツの現状を見ると、現代のスポーツはアマチュアスポーツ、非プロ化、非市場化といったスポーツの発展段階を超えている。スポーツの商業化がオリンピックを壊すと主張してきた国際オリンピック委員会もいち早くプロ選手を認める一方で、ピーター・ユベロス、ミット・ロムニーなどの商業エリートを招いて冬季および夏季オリンピックを運営させた。結果としてオリンピックは世界でより普及し、オリンピックのブランド力がよりアップし、国際オリンピック委員会自身も経費不足から黒字へと転換できた。プロスポーツは、先進的な生産力を持ち、活気のあるスポーツ産業を促進する一方で、競技レベルをアップさせ、大衆スポーツを発展させ、さらにスポーツ文化の建設にも大きく貢献したのである。一言でいえば、現在の欧米では市場がスポーツ資源を配置し、市場メカニズムがスポーツの発展を推進する重要な力であるようになった。

中国においては、一九八〇年代中盤からスポーツ事業の経営を生かすことが提議されたあと、九〇年代中盤に一部の運動種目のプロ化改革実験が始められたが、スポーツ管理体制の改革が徹底しなかったため、スポーツ資源を計画的な方式で配置し、行政的な方式でスポーツシステムのなかでイベントをおこない、社会と市場の力でスポーツイベントをおこなうことが実現できなかった。同時に、権力の喪失と既得利益の流出を怖れ、スポーツ行政部門と運動種目管理センターの管理者らは、資本は悪魔であり、市場は毒薬だと見下した。ひいては、サッカーの改革が不成功であった原因をスポーツのプロ化にあると決めつけたのである。

このような考え方の下に、サッカーを成功させるために行政権力によって資本権力をコントロールし、政府の力が市場の力に取って代わられたのである。政府の過剰介入や行政部門の権力の肥大について反省されたことはほとんどない。しかし、現実としては、行政権力を使って資本権力をコントロールすることがスポーツ改革の妨害になっているのである。プロスポーツを商業資本から外し、市場メカニズムの作用が発揮されないでいることが、スポーツを発展させる規律からズレているのである。欧米のスポーツ大国とスポーツ強国の普遍的経験から見ると、商業資本をスポーツ事業に導入し、市場の力を各種のスポーツ資源を配置するために利用し、スポーツの発展を促進することが基本的な解決策だと思う。これからの中国のスポーツ改革は、多様なスポーツ社会組織、および多様なスポーツ市場組織を発展させなければならない。

（6）学校体育の全面危機

学校体育は、国家スポーツ、大衆スポーツ、競技スポーツ、スポーツ産業の基盤である。もしその基盤が砂漠化、ないし凝固するようなことになれば、いくら良い種でも良い果実が実らない。現在、わが国のスポーツ発展にさまざまな問題と矛盾が現れているが、それは過去一〇年間の学校体育の全面危機とある程度関係している。学校体育の危機の表層に出ている問題は、青少年の体力の持続的な低下であり、深層の問題は多くの小中学生がスポーツに対して興味を失っていることである。以前は子どもたちが最も好きだった体育の授業の魅力がまったく失われている。その危機の主な原因は、功利化の改革思想と方法である。子どもの体力低下のため、「体育」の授業が「体育と健康」という科目に変わった。課外体育活動が体力トレーニングという授業科目に変わった。さらに中学校進学試験の科目に体育科目が増設された。その結果、子どもは体育の授業とスポーツ活動への興味を徹底して喪失したのである。興味や喜びをともなわない学校体育教育は生存し難い。学校体育教育の危機を解決するために、必ず教育規律と青少年の心身の成長規律に従わなければならない。目先の成功と利益を焦って求める凡俗な発展観を断固として捨て去り、子どもたちの体育への興味を引き起こし、子どもの体育技能や特長を奨励し、発掘することを根本的な方針としなければならない。体育の教学内容と評価体系、授業と課外体育活動の体系や組織形式を改革しなければならない。そうすれば、学校体育はピンチをチャンスに変え、体育は真に太陽のように輝くだろう。中国のスポーツを前進させる土壌は豊かで肥沃になるだろう。

（7）大衆スポーツの乖離

現在、中国の国民スポーツには、形式化、功利化、断片化、そして運動種目からの離脱といった問題が明らかに存在している。この数年、われわれはスポーツ宝くじの公益金を利用して、民間に数多くの健康の手掛かりを提供し、実用的な健康運動を推し進め、さまざまな全国民的健康運動週や全国民的健康運動の祝日をつくった。たとえば、「農民一億人の健康活動」「婦人一億人の健康活動」「労働者一億人の健康活動」などがある。このような全国的なイベントをおこなうことを通じて、大衆のスポーツに対する発展意識の高揚やスポーツ運動向上を確実に進めた。しかし、全国民の一般スポーツの展開、とりわけ青少年スポーツ活動の展開によくない傾向が存在している。それは、大衆スポーツが運動種目の運用から乖離していることである。北欧、北米、南米および日韓など大衆スポーツの展開が比較的よい国家や地域では、スポーツ運動種目の発展が根づくことで基盤が強固になり、そのうえ活発で持続的になる。活発な生活方式と生涯にわたって運動する習慣、特に青少年が運動に参加する興味が引き出される。その結果、積極的に向上する人生観を形成することが明らかな優位となる。

中国の問題は、国民スポーツが各行政機構のスポーツ職能部門によって主導・推進されることである。国民スポーツの発展において中心的な役割を発揮すべき各運動種目協会（運動種目管理センター）は、その任務を発揮していない。なぜなら彼らの主な任務はできるだけ多くの金メダルを獲得し、オリンピックでよい成績を上げるという本局との契約を守ることだからである。そのため、彼らは大きなエネルギーを国家チームの育成に注いだ。協会組織のネットワークの構築、会員の発展とサービス、国民的な競技試合体系と種目文化の構築など、協会の生存と発展の基礎に関わる仕事に考慮を払わないし、あるいはしようとしても力がない。周知のように、運動種目は大衆スポーツと競技スポーツが共有する基礎である。競技水準が低い部分は大衆スポーツであり、高水準の部分は専門的あるいは職業的な競技スポーツである。いかなる運動種目協会も、種目普及と技術向上の両方を遂げなければならない。種目の普及の仕事を完全にしてこそ、種目の基礎が強固になるし、今後十分な力を発揮することができる。しかし、現在中国の国家レベルの各運動種目協会が普及活動に重点を置かないことが、運動種目の運用が大衆から乖離した主な原因である。ひとたび国家の大衆スポーツが長期にわたり運動種目の運用から乖離したら、スポーツへの興味と国民のスポーツ素養が失われてしまう。国民体力、とりわけ青少年の体力が下がることになる。また、競技スポーツ発展に必要な人材基礎、社会基礎、市場基礎と文化基礎に修復しがたい断裂が現れる。不幸なことに、これらの現象はすでに中国のスポーツ発展のなかに現れている。今はその格差を是正すべき時期である。

（8）競技スポーツの偏った構造

競技スポーツは、改革開放以来、中国のスポーツ事業の発展が最も早く、最も成果を上げた部分である。一九八四年、最初に参加した夏季オリンピック大会で最初の金メダルを獲得し、二〇〇八年にアメリカを打ち破って初めて金メダルの獲得数が第一位になった。この成績に至るまでわれわれはわずか二四年しかかからなかった。二〇一二年のロンドン・オリンピックでも海外試合ながら最高成績を獲得し、さらにトップグループの地位を強化した。だが、現在中国は競技スポーツの発展において重大な不均衡、不調和、持続不能性などの問題を抱えている。それらの問題は、スポーツの偏った構造から現れた。一つ目は、アマチュア運動種目とプロ運動種目との不均衡である。二つ目はオリンピック種目と非オリンピック種目との不均衡であり、三つ目はオリンピック優位種目と基礎種目や集団球技種目との不均衡である。

この三つの不均衡は、競技スポーツの発展段階と関わっているが、主な原因は発展戦略と体制機構上の問題である。過去二期の夏季オリンピックで、中国の伝統的に優れた種目（卓球、バドミントン、ウェイトリフティング、体操、飛び込み、射撃）はそれぞれ三六個と二六個の金メダルを獲得し、それぞれ、金メダル合計の七〇・五九％と六八・四二％を占めた。そのうち、卓球は二期連続で全金メダルを獲得した。バドミントンも一期で金メダルすべてを獲得したことがある。それらと鮮明な対照をなすのは、三大球技の連続低下である。男女サッカーと男子バレーボールは、連続二期のオリンピックで出場資格さえ得られなかった。しかも試合に参加してもチームの成績がますます悪くなっている。陸上競技と水泳は、オリンピックで合計八一個の金メダルを獲得した。だが、北京オリンピックでは一個しか得られなかった。ロンドン・オリンピックで水泳は大きな活躍をしたが、それでも六個の金メダルしか獲得できなかった。一九八〇年代中盤にオリンピック戦略を編み出して以来、われわれは優位な種目を育てることにさまざまな努力をし、結果は大成功だった。オリンピック戦略の効果が十分に現れたが、これ以上同じ戦略を続けたら、必ずその限界が現れ、効果がこれから減少するだろう。また、競技スポーツ内部の差異が過大に広がり、全体の構造のバランスが崩壊するおそれがある。それゆえ、中国の競技スポーツの発展は種目ごとに改革をしなければならない。競技スポーツの偏った構造を調整し、その全面的調和と持続的発展をしっかり位置づけなければならない。

（9）スポーツ文化建設の停滞

スポーツはゲームであり、演技であり、文化である。現代スポーツの発展はどっしりとして堅実な社会基礎や市場基礎が必要であるとともに、理性による能動的な文化基礎も必要である。スポーツの発展が高度文化の基礎とならなければ、われわれはスポーツの価値観を見失い、功利至上主義の泥沼に陥り、スポーツが生存する本来の意義から逸脱することになる。近年、スポーツの発展に見られるさまざまな問題や弊害が社会から非難されている。たとえば、金メダル至上主義、八百長試合の不正審判、報奨金をめぐる横領トラブル、競技場での暴力、種目管理センターによる金メダル候補事前指定、国家チームメンバー選抜における腐敗、ドーピング事件の続発、選手の文化素養の低下、引退後のキャリア問題、一部のスポーツスターの増長、ファンの野蛮な観戦など、こういった問題の根本的な原因は、この数年われわれが無意識にスポーツ文化の建設を無視してきた結果である。スポーツ文化は、スポーツ発展の底に潜む原動力である。残念ながらこの数年、われわれはスポーツ文化に対する基礎の建設を疎かにし、スポーツの歴史文化、スポーツ物質文化、スポーツ体制文化、スポーツの中核的価値観という四つの方面から体系的に建設することをしなかった。

現在中国に見られる学校体育の危機、青少年の体力の低下、競技スポーツの予備人材の欠乏、プロ選手の無秩序、スポーツ産業の不振といった問題はスポーツ文化建設の停滞と直結している。なぜならスポーツは、競技ゲームによる文化生成であり、文化習得と文化体験であるからだ。それぞれの運動種目は、独自の文化領域と文化様式を持ち、運動に参与する過程はその運動の文化を体験する過程である。残念ながら、中国のスポーツ組織、特に運動種目協会が運動種目を普及させていく時、技能の学習とテクニックの競争のみを推し進めてきた。そのなかで種目の歴史、礼儀、精神、名誉、さらに種目の価値観の宣伝や伝授といったことが無視され、さらに種目の歴史、文化、名誉を系統的に展示する特定の博物館、有名アスリートの殿堂、テーマパークなどの文化施設、またスポーツプロジェクトを展開する日や週、文化祭などのイベントの開催が不足している。スポーツは単一化、功利化され、子どもたちはスポーツを嫌い、スポーツを尊敬しなくなる。選手やコーチはスポーツ業界の規則に従わず、スポーツに参与する人たちは帰属感や名誉を感じず、またスポーツ商品やサービスの文化的内実が不足しているので、プロのスポーツクラブやリーグ戦の市場化を推進することや、プレミアム競技イベントなどをつくりだすことが難しくなる。

3　新たな改革が遭遇する抵抗と代価

改革とは、体制メカニズムを再編成し、権力と利益を再調整することである。新たなスポーツ改革は、権力と利益に触れる以上、必ず抵抗に遭う。スポーツ体制とメカニズムを調整するなら、必ず一時的あるいは部分的な代価を支払わなければならない。遭遇する抵抗と代価を客観的に分析することは、スポーツ改革を積極的に推し進める際に重要となる。

(1)　新たなスポーツ改革が遭遇する抵抗

利に走り、害を回避するのが人間の本性であり、新たなスポーツ改革が抵抗に遭遇しやすいのは改革により利益が損なわれる人がいるからである。それでは、誰の利益が損なわれるのであろうか、また彼らはどのようなかたちで改革を阻むのだろうか。本課題は以下の三つの集団の利益を損なう可能性があり、それによってある程度まで改革が阻まれるであろう。

①　スポーツ行政部門の官僚

専門のスポーツ行政部門を設け全国のスポーツ業務を管理するような国家は、現在世界中でめったに見られない。たとえ存在しても、基本的にそれは旧社会主義国家である。大部分の国家は専有のスポーツ部門を設立しておらず、社会的機構や民間団体が自主的に管理するか、あるいは総合的なかたちをとってスポーツ、観光、文化、衛生、青年などの部門と合併し、スポーツ観光やスポーツ観光青年部といった名称で現れる。一九四九年に中華人民共和国が創立されてから、わが国は旧ソ連の影響で国と地方の政府が体育運動委員会を設置し、各レベルのスポーツ活動を管理してきた。一九九八年三月第九期全国人民代表大会第一次大会の「国務院機構改革計画」において、国家体育運動委員会は現在の国家体育総局に変わったが、新たな国家体育総局は国務院の付属部門ではなく、直属機関である。改革開放以降、中国の行政機関改革の主な方針は、機構を簡素化し、効能を高め、サービス型の政府を設立することであり、具体的な改革施策としては大部門体制を実施し、不必要な政府機構を撤退させることである。現在、共産党の第一八期全国人民代表大会はすでに成功裏に閉幕した。二〇一五年、新たな全国人民代表大会と新政府が始動し、再度政府機構の改革を推進することになった。

中国の改革方針が変わらない限り、スポーツ行政部門の改革は三つの方式でなされる。一つ目は国家体育総局の制度を保ちながら、総局の下に設けた機構と人員を削減することだ。中華全国体育総会、中国オリンピック委員会、および各体育協会は職務を確実におこない、確実に職務の機能を転換する。「管理と実行を分けず、実行を主とする」という従来のかたちを「管理と実行を分け、管理を主とする」という方式に転換する。二つ目は関連部門を合併し、新たな省もしくは委員会の下で、新たな局あるいは機構を設立するやり方だ。三つ目は徹底的に政府機構から独立し、実質的に機能する中華全国体育総会となる道である。

明らかに、新たな改革が前述のどんな方式で実現したとしても、かならず現在のスポーツ行政部門の官僚たちは利益を損なう。一つ目と二つ目の場合、一部の官僚たちは下部の協会あるいは下部の事業部に異動されることになり、公務員のポストが確保できない。同時に、残った官僚たちは「高ポスト低賃金」か、あるいは「窓際族」となる。三つ目の場合、従来の制度を変え、公務員ではなく、国家レベルの体育総会あるいは運動種目協会に勤める職員になる。現在の中国で、「高ポスト低賃金」ないし「窓際族」は、単なる面子の問題でなく、確実に利権を喪失することになる道である。だから、もし新たなスポーツ改革が実行されたら、現在のスポーツ部門の官僚たちは、思想と行動のうえで意識的・無意識的に抵抗する確率が高い。スポーツ行政機構改革は政府機構改革と連動したシステムであり、改革するかしないかの決定権はスポーツ行政部門にはないが、改革すれば彼らの利益を損なうので、改革の実行や機構に圧力を加える。あるいは、できるだけ利益の損失が少ない方針へと誘導するのである。こうした抵抗に遭遇することは、今回のスポーツ改革が事前に想定している可能性の一つである。

② 運動種目管理センター幹部

世界の大部分の国では、協会制とは国家組織とスポーツ管理の制度のことを指している。中国が一九九〇年代半ばに運動種目の実質的な改革をして以来、主観的・客観的な制約から現在、種目管理センターと運動種目協会の二つの路線で運営がなされている。種目管理センターは、体育総局の直属事業部として種目管理の行政権を持ち、しかも財政の全額または支払われた差額分がもらえる。もう一方で、人民の生活に関する行政部門の社団法人として独自の運営権を確保している。だから、彼らは管理の際の行政権と開発時の種目協会の自主的な開発権を持っている。近年、このような二重の行政が同時に運営されているため、矛盾が日増しに先鋭化しており、さまざまな行政的・司法的・経済的な紛争や訴訟が引き起こされている。しかし、種目管理センター協会制の改革は、前進が必ず阻止される。

阻まれる主な原因は、種目管理センターの幹部にある。一つは協会制に付随する身分が変更され、従来の事業部での身分が存在しなくなり、局や県の序列が崩れてしまうからである。二つ目は、これまでの食いはぐれる心配のない安定した職を失い、協会は社会や市場に託され、自主的な発展を求めなければならないからである。三つ目は、仕事の仕方が従来の「人が私に頼む」やり方から「私が人に頼む」やり方に変わるので、協会組織の仕事量も増えるからである。だから現在、運動種目管理センターの幹部は、自分の利益が失われるため協会制改革を支持しない可能性が大きいのである。

③　優位種目の既得利益集団

改革開放以来、競技スポーツの発展を優先し、挙国体制による強力な支援の下で、体操、飛び込み、ウェイトリフティング、射撃、卓球、バドミントンが代表として頭角を現した。近年のオリンピックでこれらの優位種目の金メダル獲得率は六〇％を超え、絶対的な主力となっている。同時に、これらの優位種目は、資源配分、支持と保障、奨励政策などの面で他の種目と比べようもないほどの優位に立っている。それで、各優位種目と関わる方面の利益が日に日に増強され、一つの強大な利益集団となった。新たなスポーツ改革がスポーツ発展の方法を変えるなら、競技スポーツの構造と配置を再調整し、強力に集団球技種目と基礎種目、そしてプロスポーツを発展させなければならない。そうであれば、必ず現在の体制・機制を改革しなければならない。ところが、権力と利益の再調整をするにあたり、現在の優位種目の最高の地位と利益を揺り動かすので、「金メダルが取れなかったら誰が責任を取るのか」といって改革を妨害するのである。心配なのは、中国の各スポーツ行政部門がスポーツと金メダルを同一視する点にある。優位な種目の利益集団は、優位種目の管理センター、監督、選手、トレーニング基地、研究センター、保障団体、スポンサーを含むだけではなく、スポーツの各行政部門のリーダーと競技スポーツ部門の管理幹部も含んでおり、しかもこれらの利益集団が行政権力、発言権、政策の決定権を握っているのである。そのため、これらの集団が改革を妨害するかどうかについて注視しないといけない。

（2）新たなスポーツ改革の代価

改革は破壊と創造であり、既存の発展様式と運営方式に対する調整と更新である。ある意味で、改革は従来のシステムにある程度の混乱を引き起こす。短期間の混乱は改革の代価である。新たなスポーツ改革が存在するとしたら、可能な代価は以下のとおりである。

①　金メダルの一時的減少

スポーツ発展方式の転換、スポーツ管理体制の改革、競技スポーツ戦略の調整、プロスポーツ発展の加速、全民的公共スポーツ体系の建設は、新たなスポーツ改革と関連した領域と課題である。しかし、これらの改革は資源と権力の再調整に関わっており、金メダルを目標としている現在の挙国体制に影響を及ぼす。特に、競技スポーツの発展戦略の調整により、より多くの資源を三大球技を代表とする集団球技種目と陸上競技、水泳を代表とする基礎種目に使うことになるので、従来の優位種目は完全な優位を維持できなくなる。同時に、優位種目自身はすでに高度なステージにあり、これまでより向上することは非常に難しいが、低下することはきわめて容易である。集団球技種目と基礎種目の振興はプロ化するか、体育大学で教えるか、あるいは従来のスポーツ体制を活用するにしても時間が必要である。しかも中国の二つの種目は、先進国と比べてまだ大きな距離がある。だから、国民スポーツとしての改革によって、一時的に中国はオリンピックで金メダル獲得数が低下する可能性が大きい。中国社会は、金メダルの獲得数の低下に対して忍耐をもち、改革初期の金メダルの減少を冷静に見ることが必要である。

これは、スポーツのモデルチェンジと改革の代価である。もし一時的な金メダルの減少で改革を疑ったり改革を中断したりするなら、そうした狭い視野はスポーツ発展の根本利益と長期の利益を失うだろう。

② 短期的な発展秩序の喪失

改革とは、古いものを除き新しいものを流布させる過程であり、安定しているが活気と効率を失っている旧制度を新しい制度に転換する過程である。新たな改革は、政府が独自にスポーツを運営する旧制度を突破し、政府・社会・市場・個人からなる構造を打ち建て、力強くスポーツの社会組織と市場組織を発展させ、各部門がやるべきことを実施しなければならない。ただし、新たな構造をつくりあげ、新たなシステムを建設するには時間が必要である。政府から譲られた既得権は、社会・市場・個人が秩序よく引き受けることになる。しかし問題点は、スポーツの社会組織、市場組織の成長に時間が必要であり、個人がスポーツ権力や利益について目覚め自覚するにも時間が必要なことである。スポーツ行政部門から譲られたスペースがあり、社会組織と市場組織の準備ができたとしても、秩序よく効率よく引き受けられるまでにはまだ慣れが必要となる。それゆえ、改革初期には、スポーツ発展のなかで見られたある程度の無秩序な現象が起きる可能性がある。これも、改革が短期間のなかで支払うべき代価の一つである。けれども、このような代価におそれをなし、スポーツ行政部門がやるべきことをやらないとなおいけない。現在、スポーツ業界のなかで改革をしたくない人たちの言い分は、「中国スポーツの社会組織と市場組織はまだ未熟であり、そこに任せたらスポーツは必ず乱れる」というものだ。しかし、スポーツ業界が行政権を移譲、譲渡しなければ、中国のスポーツ社会組織と市場組織は永遠に成熟できない。乱れることをおそれ、ためらうなら、一時的に安定したように見えたとしても、スポーツ業界の全面的持続的な発展は望めない。

③　余剰人員の配属困難

職能を転換し、機構を簡素化して政府と事業を分け、事業と企業を分けることは、新たな改革が必ず手をつけないといけない領域である。長期の間、中国のスポーツ業界において政府と事業を分けず、事業と企業を分けない現象が顕著に存在している。スポーツ行政部門が管理をし、また業務の処理もする。しかも業務処理をメインとし、各スポーツ行政部門の下位に属する事業部門が具体的な業務処理を担当する。こうしたシステムのなかで管理と業務処理を一体化することにより、外部のスポーツ社会組織と市場組織の発展と成長が制限されることになった。この数年、スポーツと教育の結合が困難となり、スポーツ社団組織がほとんど機能していないが、プロスポーツクラブと種目管理センターの利益の葛藤と紛争がスポーツ業界の管理と業務処理の一体化と直接関わっている。新たなスポーツ改革はこのような問題を解決しなければならない。スポーツ行政部門の簡素化や統廃合が必然である。運動種目協会を実質的な組織に変え、各スポーツ社会組織と市場組織を確実に強くし、大きく発展させなければならない。そうすれば、スポーツ行政部門の一部の官僚たちは協会に配属され、各直属事業部は社団もしくは企業に転換し、人員配属の圧力が急激に増える。このような人員配属の転換は苦痛をともなうが、しかしやらざるを得ない。スポーツ業界の一部の余剰人員の再配属は、新たな改革の代価の一つであると考える。

④　政府の組織と市場組織の調整

伝統スポーツ体制の典型的な特徴は、政府が直接スポーツの管理と業務処理をする点にあった。スポーツ業界内で政府自らがスポーツを運営し、スポーツの社会組織と市場組織は飾りではないにしても取るに足らないものであった。だから、国と地方の政府のスポーツ行政部門は、スポーツの社会組織と市場組織を調整する仕事がそれほど難しくなかった。新たなスポーツ改革は、スポーツ強国を目標にしながら、中国を全面的持続的に発展させるために、各スポーツ社会組織と市場組織の発展に力を注がなければならない。しかも、スポーツの職能をそれらの組織に移転しなければならない。移転により各スポーツ社会組織と市場組織は次第に発展していくことになり、自覚意識と権力利益の保護機構が形成され、社会組織と市場組織は全社会を覆うネットワーク型かつ分散的なシステムをなすようになる。そして、政府のスポーツ部門の調和と整合の難易度はさらに高くなる。従来、行政部門は命令すれば実施させることができたが、これからは横と縦で大量の協議と調整をした後でしか実施することができない。同時に、スポーツ行政部門は、これらの変化に応じて多元化的な協調や民主化的な議事決定といったプロセスを必要とする。こうした変化こそ、現在のスポーツ行政部門が熟知しておらず、適応していない部分である。したがって、一定の時期に不調和や調和しがたいといった問題から仕事の効率が低下する可能性がある。それに対して、われわれはしっかり見据えていかなければならない。

4　新たなスポーツ改革の重点領域

（1）行政管理体制の改革

国に利益を与え、国民に恩恵をもたらすスポーツ強国を築くため、スポーツ発展方式の転換は核心であり、スポーツ行政部門の職能の転換が鍵となる。中国は政府が強い国であり、政府は多くの領域で従来社会組織と市場組織が発揮すべき役割を果たしてきた。とりわけスポーツの領域である。新たなスポーツ改革がスポーツ行政管理体制の改革からやり遂げない限り、改革の前進は難しい。だが、スポーツ行政管理体制の改革は、簡単に簡素化や統廃合を成し遂げられないだろう。意識的にスポーツの発展方式を転換し、奉仕型の政府を築き、全社会的な公共スポーツ奉仕システムと結びつけるようにしなければならない。スポーツ発展方式の転換といえば、前述の「六転換」が必要である。すなわち、従来の成績、金メダルを重視する理念から人に基づき、国民に奉仕する観念へと転換する。スポーツの発展構造が競技スポーツを強調する現実から学校体育を基礎とし、国民スポーツを基幹とし、競技スポーツを駆動して全面的にスポーツ事業を支える方向へと転換する。スポーツ発展様式を従来の大量の資源を投入する粗放型から、科学技術を重視する集約型へと転換する。スポーツ運営管理を従来の単一行政型から政府が公共に奉仕する職能を強化し、スポーツ社会組織のミクロ主体機能を十分に発揮し、市場資源の配分の基礎機能と結合するやり方へと転換する。スポーツ発展主体を従来のようにすべて政府が管理、運営するシステムから、政府・社会・市場・個人が共に働くシステムへと変換する。スポーツの公共奉仕を都鄙間、地域間、集団間で不均衡だった発展から均等化と調和の発展へと転換する。以上の「六つの転換」の根本からスポーツ行政管理体制改革を考慮、設計することにより、政府職能の転換、および全社会の公共スポーツ奉仕システムは制度、職能、資源の投入のうえで保証される。同時に、われわれが望んだスポーツ行政管理体制改革は、新たなスポーツ改革として本当の機能が発揮されることになろう。

（2）スポーツ組織制度の改革

スポーツ組織化のレベルが低いことが、中国のスポーツの社会化と産業化の発展を長期にわたり制約してきた主な原因である。スポーツ体制のなかで厳密な組織体系を持っていても、この組織体系は行政の力で維持されているので、政府と事業、事業と企業がはっきり分かれていない。それは、主に競技スポーツを発展させるための体系であり、大衆スポーツとスポーツ産業の発展需要に適応しがたい体系である。そこで、新たなスポーツ改革はスポーツ発展方式を転換し、スポーツ強国を築くために現在のスポーツ組織体系を改造しなければならない。改造の前提としてスポーツ事業とスポーツ産業の境界をはっきりさせないといけない。一方で、スポーツシステムにおける公益的なスポーツ事業、経営的なスポーツ産業、そして混合型のスポーツ事業を区別しなければならない。政府事業と企業事業を分ける一方で、全社会に向けた各スポーツ社団組織とスポーツ市場組織の発展に力を注ぐ必要がある。「スポーツ行政機構―中華全国体育総会―中国オリンピック委員会―全国種目別運動協会―各スポーツ社会団体―各スポーツ企業」を構成する横と縦の新たなネットワーク型のスポーツ組織体系を一歩ずつ築いていかないといけない。これらの改革の重点は、中華全国体育総会と中国オリンピック委員会の実質的改革、全国種目別運動総会の実質的改革、そしてスポーツ社団改革にある。

(3) 競技スポーツの構造調整

金メダルを目標としたオリンピック戦略は中国で三〇年以上続き、すでに輝く業績を収めた。しかし、この戦略のプラスのエネルギーは、マイナスのエネルギーとほとんど変わりない。われわれが短期間で獲得したオリンピック金メダル数は、欧米の大半の国家を超えている。二〇〇八年中国は米国を打ち破り、世界一になった。一方であらゆる資源を集中させ、優位種目を重点的に発展させる戦略は、われわれの集団球技種目と基礎種目を低下させる代価となった。非オリンピック種目、プロスポーツ種目の生き残りが困難になった。現在の問題は、優位種目でさらに金メダルを獲得する余地がほぼなくなり、卓球、バドミントン、飛び込みや女子ウェイトリフティングは金メダルをすべて獲得してしまったことだ。ほかの種目は、金メダルを獲得する余地がまだあるが、それほど大きくない。優位種目はもはや伸びることができない地点に至り、われわれに改革することを促している。改革しないと、中国の競技スポーツの不完全、不調和、持続不能性の問題は顕著になるばかりであり、しかも競技スポーツとほかのスポーツ形態の間にある構造的断裂を深め、大衆スポーツ、学校体育とスポーツ産業の調和的な発展に影響をもたらすだろう。それゆえ、新たなスポーツ改革は、競技スポーツ発展における三つの問題を解決しなければならない。しかも、競技スポーツの構造性の調整を改革の重点としなければならない。具体的な改革内容としては、競技スポーツ発展戦略の調整、運動種目構造と配置の再調整、プロスポーツ改革、総合的なスポーツ大会の構造改革、人材候補の多元化と体系的構築といった課題がある。

（4）学校体育改革

学校体育は国民スポーツの基礎であり、国家スポーツ発展の潜在力である。動力と継続的な発展力は、学校体育の発展状況によって決まる。学校体育改革の重点は教育思想の改革であり、教育を源として学生のスポーツに対する興味を刺激し、学生が一生利用できるスポーツ技能を育成することを基準とする。次はスポーツカリキュラム内容の改革であるが、興味を呼び起こすことを主とし、技能の養成を原則としてスポーツ教育内容を再編し、球技運動や屋外スポーツの比重を増加していく。余裕がある地域は、現在流行している運動種目を増やしてもよい。たとえば、テニス、ゴルフ、スキー、アイススケート、スケートボード、エアロビクスなどである。学生の体力を増強させるために体育授業をランニング授業にしては絶対にいけない。また、学校体育改革はスポーツと教育が結合した課外スポーツ活動の改革でもある。こういった部分は、現在の体制やスポーツ改革と直接関係している。改革のポイントは、伝統システムにおけるアマチュア向けのトレーニングを確実に学校に移転し、小中学校で自主的にアマチュアのトレーニングのネットワークが生まれるようにし、人力・物力・財力などの面で援助を与えることである。同時に、教育部門と協力しながら、学校競技スポーツの体系を再構築し、新たな競技スポーツ体系とスポーツ部門を結びつけるようにする。そのなかで大学の競技スポーツ体系とプロスポーツリーグ戦との間に、人材と情報を相互共有するルートを築く。

(5) スポーツ産業を促進する構造改革

事業と産業の境界を整理し、スポーツ事業とスポーツ産業の調和的な発展を促進することは、新たなスポーツ改革を実現するにあたり重要な目標となる。先進国のスポーツ発展過程と中国の文化改革の経験から、産業の支えがないスポーツは活力、原動力と持続的な発展力が欠けることになり、資源の配分ミス、運営の低効率、財力の無駄といった問題を抱えたスポーツとなるだろう。中国は、一九九二年に正式にスポーツ産業の発展を掲げて以来、すでに二〇年以上が経った。しかし、全体の発展スピードや質量は思い通りにいかなかった。主な原因は二つある。

一つ目は、観念の障害のためである。スポーツ行政部門は大衆スポーツ、競技スポーツの責任しか取らない。スポーツ産業とは市場のことであり、市場が未熟であることはスポーツ行政部門と関係がない。「自分を犠牲にしても人に尽くさないといけない」という俚諺《りげん》を守ることは絶対にしない。現実には、大衆スポーツの多元化・多様化の需要、競技スポーツにおけるプロスポーツと商業的な試合など、すべてはスポーツ産業である。市場経済体制のもとでスポーツ産業がうまくいかないと、スポーツ事業もうまくいかない。スポーツ産業を発展させることはスポーツ事業を発展させることであり、しかもハイレベルのスポーツ事業を発展させることが必須である。

二つ目は制度の障害のためである。スポーツ産業が発展するかどうか、どのようにスポーツ産業を発展させるかといった問題について観念的な障害が存在している。つまり、スポーツ産業発展の体制と機構上の問題が必ず存在する。主に機構の構成、人事権と事業権の区分、ヒト・モノ・カネの投入などの面において、スポーツ事業とスポーツ産業が均衡調和的に発展するメカニズムがまだ構築されていない。スポーツ行政部門は、いまだにスポーツ事業を管理するような方法でスポーツ産業を管理しており、文化、観光、メディア、教育などの相関する業種との交流や協力が不足している。今後これらの領域での改革は、プロスポーツ改革と発展に重きを置き、観念の転換を導き、職能と機構を転換し、関連部門と安定した有効的調和的な発展機構を重視し、スポーツ産業と関連産業の連動的融合的な発展を促進しないといけない。

（陳慧、胡瑾、雷代琼訳）

原題：鮑明暁「中国体育改革研究」

注

（1）体育改革文件选编、国家体委政策法规司、四ページ。
（2）前掲書、一四七ページ。

参考文献

国家体育总局政策法规司编写．北京：人民体育出版社、二〇一三。
体育大国向体育强国迈进的理论与实践课题组［M］．北京：人民体育出版社、二〇一〇。

第七章　日本のスポーツ政策と国際競技大会

——競技スポーツ政策と多角的なスポーツ交流——

田原淳子

1　日本におけるスポーツ政策の視座

(1) 本章で扱うスポーツ政策の射程

日本のスポーツ政策は、「生涯スポーツ」と「競技スポーツ」の両輪で、中心的な取組みがおこなわれてきたといわれる（笠原 二〇一五）。これらは、いずれも文部科学省（二〇〇一年の省庁再編以前は文部省）が管轄する分野であり、関連する教育政策でもある「学校体育」を含めても、日本のスポーツ政策については、これまでもっぱら文部科学省が管轄する内容について述べられてきた。しかしながら、国連などの国際組織が推進しようとしているスポーツがもつ社会的な役割や開発分野での貢献、またオリンピック・パラリンピックに代表されるような国際競技大会が果たす、外交的な役割を含めた多角的なスポーツの意義に着目するとき、政策が対象にするスポーツは、もはや国民のスポーツ振興や選手強化、学校体育をはるかに超えた文化として捉える必要があろう。

そこで本章では、まず、文部科学省に限定せず、幅広く府省庁がわが国のスポーツ政策に果たしてきた役割に着目して、その取組みの全体像を明らかにする。次に、ナショナリズムと関係が深いと考えられる競技スポーツ政策と国際競技大会との関係、最後に、わが国の中国、韓国との外交によるスポーツ交流に言及して、国際競技大会を契機としたスポーツ政策の展開と国際親善の可能性について考えてみたい。

(2) なぜ、国際競技大会を切り口にするのか

本書のテーマである「東アジアのスポーツ・ナショナリズム」を考える際に、ナショナリズムが発露する場として国際競技大会は格好の機会となる。それだけでなく、国際競技大会において、他国に対して有利にナショナリズムを発現しようとすれば、年月をかけた選手強化が求められ、それをスポーツ政策という名の国策として国家が支援するという形ができあがってくる。自国の選手が国際舞台で活躍する姿をみることは、国民に自負と活力を与え、そのスポーツの普及や競技人口の増加にも影響が及ぶことがある。つまり、国際競技大会におけるメダルの獲得や大記録の達成などは、代表選手自身の競技成績の優越にとどまらない。そこに、国際競技大会における自国選手の活躍は、国民にも利するとして、国家が競技スポーツを支援する一つの根拠があると考えられる。

(3)「スポーツ政策」をどう捉えるのか

それでは、スポーツに関する政策である「スポーツ政策」は、どのように捉えられるのであろうか。

森川貞夫によれば、スポーツ政策は、「狭義には国家・地方公共団体、あるいは支配的なスポーツ組

織・集団等によるスポーツの振興・奨励（稀には禁止・抑制）のための方策・施策の体系を意味している。したがって、そこには政策立案主体におけるスポーツの価値、スポーツ問題等の捉え方によって一定の価値観・イデオロギーあるいは政治性が反映することになる。スポーツ政策が時に権力的な、あるいは国民的な性格をどの程度帯びるかは、それぞれの歴史的・社会的段階によって異なり、両者の矛盾・対立の関係だけでなく、相互浸透の関係等により一定不変ではなく、かなりの可変性を有している」（森川 二〇一五）と理解される。本章では、スポーツ・ナショナリズムについて述べるために、スポーツ政策の主体を国家に限定して扱うことにする。

（4）スポーツ政策はどのように策定されるのか

スポーツ政策の策定には、国のその時代におけるスポーツ政策に対する価値観と社会状況が反映されると考えられる。笠原一也（二〇一五）は、スポーツ政策の形成過程を三つのタイプに分けて、以下のように説明している。

一つ目は、大臣の諮問を受けてスポーツに関する専門家等で構成される審議会が議論し、最終的に大臣に答申し、政策に反映するものである。「スポーツ振興法」（一九六一）のもとでは、文部大臣の諮問機関である保健体育審議会（～二〇〇〇）が大臣の諮問を受けた。当時の体育局の担当官がスポーツに関する専門家等の出席を求めて意見を聴き、議論を深めて提言等をまとめて答申し、大臣がそれを受けて政策に反映する方法がとられていた。

二〇〇一年以降は、この保健体育審議会に代わり、中央教育審議会「スポーツ・青少年分科会」がスポーツ政策の形成に中心的な役割を果たしてきた。同分科会は、青少年の問題、体力問題、スポーツの振興に関する重要事項を調査審議し、文部科学大臣に意見を述べることになっている。審議内容によっては専門委員会を設置し、関係者からのヒアリングや現地調査等をおこない、中間まとめ（案）を公表して各方面から意見を求め、最終的に大臣に答申する。「スポーツ基本計画」（二〇一二）は、このような方式で決定された。

二つ目は、行政主導型で、政策の発案が担当課内やスポーツ・青少年局による場合である。局議により方向性が定まれば連絡課長会議に付議され、事項の重要度によって局長会議や省議に諮られる。予算をともなう場合は、八月頃に次年度の概算要求に盛り込まれ、財務省と協議される。年内には政府の予算案がまとまり、国会に提出される。国会の承認が得られて初めてスポーツ政策の具体的な実施が可能になる。

三つ目は、政治主導型であり、国会議員の超党派で構成されているスポーツ議員連盟が中心的な役割を果たしている。前述の「スポーツ振興法」のほか、「スポーツ基本法」（二〇一一）も、議員の提案によって議員立法として成立したものである。その過程においては「新スポーツ振興法制定プロジェクトチーム」が結成され、有識者から意見を聴くなど積極的な取組みがなされた。また、「スポーツ立国戦略」（二〇一〇）の場合のように、文部科学省副大臣などが私的懇談会を設置して施策の方向性を検討し、その報告書が元になって成立することもある。

近年の傾向として、スポーツ政策を検討する過程では、多くのスポーツ関係者と幅広く意見交換をおこない、インターネットを通じて国民の声を聴く試みもなされている。また、「スポーツ基本計画」の策定にあたっては、前身となる「スポーツ振興基本計画」（二〇〇〇）の達成状況と課題についての評価をおこない、その結果を反映することが重視された。笠原（二〇一五）は、以上のようにスポーツ政策の策定過程を述べたうえで、「スポーツ政策に対する評価が求められる時代を迎えているが、その評価体制が整っているとは言い難い」と指摘している。では、次に、わが国ではどのような省庁がスポーツ政策に関わってきたのだろうか。スポーツ政策に関する行政の関与をみていくことにする。

2　スポーツ政策に関係する省庁とその役割

（1）文部科学省

① スポーツの振興と国民の体力向上

日本のスポーツ政策を主導してきたのは、文部科学省（旧文部省）であるといえよう。戦後のわが国のスポーツ政策は、国民スポーツの発展（振興）および国民の体力向上という大きな二つの柱から進められてきたという（中村 二〇一五）。文部省は、一九五〇年から国民体育大会を開催し、国民の間にスポーツの普及と体力の向上を図ってきた。スポーツ振興における大きな契機になったのは、前述の議員立法による「スポーツ振興法」（一九六一）の制定である。これは、日本で初めて開催された一九六四年第一八回オリンピック競技大会（以下、「東京オリンピック」）に向けて策定されたもので、この法律によってスポーツ振興の意義・目的が明らかにされ、国および地方公共団体の役割が明確になった。

東京オリンピックの終了後は、国民の体力向上に舵が取られることになる。この大会を契機に、政府は「国民の健康・体力増強対策について」（一九六四年一二月）を閣議決定した。そこでは、すべての国民が日常生活を通して積極的に健康・体力づくりの実践活動にいそしむことができるような諸条件の整備を図るため、保健・栄養の改善、体育・スポーツ・レクリエーションの普及等について重点的推進を図り、趣旨の普及・徹底と実践的効果を高めるため広範な国民運動の推進が提唱された（「体力つくり国民運動」）（文部科学省 二〇〇二）。また、札幌で第一一回オリンピック冬季大会が開催された一九七二年には、保健体育審議会の答申「体育・スポーツの普及振興に関する基本方策について」において体育・スポーツ施設整備の充実等が主張され、国民の体力向上が図られた（中村 二〇一五）。

② スポーツ振興基本計画

二〇〇〇年九月に策定された「スポーツ振興基本計画」には、翌二〇〇一年から概ね一〇年間で実現すべき政策目標と施策が盛り込まれた。その方策は以下の三項目である。

一　地域におけるスポーツ環境の整備充実方策
二　我が国の国際競技力の総合的な向上方策
三　生涯スポーツ・競技スポーツと学校体育との連携推進方策

同計画が策定された背景には、「近年の青少年の体力・運動能力の低下傾向、身近なスポーツ環境の整備充実の必要性の高まり、国際競技力の長期的・相対的低下傾向等の諸課題に対応」する必要があったこと（文部科学省、スポーツ振興基本計画）、また、スポーツ振興投票制度の成立によって新たな財源確保の見通しが立ち、スポーツ振興施策を体系的・計画的に推進することが可能になったことが挙げられる。

この「スポーツ振興基本計画」は、策定から五年が経過した二〇〇六年に改定され、前記「三　生涯スポーツ・競技スポーツと学校体育との連携推進方策」に代わり、「一　スポーツの振興を通じた子どもの体力の向上方策」が追加された。

③　スポーツ基本法とスポーツ基本計画

二〇一一年にスポーツに関するわが国最初の法律である前述の「スポーツ振興法」が五〇年振りに全面改定され、「スポーツ基本法」が公布、施行された。一九六一年に制定された「スポーツ振興法」を時代の変化に合わせて見直し、世界共通の人類の文化としてわが国におけるスポーツの一層の推進を図るために、党派を超えた議員立法により提案されたものである。

その主な検討経緯は、二〇〇七年にスポーツ議員連盟（超党派）が「新スポーツ振興法制定プロジェクトチーム」を設置して審議を重ねたことに始まる。二〇〇九年、スポーツ議員連盟総会において、新スポーツ振興法制定プロジェクトチームの「スポーツ基本法に関する論点整理」が了承された。そこでの基本的施策に関する事項には、次の事項を含む二二項目を規定することが適当であるとされた（文部科学省「スポーツ基本法に関する論点整理」）。

- 優秀なスポーツ選手の育成
- 国際交流の推進
- 国際競技大会の開催支援

二〇一〇年、文部科学省「スポーツ立国戦略」においてスポーツ基本法の整備が提言された。紆余曲折を経て、二〇一一年衆参両院で「スポーツ基本法案」が全会一致で可決され、同年六月二四日に公布された。「スポーツ基本法」には、新しいスポーツ観やスポーツの語源に基づく視点が導入され、スポーツを実施する国民だけでなく、応援する人や支える人をも対象とし、障害者のスポーツ振興、ドーピング防止活動、国際交流やスポーツに関する紛争の仲裁・調停等を網羅し、国と地方公共団体の責務が明確にされている（中村 二〇一五）。また、同法には、国の責務として「地域スポーツの振興」「選手強化」「国際大会の招致」が謳われている。翌二〇一二年、文部科学省は「スポーツ基本法」に示された目標の方向性や具体策を示した「スポーツ基本計画」を発表した。

「スポーツ基本計画」には、まず、背景と展望として、五つのめざすべき具体的な社会の姿が提示されている。そのなかには、「④国民が自国に誇りを持ち、経済的に発展し、活力ある社会　⑤平和と友好に貢献し、国際的に信頼され、尊敬される国」が記されている。また、今後一〇年間を見通したスポーツ推進の基本方針には、一〇の課題が提示され、今後五年間に総合的かつ計画的に取組むべき施策およびその推進のために必要な事項が、各基本方針について具体的に示された。

（2）厚生労働省

厚生労働省（二〇〇一年の省庁再編以前は厚生省）は、国民の健康の増進に関することや障害者の福祉の増進に関することを所掌事務とし、スポーツ政策に関しては、両者の健康の維持・増進を目的にスポーツ活動の推進に取組んでいる。

①　国民体力づくり対策

高度経済成長にともない、国民の社会環境・生活環境が大きく変化したことによって、一九七〇年代以降、成人病の増加や国民医療費の問題などが表面化した。これを受けて、厚生省は健康の維持・増進のための政策として、健康づくり推進運動に積極的に取組んだ。

まず、一九七八年に「第一次国民健康づくり対策」（一九七八～一九八八年度）を開始し、生涯を通じる健康づくりの推進（成人病予防のための一次予防の推進）と健康づくりの三要素（栄養、運動、休養）の健康増進事業を推進（栄養に重点）した。続く「第二次国民健康づくり対策（アクティブ八〇ヘルスプラン）」

(一九八八年度以降) では、さらに運動習慣の普及に重点をおいた健康増進事業を推進することとし、健康運動指導士制度などを新たに設けた (厚生労働省、健康づくり対策の変遷)。第三次国民健康づくり対策としては、二〇〇〇年に「二一世紀における国民健康づくり運動 (健康日本二一)」(二〇〇〇〜二〇一二年度) の推進についての事務次官通知により、国民が主体的に取組める健康づくり運動を総合的に推進することとし、二〇一〇年 (改定後は二〇一二年) までの到達目標が示された。また、二〇〇二年に「健康増進法」が制定され、健康づくり推進のための法整備をおこない、基本的な方針を改定した。続く第四次国民健康づくり対策として、厚生労働省は「二一世紀における第二次国民健康づくり運動 (健康日本二一 (第二次))」(二〇一三〜二〇二二年度) を策定し、運動の推進をおこなっている。

② 障害者のスポーツ振興

障害のある人の社会参加を推進するため、厚生労働省では障害者のスポーツ振興のための取組みを進めている。具体的には、パラリンピック大会等の国際大会等への参加の支援、全国障害者スポーツ大会などの開催、障害者スポーツ指導者の養成等が挙げられる。

「スポーツ基本法」(二〇一一) において、障害者の自主的かつ積極的なスポーツを推進するという理念が掲げられた。これにより、障害者スポーツをめぐる環境は大きく変化している。パラリンピック競技大会にみられるように、障害者スポーツにおける競技性は近年、めまぐるしく向上し、福祉の観点に加えて、スポーツ振興の観点からも、障害者スポーツに関する施策を一層推進していく必要が高まってきた。そのため、二〇一四年度より、スポーツ振興の観点からおこなう障害者スポーツに関する事業は、厚生労働省より文部科学省に移管された。具体的には、パラリンピック等世界大会への派遣、選手の育成強化、障害者スポーツの裾野を広げる取組み、全国障害者スポーツ大会の開催が、文部科学省の管轄に移行された。一方、障害者の社会参加やリハビリテーションの観点からおこなう事業については、引き続き厚生労働省が担当している。具体的には、地方公共団体等が実施する障害者スポーツ大会、各種レクリエーションの開催等、障害者スポーツ選手に対するメディカルサポート体制の整備が該当する。

（3）外務省――スポーツ外交の三本柱

外務省では、スポーツそのものやスポーツをめぐるさまざまな活動には、国際関係が反映されており、さらにスポーツ活動およびその運営は、国際関係にも影響を及ぼし得る重要な要素の一つであるとの理解に立っている（外務省「スポーツ外交強化に関する有識者懇談会最終報告書」二〇一五）。そのため、外務省では、文化外交の面から、スポーツを国際交流のツールとして効果の高いものと位置づけている。

外務省が関係する恒常的な活動の一つに、外郭団体である独立行政法人国際協力機構（ＪＩＣＡ）における青年海外協力隊が挙げられる。そこでは、体育教員や各種スポーツ指導者を発展途上国に毎年派遣し、体育・スポーツの普及と国際貢献、交流を進めている。また、国際交流基金では、スポーツ専門家を本人が希望する諸外国に派遣する事業を展開している。このように外務省の外郭団体では、スポーツを通じて国際交流を活発にしていく政策が推進されている。

安倍晋三総理大臣は、二〇一三年九月の国際オリンピック委員会（ＩＯＣ）総会において、日本政府のスポーツを通じた国際貢献策「Sport for Tomorrow プログラム」を表明し、二〇二〇年までに、一〇〇カ国・一〇〇〇万人以上を対象に、スポーツの価値とオリンピック・パラリンピック・ムーブメントを広げることを約束した。外務省は、このプログラムの着実な実施と、二〇二〇年までとそれ以降のスポーツ分野での国際貢献に関する取組みを強化するため、岸田文雄外務大臣の下に「スポーツ外交強化に関する有識者懇談会」を設置した（二〇一四年二月）。翌二〇一五年二月に提出された同懇談会の最終報告書には、外交政策とスポーツの関係について、次の三つの柱で整理されている（外務省「スポーツ外交強化に関する有識者懇談会最終報告書」二〇一五）。

一「スポーツによる外交」――スポーツの持つ感動や魅力を外交力の強化に活用するという観点である。例えば、インドとパキスタン出身のテニス選手がダブルスを組み、両国の和平について訴えたという活動事例などが注目される。

二「スポーツのための外交」――スポーツの独立性・自立性を尊重しながら、スポーツの発展のために外交当局が様々な取組・努力を行うという観点である。例えば、東西冷戦期のように国際政治的要因によって、スポーツ活動がマイナスの影響を被ることを回避する側面や、公正な環境で試合が行われるよう徹底する側面、いわば「スポーツを守る外交」も含まれる。

三「スポーツ外交推進のための基盤整備」――スポーツは誰にとっても親しみやすい話題であり、老若男女を問わず参加が容易な分野である。スポーツのこの利点を活かし、広報文化外交（パブリック・ディプロマシー）の有用な手段として活用することで、新しい観点から、きめ細やかな外交を展開することが可能となり、ひいては日本国内の活性化にも資すると考えられる。

右記懇談会の最終報告書では、これら三つの柱を広く「スポーツ外交」と捉え、相手国の政府レベルから一般市民までを広く対象として、施策を展開することが可能であるとしている。

（4）国土交通省――スポーツツーリズムの推進

国土交通省では、観光立国の実現のため、二〇〇九年に国土交通大臣を本部長として全府省の副大臣等で構成される「観光立国推進本部」を立ち上げた。これに関連して、政府の会議で初めて「スポーツ観光」が取り上げられた。これを受けて「スポーツ・ツーリズム推進連絡会議」が発足し、二〇一一年六月に「スポーツツーリズム推進基本方針――スポーツで旅を楽しむ国・ニッポン」が取りまとめられた。

同基本方針によれば、「スポーツツーリズムは、日本の持つ自然の多様性や環境を活用し、スポーツという新たなモチベーションを持った訪日外国人旅行者を取り込んでいくだけでなく、国内観光旅行における需要の喚起と、旅行消費の拡大、雇用の創出にも寄与する」と理解されている。また、スポーツツーリズムには、次のような効果が期待されている。

①訪日外国人旅行者の増加、②国際イベントの開催件数増加、③国内観光旅行の宿泊数・消費額の増加。さらには、関係省庁との連携により、以下のような効果も期待されている。④活力ある長寿社会づくり、⑤若年層の旅行振興、⑥休暇に関する議論の活発化、⑦産業の振興、⑧国際交流の促進。この「国際交流の推進」には、「国際競技大会のみならず、スポーツ交流イベントはジュニアからシニアまでの幅広い世代における比較的気軽な国際親善交流を可能とし、これにより二国間・多国間の相互理解が深まり安全保障にも貢献できる」と説明されている。因みに、訪日外国人旅行におけるスポーツツーリズムの主なターゲット国・地域には、韓国、台湾、中国、オーストラリアが想定されている（スポーツツーリズム推進連絡会議 二〇一一）。

（5）総務省

総務省では、各種行政施策の基礎資料を得ることを目的として、国民の生活時間の配分および自由時間における主な活動について調査を実施している（「社会生活基本調査」）。同調査は、一九七六年の第一回調査以来、五年ごとに実施され、全国の世帯から無作為に選定された一〇歳以上の世帯員を対象に実施されている。スポーツについては、主なスポーツの種類別行動者率、スポーツ時間、スポーツ関係費についての各回の調査結果のほか、わが国のスポーツの実施状況について時系列的推移のデータも提供されている（総務省 二〇一二）。

二〇〇五年以降、総務省は文部科学省と連携し、宝くじの収益を活用してスポーツ大会開催への財政支援などをおこなっている。その目的は、スポーツ大会の拠点を全国各地につくり、地域の活性化を図っていくことにある。全国的なスポーツ大会が毎年同じ市町村で継続的に開催されることで、そこがその競技の聖地のようになり、その競技を行っている子どもたちの憧れの場所になるなど、スポーツが地域にとって大きな役割を果たすことが期待されている（中村 二〇一五）。

（6）政府主導による省横断的な取組み

①　文化外交の推進

二〇〇四年一二月より翌年七月まで、内閣総理大臣決裁（小泉純一郎）により、文化外交の推進に関する懇談会が開催された。その趣旨は、「我が国と諸外国の国民が、文化交流や文化の分野での国際協力を通じて相互理解を深め、親日感を醸成することや、日本の有識者が地域研究・知的交流を通じて発進力を高めることは、日本外交に幅と奥行きを持たせる上で重要である」という認識のもとで、それらの基本的なあり方を検討することであった（首相官邸「文化外交の推進に関する懇談会報告書」二〇〇五）。

同報告書によれば、「文化交流活動は、一方で国のイメージに大きな影響を与え、他方で地球規模の困難な問題の解決や、世界の究極の平和や繁栄にもつながるという意味で、極めて重要な外交的側面を有する。日本は文化交流のこうした側面に十分注目した上で、その効果を最大にするため、国全体として明確な理念と方法論を確立すべきである」としている。このような考えに立ち、二一世紀の文化外交が追求すべき目的として、次の三点が挙げられている。

- 自国についての理解促進とイメージの向上
- 紛争回避のための異なる文化間、文明間の相互理解と信頼の涵養
- 全人類に共通の価値や理念の育成に向けての貢献

また、文化外交の三つの基本理念として、⑴自文化の「発信」、⑵異文化の「受容」、⑶相互交流を通じた多様な文化的価値観の「共生」を挙げ、それを実現するための行動指針、文化外交を推進するための体制や重点地域等について、課題と戦略を提言している。そこでの具体的な取組み課題においては、スポーツに関しても明記されているが、その詳細は後述する。

② 新健康フロンティア戦略

二〇〇七年には、内閣官房長官の主宰による「新健康フロンティア戦略賢人会議」において「新健康フロンティア戦略」がまとめられた。これは、国民の健康寿命の延伸に向け、国民自らが予防を重視した健康づくりをおこなうための国民運動を進めること、また国民一人ひとりが、持っている能力をフルに活用して充実した人生を送ることができるように支援すること、健康国家の創設に向けて挑戦していくという趣旨の一〇カ年戦略（二〇〇七～二〇一六年度）である（厚生労働省「新健康フロンティア戦略（概

要)」)。

同戦略では、国民自らが予防を重視した健康づくりをおこなうために、「子ども」「女性」「メタボリックシンドローム対策」「がん対策」「こころ」「介護」「歯」「食育」「スポーツ」などの幅広い分野における取組みを挙げている。またそれらを支える家庭・地域の役割の強化や研究開発の促進等の取組みを進め、できる限り多くの国民がそれぞれの立場等に応じて具体的に行動することを促すような、国民運動を展開することの必要性が述べられている。これを受けて、内閣府、文部科学省、厚生労働省、農林水産省、経済産業省が連携し、政府一体となって健康国家の創造に向けて挑戦するためにおこなうべき施策が、アクションプランとしてまとめられた(首相官邸「新健康フロンティア戦略アクションプラン」)。

③　Sport for Tomorrow プログラム

ここで、前述の外務省の項で触れた安倍総理大臣の国際公約に基づいて開始された「Sport for Tomorrow プログラム」について概観しておきたい。コアメッセージは「スポーツが未来をつくる——二〇二〇年東京オリンピック・パラリンピック大会とそれに向けた具体的行動を通じて、世界のより良い未来のために、未来を担う若者をはじめ、あらゆる世代の人々に、スポーツの価値とオリンピック・パラリンピック・ムーブメントを広げていく」というもので、外務省と文部科学省の管轄により、以下のプログラムが実施されている(外務省「Sport for Tomorrow プログラム」)。

(1)　スポーツを通じた国際協力および交流

〈外務省〉

- スポーツ関連施設の整備、器材供与(一般/草の根文化無償資金協力)
- スポーツ指導者・選手の派遣・招へい(ＪＩＣＡボランティア派遣、スポーツ外交推進事業)

・スポーツ分野での技術協力（ＪＩＣＡ技術協力）
・スポーツ分野での日本文化紹介・人材育成支援（国際交流基金事業）
・スポーツ分野での日本文化紹介（在外公館文化事業）等

〈文部科学省〉
・学校体育カリキュラム策定支援、スポーツイベントの開催支援をするため、専門家を派遣

(2)　国際スポーツ人材育成拠点の構築

〈文部科学省〉
・スポーツ教育をおこなう大学院修士課程や短期プログラムへの留学生の受入

(3)　国際的なアンチ・ドーピング推進体制の強化支援

〈文部科学省〉
・アンチ・ドーピングが遅れている国への教育・研修パッケージの開発・導入支援等

その他、外務省の管轄による、スポーツ振興の前提となる途上国の青少年の育成を草の根レベルで支援することなどが挙げられている。

(7)　スポーツ庁の創設

これまで述べてきたように、わが国のスポーツ政策および施策にかかわる府省庁は多岐にわたってきた。その概略を示したものが表7-1である。これら複数の府省庁にまたがるスポーツ行政の関係機構を一元化し、スポーツに関する施策の総合的な推進を図ることを任務として、二〇一五年一〇月にスポーツ庁が設置された。その初代長官にはソウル・オリンピックの競泳金メダリストで日本水泳連盟会

表7-1　主なスポーツ関係府省庁および施策

府省庁	施　策
文部科学省	全般的なスポーツの振興，スポーツ基本計画の推進等
厚生労働省	生活習慣病対策としての国民健康づくり，障害者および高齢者のスポーツ活動の振興等
外務省	スポーツを通じた国際交流・国際協力，スポーツ外交の推進等
経済産業省	フィットネス産業やスポーツ用品業なども含めたサービス産業支援等
国土交通省	都市公園等の整備・管理等
観光庁	スポーツツーリズムの推進等
総務省	スポーツ大会の拠点作りによる地域の活性化等
環境省	自然公園等の施設設備等
内閣府	体力・スポーツに関する世論調査等

出所：新日本有限責任監査法人（2014）「『スポーツ庁の在り方に関する調査研究事業』報告書」に加筆。

長の鈴木大地が就任した。同庁は、文部科学省の外局として設置され、その背景には、「スポーツ基本法」（二〇一一）の制定と二〇二〇年オリンピック・パラリンピック大会等の日本開催が挙げられている（文部科学省「スポーツ庁の設置について」）。同庁は、政策課、健康スポーツ課、競技スポーツ課、国際課、オリンピック・パラリンピック課、の五課で構成される。

3　競技スポーツ政策の歩みと国際競技大会

（1）オリンピックに向けた国の支援と中国・韓国への意識

日本は、戦後最初に開催された一九四八年のロンドン・オリンピックには参加できなかったものの、一九五二年のヘルシンキ・オリンピックで再び国際スポーツ界への復帰を果たした。だが、その後も日本代表選手の成績は振るわなかった。戦後に国策として国際競技力向上策が確立されるのは、東京が一九六四年オリンピック競技大会の開催地に決定したこと（一九五九年六月）が大きな契機になったといわれている。それまでは、主に各競技団体が選手強化などの競技力向上に関する取組みをおこなっていた。大会の開催決定を受けて、日本体育協会は開催国として恥ずかしくない競技成績を収めるため、同協会内の日本オリンピック委員会（JOC）に、東京オリンピックの実施競技二〇の団体代表、文部省（現在の文部科学省）、学識経験者等で構成される「東京オリンピック選手強化対策本部」を設置すると（一九六一年一月）、そこに五年間で総額六億五〇〇〇万円の国庫補助が支給されたのである（出雲 二〇〇八）。

日本は、一九七〇年代までは、水泳、陸上、体操、柔道、レスリング、バレーボール等で、世界トップレベルの競技成績を収めていた。アジア大会では一九五一年の第一回ニューデリー大会から一九七八年の第八回バンコク大会まで、連続して金メダル獲得数第一位に輝いていた。こうしたことから、この時代の日本では、国際競技力向上策はまだ国の主要政策課題にはなっていなかった。ところが、一九八〇年代以降、その様相は一変する。国際競技大会において、日本選手の成績が振るわなくなり、世界のトップレベルにあった競技種目においてもメダル獲得数が激減した。たとえば、アジア大会では、一九八二年の第九回ニューデリー大会で中国が金メダル獲得数第一位の座につくと、続く一九八六年第一〇回ソウル大会では、韓国が日本を抜いて総合第二位に上り、以後、日本はアジア大会で第三位にとどまっている。この日本の国際競技力の低下は、国内的には、日本が一九八〇年モスクワ・オリンピックをボイコットしたことによるダメージと無関係ではないかもしれないが、いずれにせよ、ちょうど中国と韓国が急速に競技力を向上させた時期と重なっている。

（2）国の重要な政策課題としての国際競技力の向上

こうした状況を受けて、各方面で日本の国際競技力の低下を憂える声が高まり、改善を求める動きが起こり始めた。そこで、政府はこの問題を有識者などに諮り、臨時教育審議会「教育改革に関する第三次答申」（一九八七年四月）、スポーツ振興に関する懇談会「スポーツ振興に関する報告書」（一九八八年三月）、保健体育審議会「二一世紀に向けたスポーツの振興方策について（答申）」（一九八九年一一月）において、日本の国際競技力向上を図るための具体的方策が提言された（出雲 二〇〇八）。このとき、前記の「スポーツの振興に関する報告書」において「国際競技力の向上は国の重要な政策課題である」ことが明記されたのである。

河野一郎（二〇一五）によれば、二〇〇〇年以降におけるわが国の競技スポーツの振興政策は、文部省により策定された「スポーツ振興基本計画」（二〇〇〇）と日本オリンピック委員会による「JOCゴールドプラン」が柱になっているという。この基本計画は、二〇〇一年から実施されたスポーツ振興くじによる財源的な裏付けをもって策定され、以下に示すようにメダル獲得率（メダル総数に占める日本選手が獲得したメダルの割合）という数値目標を掲げた点に特徴がある。

「三　わが国の国際競技力の総合的な向上方策

わが国のメダル獲得率が一九九六年のオリンピックで一・七％まで低下していることを踏まえ、諸施策を総合的・効果的に推進し、早期にメダル獲得率が倍増し、三・五％となることをめざす」。

この政策目標達成のために、必要不可欠な施策として、同基本計画において、ジュニア期からトップレベルに至るまでの一貫指導システムの構築、ナショナルレベルのトレーニング拠点の早期整備や地域の強化拠点の整備、指導者の養成・確保等の総合的推進、が掲げられた。また側面的施策として、スポーツ医科学の活用による科学的トレーニング方法の開発等の推進、国際競技大会等の積極的な開催等が明記された。これに関連して、二〇〇一年に国立スポーツ科学センター（JISS）、二〇〇八年にナショナルトレーニングセンター（ＮＴＣ）が開所したことは周知のとおりである。このＮＴＣの建設が、二〇〇四年アテネ・オリンピックにおける東京オリンピック（一九六四）を凌ぐ日本選手団の活躍（メダル獲得率四・〇％）が背景となって、具体化したことは注目される（河野 二〇一五）。

（3）オリンピック・パラリンピックの招致・開催に向けた法整備

東京都が二〇一六年オリンピック・パラリンピック招致の国内都市に決定したのは二〇〇六年八月のことであり、この招致を機に「スポーツ基本法」制定への議論が活発化することになる。ＩＯＣは、オリンピック大会招致に際して政府の財政保障を求めているが、従来の「スポーツ振興法」（一九六一）ではこの要望に対応できないことが明らかになったためである。このオリンピック・パラリンピックの招致を契機として、スポーツを国の重要な施策とするスポーツ立国への流れが生まれ、その機運の高まりを背景に、文部科学省はわが国のスポーツ政策の基本的な方向性を示す施策として、二〇一〇年八月に「スポーツ立国戦略」を公表した。そこでの重点戦略の一つに、「世界で競い合うトップアスリートの育成・強化」が掲げられた。

翌二〇一一年六月に「スポーツ基本法」が成立し、第三章第三節「競技水準の向上等」において、優秀なスポーツ選手の育成や、国際競技大会の招致または開催の支援等について、国が必要な施策を講ずることが定められた。続く二〇一二年三月には、この法律に基づき、スポーツを推進するための「スポーツ基本計画」が策定された。そこでは、「四　国際競技力の向上に向けた人材の育成やスポーツ環境の整備」において、政策目標として、「競技性の高い障害者スポーツを含めたトップスポーツにおいて、ジュニア期からトップレベルに至る体系的な人材養成システムの構築や、スポーツ環境の整備を行う」ことのほか、「夏季・冬季オリンピック競技大会それぞれにおける過去最多を超えるメダル数の獲得、オリンピック競技大会及び各世界選手権大会における過去最多を超える入賞者数の実現」を掲げ、オリンピック競技大会の金メダル獲得ランキングにおいて、夏季大会で五位以内、冬季大会で一〇位以内を目標とすること、パラリンピック競技大会の金メダル獲得ランキングについても、直近の大会以上をそれぞれ目標とすることが明記された。また、「五　オリンピック・パラリンピック等の国際競技大会等の招致・開催を通じた国際交流・貢献の推進」においては、政策目標として、「オリンピック競技大会・パラリンピック競技大会等の国際競技大会等の積極的な招致や円滑な開催、国際的な情報の収集・発信、国際的な人的ネットワークの構築等を行う」こと等が示された。

こうした二〇一六年東京オリンピック・パラリンピック招致以降のスポーツ立国に向けた法整備の延長線に、二〇一三年九月のＩＯＣ総会における二〇二〇年オリンピック・パラリンピックの東京開催が決定したのである。

4　スポーツを通じた外交的国際交流

(1)「日中文化・スポーツ交流年」

一九七二年の日中国交正常化から三五周年を記念して、日中両国は二〇〇七年を「日中文化・スポーツ交流年」と定め、一連の記念事業が実施された。その目的は、日中両国国民の相互理解を深めることにあり、特に次世代の中国を担う人々を対象に、新しい日本と日本人のイメージを正しく伝えていくことをめざしたものである。

「日中文化・スポーツ交流年」設立の経緯は、二〇〇六年一〇月の安倍総理大臣の訪中において、日中両国が二〇〇七年を「日中文化・スポーツ交流年」とし、国民的交流を飛躍的に拡大することで合意したことによる。同年一一月に開催されたアジア太平洋経済協力（ＡＰＥＣ）の際の日中外相会談においても、「日中文化・スポーツ交流年」を通じて、日中関係をより高度な次元に高めていくことで一致し、引き続いておこなわれた日中首脳会談においても、文化交流を深化し、両国民間の親近感を増進させていくことで一致した。翌二〇〇八年は、日中平和友好条約三〇周年記念であるとともに、北京オリンピックの開催、二〇一〇年には上海万博へと続き、日本政府はこれらを日中間の交流を一層拡大、深化させる好機と捉えている（外務省 二〇〇七「日中文化・スポーツ交流年」）。

二〇〇七「日中文化・スポーツ交流年」のコンセプトには、次世代の中国国民に新しい日本と日本人のイメージを正しく伝えることを目標とし、次の六項目に力点が置かれた（外務省 二〇〇七「日中文化・スポーツ交流年」）。

(1)両国関係の次世代を担う青少年交流、(2)国民共同参加・体験型の草の根交流、(3)日本のアニメ、ポップカルチャー等ニーズに応じた日本の現代文化の発信、(4)北京オリンピックを視野に入れたスポーツ交流、(5)既存市場の確立と新規市場の開拓を目的とする経済交流、(6)中国の貧困地域への援助、環境保護等の社会貢献活動への協力。

また、同年の親善大使として、スポーツ親善大使には卓球の福原愛が、文化親善大使には酒井法子が就任したほか、ロゴマーク（ＣＪハート、日中交流の心のマーク）やキャッチフレーズ（「期待を未来へつなげよう」）、パンフレット、ポスターも決定された（外務省 二〇〇七「日中文化・スポーツ交流年」）。

外務省が支援して同年に実施された八つの交流事業のうち、スポーツに関する事業として、「日本・

中国国会議員友好親善サッカー大会」と「日中大学野球交流大会」が実施された。後者は、中国の野球の最高レベルにある「中国リーグ」に所属する大学生を中心とした代表（U-二四）チームを日本に招き、明治神宮野球場にて「東京六大学」選抜チームと交流試合を行った（外務省　二〇〇七「日中文化・スポーツ交流年」）。

こうした政府主導による積極的な日中文化・スポーツ交流は、日中関係に対する危機感の現れともみることができる。

（2）「二〇〇二年W杯サッカー大会」日韓共同開催を契機とした日韓スポーツ交流

一九九六年五月に二〇〇二年W杯サッカー大会の日韓共同開催が決定すると、翌六月に韓国の済州島で開催された日韓首脳会談（当時、日本は橋本龍太郎総理大臣、韓国は金永三《キム・ヨンサム》大統領）において、この日韓共同開催を機に、両国の友好親善をより一層深めることが話し合われた（日本体育協会「日韓スポーツ交流事業」）。翌一九九七年一月には、大分県別府市で再び日韓首脳会談が開催され、日韓スポーツ交流事業の国庫補助金が決定された。以来、日本体育協会や日本オリンピック委員会が日本側の事業主体となり、日韓スポーツ交流事業が同年より毎年開催されている。

二〇〇二年W杯サッカー大会（二〇〇二年五月三一日〜六月三〇日）が終了すると、同年七月一日、東京で日韓首脳会談が開催された。当時の小泉純一郎総理大臣と金大中大統領は、「史上初めての日韓両国による全世界に向けた共同作業であるW杯サッカー大会の日韓共催の成功と、その精神を後世に末永く語り継ぎ、継承するため」に、「日韓共同未来プロジェクト」の実施に合意した。これを受けて、同月、日本の川口順子外務大臣と韓国の崔成泓《チェ・ソンホン》外交通商部長官がソウルで会談し、本プロジェクトの基本的コンセプトと支援の具体的内容、プロジェクトチームの結成（日本側は外務省、文部科学省等、韓国側は外交通商部、文化観光部等）について進めることで一致した（外務省「「日韓共同未来プロジェクト」について」）。その後、同プロジェクトは、青少年交流、スポーツ交流、その他の草の根交流において、年間数千人規模の交流拡大を目標とし、二〇〇三年一月にスタートした。

（3）文化外交としてのスポーツの役割と課題

前述の内閣府による「文化外交の推進に関する懇談会報告書」（二〇〇五）によれば、文化外交の意味において、「政治・安全保障や経済活動といった問題に対しても、適切な文化交流が伴わないと、その効果が十分に得られないことがある」として、「文化交流による不断の相互理解が促進されることによって交渉相手国の世論と国際社会での支持を増すことにつながり得るものであり、それが実際の交渉に及ぼす影響は少なくない」と述べられている。市民レベルにおける理解促進の例では、「もし二〇〇二年の日韓サッカーW杯や最近の韓流ブームがなければ、韓国における「反日」気運の盛り上がりによって、日韓関係はより悪化していた可能性が高い」として、日韓合同開催による国際スポーツ大会が両国の関係改善に一定の役割を果たしたことが言及された。

このように、文化外交におけるスポーツの果たす役割を十分に認識した上で、前記報告書では、「第三の柱――共生の理念に対する行動指針」（「和と共生を尊ぶ心」を普遍的な日本のメッセージとして世界に伝え「多様な文化や価値の間の架け橋」を目指そう）における具体的な取組み課題の一つに、「スポーツ交流推進のためのネットワーク整備」を掲げている。以下にその内容を引用する。

- 今日、スポーツが異文化間の相互理解を深める上で果たす役割はきわめて大きい。例えば武道等の伝統的スポーツの指導は、単なる技術指導ではなく、それを通して日本の心を伝え、日本に対する興味や関心、理解を深める役割を果たす。

- その一例として、イラク復興支援の一環として、アテネ五輪を始めとする国際大会出場選手やコーチに対する強化訓練協力を行い、それがイラク人選手の好成績につながり、復興途上にあったイラク市民の精神的支えになったことが挙げられる。
- 日本の伝統的な武道を始めとするスポーツを通じた交流が果たしうる異文化・異文明間の相互理解における意義や役割を明確にし、それを平和外交推進の手段の一つに位置づけ、関連する機関や諸団体、企業や大学等が協力し合いながら効果的なスポーツ交流を推進するためのネットワークを整備する。

このように、スポーツが異文化理解や平和外交の推進、国家間の関係改善に有効な手段になることは認識されているものの、そのためのネットワークの構築についてはまだ課題があると認識されている。

5　国際競技大会のインパクトと総合力としてのスポーツ文化

以上、述べてきたスポーツ政策について、国際競技大会との関係で整理してみたい。

日本におけるスポーツに関する最初の法律は「スポーツ振興法」（一九六一）であり、それを全面改定した「スポーツ基本法」（二〇一一）もまた、スポーツ議員連盟が中心になり議員立法として成立した政府主導型のスポーツ政策であった。また、これらが一九六四年と二〇二〇年という将来の東京オリンピックを意識してつくられたものであることにも注目しなければならない。

競技スポーツ政策に目を向けると、戦後にまず国策として国際競技力向上策が確立されたのは、一九六四年東京オリンピックの開催が決定したことによるものであった。その後、一九八〇年代末頃に国際競技力の向上が国の重要な政策課題に位置づけられたが、その背景には一九八〇年代の日本の国際競技大会における成績不振、特にアジア大会で中国、韓国にメダル獲得数で追い抜かれたことがあったことは明らかである。これとは逆に、二〇〇〇年以降の競技スポーツ政策では、スポーツ振興くじという財源を得て具体的な進展の波に乗りながら、二〇〇四年アテネ・オリンピックにおける日本選手団の大活躍という、いわばスポーツの担い手がＮＴＣの建設を具体化する原動力になった例があったことは興味深い。その後は、二〇一六年とそれに続く二〇二〇年のオリンピック・パラリンピック招致を契機として、日本はスポーツを国の重要な施策とするスポーツ立国をめざし、選手強化と大規模な国際競技大会の開催を軸にした法整備と計画の策定、関係行政機構の一元化へと邁進した。

こうした競技スポーツ政策の中核を担ってきたのは文部科学省であるが、国のスポーツ政策全般をみると、競技スポーツ以外にも、学校体育の充実や国民が豊かなスポーツライフを送るための生涯スポーツ（文部科学省）、広い意味でのスポーツを通じた国民の健康増進（厚生労働省）、スポーツの拠点づくりによる地域の活性化（総務省）、国際交流のツールとしてのスポーツの活用（外務省）、観光の一形態としてのスポーツツーリズムの推進（国土交通省観光庁）、また政府主導による省庁横断的な取組みも含め、幅広い省庁の関与によって、わが国のスポーツ政策が成り立っていることがわかる。こうした多様な観点から多様な人々を対象としたスポーツ政策が、わが国のスポーツ文化全体を支え、方向づけていくことを考えると、本章でみてきたような多極化は好ましいともいえる。その意味では、新たなスポーツ庁の設立がスポーツ行政の効率化を図りながらも、競技スポーツに一元化することのない多様性の保持とより一層の拡大・推進を期待したい。

国際競技大会は、自国選手の活躍や自国開催によって国威発揚の機会にもなるが、これまで述べてきたように、大規模な法整備をともなうスポーツ政策の転換点にもなってきた。さらには、「日中文化・スポーツ交流年」がめざしたような国民的交流を、それこそ世界規模で飛躍的に拡大する機会にすることができる。そのためには、従来型のトップアスリートに焦点化した国際競技大会から脱皮し、なんらかの形での世代を超えた参加、サポーターや観客の交流、日韓サッカーW杯のような大会運営面での国家間の協力、文化交流を含む異分野の交流と協同、大学・研究機関や研究者間の交流などをダイナミックに拡大、推進していくことが求められよう。さらには、学会等の学術団体と協力連携してスポーツ政策に資する人文・社会科学系の研究所の設置なども期待される。

スポーツは、オリンピズムが説くように、相手に敬意をもってフェアプレイで接すれば、互いを理解し、友情を育み、個人と社会を向上させ、平和を築くツールになりうる。日本のスポーツ政策は、国際競技大会を契機としてナショナリズムを高揚させながら、他方で国民にスポーツとの親和を図り、多角的にナショナリズムを克服する手だてを講じてきたともいえよう。奇しくもこれから連続して三回のオリンピックが東アジアで予定されている。二〇一八年韓国平昌《ピョンチャン》での冬季大会、二〇二〇年東京での夏季大会、二〇二二年中国北京での冬季大会に、人々はどのように取組み、世界の平和と人類の向上に役立てていくことができるのか。官民をあげて、まさにそれぞれの国と東アジアの「スポーツの文化度」が問われている。

参考文献

出雲輝彦（二〇〇八）「日本の競技スポーツ政策」諏訪伸夫・井上洋一・齋藤健司・出雲輝彦編『スポーツ政策の現代的課題』成文堂、一一一―一一三頁。
外務省「スポーツ外交強化に関する有識者懇談会」http://www.mofa.go.jp/mofaj/p_pd/ep/page22_001180.html
外務省「スポーツ外交強化に関する有識者懇談会最終報告書」二〇一五年二月
http://www.mofa.go.jp/mofaj/files/000067294.pdf
外務省「Sport for Tomorrow プログラム」http://www.mofa.go.jp/mofaj/files/000046922.pdf
外務省「『Sport for Tomorrow（SFT）』プログラム概要（主な実施例含む）」二〇一五年四月一日
http://www.mofa.go.jp/mofaj/p_pd/ep/page22_001221.html
外務省「二〇〇七『日中文化・スポーツ交流年』」http://www.mofa.go.jp/mofaj/area/china/jccs2007/
外務省「二〇〇七『日中文化・スポーツ交流年』親善大使が決定」
http://www.mofa.go.jp/mofaj/area/china/jccs2007/pdfs/sinzentaishi.pdf
外務省「『日韓共同未来プロジェクト』について」
http://www.mofa.go.jp/mofaj/area/korea/future/jk_future_prj.html
外務省「人の交流」http://www.mofa.go.jp/mofaj/gaiko/culture/hito/
笠原一也（二〇一五）「スポーツ政策の策定過程」『二一世紀スポーツ大事典』大修館書店、四二一―四二三頁。
環境省「〝スポーツと環境〟グリーンアクションフォーラムの開催について」http://www.env.go.jp/press/10199.html
環境省「（新）スポーツ施設の自然冷媒冷却装置導入促進事業（文部科学省連携事業）」
http://www.env.go.jp/guide/budget/h25/h25-gaiyo/069.pdf
厚生労働省「健康づくり対策の変遷」
http://www.mhlw.go.jp/wp/hakusyo/kousei/10-2/kousei-data/PDF/22010220.pdf
厚生労働省「健康日本二一」http://www1.mhlw.go.jp/topics/kenko21_11/top.html

厚生労働省「健康日本二一（第二次）」
http://www.mhlw.go.jp/stf/seisakunitsuite/bunya/kenkou_iryou/kenkou/kenkounippon21.html
厚生労働省「障害者スポーツ活動振興」
http://www.mhlw.go.jp/stf/seisakunitsuite/bunya/hukushi_kaigo/shougaishahukushi/sanka/sports.html
厚生労働省「障害者スポーツの支援体制について」
http://www.mhlw.go.jp/file/06-Seisakujouhou-12200000-Shakaiengokyokushougaihokenfukushibu/0000045703.pdf
厚生労働省「新健康フロンティア戦略（概要）」
http://www.mhlw.go.jp/shingi/2007/05/dl/s0529-4f.pdf
河野一郎（二〇一五）「競技スポーツの振興施策の概要」『二一世紀スポーツ大事典』大修館書店、六六～六九頁。
国土交通省観光庁「政策について」スポーツ観光
http://www.mlit.go.jp/kankocho/shisaku/sports/
国土交通省観光庁「スポーツツーリズム推進基本方針（ポイント）」
http://www.mlit.go.jp/common/000149956.pdf
国土交通省観光庁スポーツ・ツーリズム推進連絡会議「スポーツツーリズム推進基本方針――スポーツで旅を楽しむ国・ニッポン」二〇一一年六月一四日
http://www.mlit.go.jp/common/000160526.pdf
首相官邸「新健康フロンティア戦略アクションプラン」
http://www.kantei.go.jp/jp/singi/kenkou/plan.pdf
首相官邸「文化外交の推進に関する懇談会の開催について」（平成一六年一二月二日）内閣総理大臣決裁
http://www.kantei.go.jp/jp/singi/bunka/konkyo.html
首相官邸（二〇〇五）「文化外交の推進に関する懇談会報告書「文化交流の平和国家」日本の創造を

http://www.kantei.go.jp/jp/singi/bunka/kettei/050711houkoku.pdf
首相官邸（二〇〇五）「文化外交の推進に関する懇談会報告書『文化交流の平和国家』日本の創造を（概要）」
http://www.kantei.go.jp/jp/singi/bunka/kettei/050711houkoku_s.pdf
新日本有限責任監査法人（二〇一四）「『スポーツ庁の在り方に関する調査研究事業』報告書」
http://www.mext.go.jp/component/a_menu/sports/detail/__icsFiles/afieldfile/2014/05/12/1347703_1.pdf
スポーツツーリズム推進連絡会議（二〇一一）「スポーツツーリズム推進基本方針――スポーツで旅を楽しむ国・ニッポン」
http://www.mlit.go.jp/common/000160526.pdf
総務省「統計からみたスポーツの今昔」『統計トピックス』第三一号、スポーツ行動・時間及びスポーツ関係費の状況――「北京オリンピック」にちなんで（「社会生活基本調査」及び「家計調査」の結果から）
http://www.stat.go.jp/data/topics/topi31.htm
総務省「統計からみたスポーツの今昔」『統計トピックス』第六四号、二〇一二年一〇月七日
http://www.stat.go.jp/data/topics/topi640.htm
中村祐司（二〇一五）「スポーツの政策」『二一世紀スポーツ大事典』大修館書店、四五―四九頁。
日本体育協会「日韓スポーツ交流」
http://www.japan-sports.or.jp/international/tabid/546/Default.aspx
日本体育協会「日韓スポーツ交流事業」
http://www.japan-sports.or.jp/Portals/0/data/kokusai/doc/H27Japan-Korea_Reaflet.pdf
森川貞夫（二〇一五）「国家とスポーツ政策」『二一世紀スポーツ大事典』大修館書店、四〇頁。
文部科学省「主な検討経緯」
http://www.mext.go.jp/a_menu/sports/kihonhou/attach/1308899.htm
文部科学省「スポーツ基本計画」http://www.mext.go.jp/a_menu/sports/plan/

文部科学省「スポーツ基本計画」二〇一二年三月三〇日
http://www.mext.go.jp/component/a_menu/sports/detail/__icsFiles/afieldfile/2012/04/02/1319359_3_1.pdf
文部科学省「スポーツ基本法」平成二三年法律第七八号（条文）
http://www.mext.go.jp/a_menu/sports/kihonhou/attach/1307658.htm
文部科学省「スポーツ基本法に関する論点整理」（スポーツ議員連盟（超党派）新スポーツ振興法制定プロジェクトチーム（二〇〇九年五月）。
文部科学省「スポーツ振興基本計画」（平成一三年度～二三年度）
http://www.mext.go.jp/a_menu/sports/plan/06031014.htm
http://www.mext.go.jp/a_menu/sports/kihonhou/attach/1308902.htm
文部科学省「スポーツ庁の在り方に関する調査研究事業（平成二五年度）」
http://www.mext.go.jp/a_menu/sports/chousa/detail/1347705.htm
文部科学省「スポーツ庁の設置について」
http://www.mext.go.jp/b_menu/boshu/detail/__icsFiles/afieldfile/2015/07/03/1359498_01_1.pdf
文部科学省「スポーツ立国戦略――スポーツコミュニティ・ニッポン――」二〇一〇年八月二六日
http://www.mext.go.jp/b_menu/houdou/22/08/__icsFiles/afieldfile/2010/08/26/1297039_02.pdf
文部科学省「スポーツ立国戦略の概要」
http://www.mext.go.jp/a_menu/sports/rikkoku/__icsFiles/afieldfile/2010/09/16/1297182_01.pdf
文部科学省（二〇〇二）「平成一三年度文部科学白書」
http://www.mext.go.jp/b_menu/hakusho/html/hpab200101/hpab200101_2_267.html

第八章　東アジアを貫く時間軸とスポーツ政策

菊　幸一

1　「東アジア」の地政学と「遅れ」の意識

（1）地政学の復活？

「東アジア」という空間に向けられた地政学からスポーツ・ナショナリズムを考える場合、なぜ今「東アジア」に対する地政学が問題になるのか。これとナショナリズムとがどのように関連し、スポーツがこれらにどのように絡んでくるのかが問われなければならない。

地政学とは、そもそも地理的条件と政治現象との関係を研究する国際政治学の一分野であるが、主に国家間における領土問題やその勢力拡大に関連して一九世紀後半以降、発展してきたといわれる。「戦争の世紀」と呼ばれる二〇世紀をふりかえれば、領土拡張主義を理論づけるような地政学は、一九九〇年代以降の東西冷戦構造終結を契機とした政治体制におけるイデオロギー対立が終焉した（と思われた）歴史的段階において、決して顧みられることはなかったはずであった。事実、フランシス・フクヤマは

「歴史の終わり」（フクヤマ 二〇〇五）を予言したし、ＥＵ（欧州連合）の拡大は経済主導のグローバル化が、地政学における現実的課題をもはや時代遅れのものにするはずであった。

しかし、その後の歴史は、旧ユーゴスラビアの内戦に始まり、つい最近のウクライナ紛争をみるまでもなく、まさにこれとは逆行する旧国家内部や国家間の領土拡大紛争が絶えない状況を呈している。まさに「地政学の復活」（三好 二〇一四）が語られるような事態が発生しており、このような事態は現在の東アジアにも見られる現象であることは周知のとおりである。

では、なぜ現代国家は領土という可視化された「現実」に執着し、東アジアはこれに「遅れて」追随するのか。そもそも現代社会における地政学を復活させる近代以降の国民国家とそれを鼓舞するナショナリズムとは、地政学が対象とする領土とどのように関連するのであろうか。

（2）近代国民国家とナショナリズム

ところで、近代以降の社会において個々人を拘束する政治の単位となったのは、国民国家（nation-states）であった。この政治単位は、中世の西ヨーロッパにおけるキリスト教支配の内部抗争ともいうべきカトリック対プロテスタントの宗教戦争を終結すべく締結された、ウェストファリア条約（一六四八）に端を発するという。この条約に基づく政治単位は、神聖ローマ帝国内の領邦に新たな法人格として領土を持つ国家（＝state）を承認することによって形成された。しかし、この国家は法的な人格を持つ以上、同時にその領土に付着する何らかの統合的な人格をも形成しなければならない。現実の領土を土台とする国家という仕組みに、どのようにしたらその領土に付着し一体化して、その国家内に普遍性のある人格を形成することができるのか。この難題に応えるのが、ネーション（国民）という共同体的な人格を国家の枠組みのなかで想像することであり、領土という個別＝特殊な現実に、国家という仕組みと想像の産物である国民を普遍的にイコール（＝）で結びつけて〈特殊―普遍〉化を図るという近代国民国家体制であった。

したがって、大澤真幸（二〇〇七）によれば、ネーションは少なくとも次の二つの条件を満たす、政治的かつ文化的な共同体であるという。すなわち、その第一は、生活様式の同一性に基づく自生的な単位であること。そして第二に、内部のコミュニケーションが直接の対面可能性の集積を超えて拡がっており、そうした可能性とは無関係な抽象的な統一体として認知されていること、である。ベネディクト・アンダーソン（一九九七）が、近代国民国家を指して「想像の共同体」と命名するのは、まさにこの第二の条件においてであり、ネーションの出自が第一の条件にあるような「自生的な単位」で近代以前の土地に縛られた出生をモデルとしていた（スミス　一九九九）としても、個人を中心としたゲマインシャフト的な人間関係の延長線上にそれは現れないと考えるのである。アンダーソンによれば、この第二の条件を満たす重要なツールが、自生する俗語を共通語化して伝える機能を果たした新聞を中心とする活字メディアであったということになる。

いずれにしても、ネーションが含み持つ、一見矛盾するこの二つの条件を統合して、より強力な国家との関係を築き上げていく（想像を共同体化していく）ためには、想像を身体化されたレベルにまで引き上げる不断の、潜在的な文化装置ばかりでなく、特に国家（＝state）的な危機に際しては、声高にネーションの主張＝ナショナリズム、を意図的に意識し、また意識させようとする政治的パワーが働く必要が出てくる。

しかし、これまで述べてきたように、ネーションであることの条件は自生的であるという特殊性と、抽象的な統一体として認知されるという普遍性の両極を含んでいることから、ナショナリズムにも次のような三つの逆説的な性格が見られるという（アンダーソン 一九九七：二二―二三）。第一に、ネーションは、歴史家の客観的な目には近代的な現象と見えるのに対して、ナショナリストの主観的な目には古い存在に見えること。第二に、社会文化的概念としてのナショナリティ（国民的帰属）は形式的普遍性を持つのに対して、具体的なそれは、常に独自の存在となってしまうこと。そして第三に、ナショナリズムの持つあの「政治的」影響力の大きさに対して、その内容は哲学的に貧困で支離滅裂だということ、である。

　このようなナショナリズムの性格が、近代国民国家形成が遅れた東アジアにおいても、その「遅れ」ゆえに、さまざまな影響を与えていることは容易に想像がつくであろう。特に、国民と国家との関係をつなぐ諸政策のスタイルとその文化的装置としてのスポーツの取り扱いについては大きな特徴が見られる。

（3）「遅れ」の意識とスポーツ政策

「政策」を形成し、実施していくあらゆる政治的な営みは、広くわれわれの一般社会に見られる現象として捉えられる。なぜなら、「集団」や「社会」というわれわれの認識には、「一般に、その成員全体を拘束する統一的な決定をつくり出す機能が存在しているという認識」（高畠 一九八五：三〇二、傍点は筆者）があり、その機能、あるいはこれに付随するさまざまな現象を指して「政治」あるいは「政治的」といういい方がなされる場合があるからである。端的にいえば、「政治」とはバラバラな個々人を「まとめる」ことであり、これによって統一化（スタンダード化）された意見や考え方を、ある特定の範囲内

（個人から始まり地球レベルにまで及ぶ）に及ぼし、これを強制する働き（機能）や営みのすべてを指している（菊 二〇〇六：九八―九九）。

近代国民国家形成が遅れた東アジアにおいて重要なのは、いかにその時間の遅れを取り戻すために有効な政策を展開することができるのかということであろう。いち早く近代に求められる国家体制を確立するためには、国民との関係において、〈国民―国家〉両方を同時に進行させる国家から国民への政策供給の論理、すなわち上からのトップ‐ダウン型政策の必要性が優先することは容易に理解される。これに対して、国民から国家への政策需要の論理、すなわち下からのボトム‐アップ型政策の可能性は、あまり顧みられることはない。たとえ後者の可能性が主義・主張として叫ばれたとしても、政治主体の「遅れ」の意識にはかなわないのである（わが国における明治初期の自由民権運動への弾圧と立憲君主制への早急な移行はその国家的意識の現れであろう）。その意味で東アジアは、現在に至るまで、過剰なまでの「遅れ」の意識に苛まされているといっても過言ではないかもしれない。なぜなら、その意識こそが、彼らをして政策対象としての「スポーツ」が持つナショナリズム高揚への即効性を容易に期待させるからである。

したがって、平和裡に近代国民国家形成を成し遂げようとすれば、アンダーソンが「想像の共同体」として定義したネーション（国民）という想像への契機は、言語もさることながら身体の動き自体からその意味（＝コノテーション）を明確に示すことができる、プレイとしての身体運動（＝スポーツ）が持つコミュニケーション能力の方がはるかに優れており、簡単でわかりやすいことになる。また、もちろんそれが共同体としての（求心的な）仕組みを持つためには、身体を破壊しその存在を無化させる戦争より、スポーツを通した競争による実現を図った方がよいことは誰しもが気づくことであろう。特に、戦後東アジアにおけるオリンピック開催の意義とその時間的ズレが意味するのは、近代国民国家形成の宿命を欧米社会から遅れて負わされた東アジアが、今日までスポーツ政策を通してどのような国家的な課題と向き合い、これとスポーツ・ナショナリズムとをどのように結びつけようとしてきたのかの特徴を示しているということなのである。

2　戦後東アジアのオリンピック開催のズレが意味するもの

(1) 約二〇年間のズレ？

戦後東アジアの夏季オリンピック大会開催は、一九六四（昭和三九）年の東京（日本）から始まり、一九八八（昭和六三）年のソウル（韓国）、そして二〇〇八（平成二〇）年の北京（中国）へと続いている。ただ不思議なことに、その開催間隔は、東京からソウルにかけてが二四年間、ソウルから北京にかけてが二〇年間と、ほぼ二〇～二四年間の間隔で開催されていることになる。この二〇年周期ともいえるほぼ同一の夏季オリンピック大会開催の間隔は、いったい何を意味しているのであろうか。これを特に第二次世界大戦後の日韓中三カ国の経済成長との関係からみてみることにしよう。

(2) 日本の東京オリンピック開催（一九六四）

日本では一九四五（昭和二〇）年の終戦から五年後の一九五〇（昭和二五）年に、期せずして日本海を隔てた隣国の朝鮮半島で朝鮮戦争が勃発し、朝鮮特需と呼ばれる軍需景気が戦後日本の経済成長を支える出発点となった。一九五五（昭和三〇）年には、国内政治体制における保守合同（当時の自由党と民主党の保守合同）が成立し、安定した政党政治のもとで順調な経済成長を成し遂げていくことになる。

昭和三〇年代にめざされた国民所得倍増計画は、その後に続く高度経済成長政策を象徴しているが、その最も大きな起爆剤となったのが一九六四年に開催された東京オリンピックであった。このオリンピック開催がもたらした日本のインフラ整備は、東海道新幹線や首都高速道路網の建設などに代表される物流施設（交通網）の全国的整備に代表されるが、それはポスト・オリンピックの高度経済成長を支える重要な経済政策の一環として位置づけられていたといえよう。

このように、戦後日本の疲弊した経済状況を立て直す象徴として、またその後に続く大量生産大量消費の豊かな高度経済社会を支えるインフラ整備の契機として、東京オリンピック開催が重要な経済的意味を持ったことは誰しもが認めるところであろう。そのうえに、金メダル一六個という競技成績は、当然のことながらテレビによる同時放送の迫力とともに「世界のなかの日本」のプレゼンス（存在感）を人々に伝えることになったことはいうまでもない。日本の人々は、改めて競技スポーツの成績を通じて、平和裡に国家に対して自らを国民として同一化する政治的機会を与えられ、多様なスポーツ種目の成績からそのナショナリズムの普遍性を受容し、国家の成員＝国民として政治化されていくのである。また、その開催は、戦後から約二〇年を経たタイミング（間隔）であったことも、先の日韓中のオリンピック開催の間隔とほぼ同じであることとして記憶に止めておきたい事実である。

（3）韓国のソウル・オリンピック開催（一九八八）

これに対して、韓国は逆に一九五〇年の朝鮮戦争によって国家体制は安定せず、その後に続く南北分断の歴史を今日まで引きずるという特殊な政治（イデオロギー）的分断国家としての歴史を歩まされることになる。一九六一年の軍事クーデター以後、第三共和国時代（一九六三～七二）に「漢江《ハンガン》の奇跡」と呼ばれる経済成長を成し遂げた韓国は、その成果を一九八八年のソウル・オリンピック開催へとつなげていく。

この急速な高度経済成長の背景には、東西冷戦のなかで西側体制に与していたさまざまな経済的恩恵があったといわれている。皮肉にも一九六〇年代から七〇年代半ばまで続いたベトナム戦争による軍需景気もその一つであり、その意味では日本における戦後の景気浮揚の契機と類似しているところが見られる。

いずれにしても一九六〇年代半ばから後半にかけて高度経済成長社会へと向かう道筋とその約二〇年後に開催される一九八八年のソウル・オリンピックの開催は、経済成長とオリンピック開催が果たす国家的なネーション喚起、すなわちナショナリズムとの関係において、日韓共にほぼ同一の時間軸に布置されており、非常に興味深い事実であろうと思われる。

（4）中国の北京オリンピック開催（二〇〇八）

中国は、一九四九年に中華人民共和国として建国以来、今日まで社会主義国家体制を曲がりなりにも維持してきている。しかし、戦後の歩みは、社会主義国家が本来めざすべきプロレタリアン・インターナショナリズム（労働者階級による世界同時革命をめざす国際主義）とは異なり、一九七〇年代から国際連合への正式加盟（一九七一）、米国との国交正常化交渉（一九七二年のニクソン米国大統領による電撃的な中国訪問等）を経て、一九七八年の「改革・開放」政策に至ることになる。

この「改革・開放」政策では、従来通り政治的には社会主義体制を維持しながら、近代化政策の一環として経済的には市場経済体制に移行するという独自の路線が展開された。その結果、中国は一九八四年のロサンゼルス・オリンピック大会に復帰するなど、国際的な競技スポーツ大会にも積極的に出場し始めるようになった。しかし、改革・開放政策の経済的矛盾は、国内の経済格差の拡大に現れ、政治体制への不満につながって一九八九年の天安門事件を契機に一時、その政策の中断をもたらした。つまり、一九九〇年前後に到来した東西冷戦構造の終結と同時に、中国の改革・開放政策も一つの区切りを迎えたわけである。

しかしながら、中国は他の社会主義国とは異なり、それまで培ってきた米国をはじめとする西側諸国との経済関係をベースに、従来の政治体制をあくまで維持しながら一九九二年以降、新たな改革・開放政策として社会主義のもとでの本格的な市場経済を積極的に展開し始めた。そして、ついに二〇〇一年には世界貿易機関（WTO）に加盟するに至るのである。

このように戦後中国の歩みは、政治的には社会主義体制を維持しながら経済的には市場経済を展開させるという政策をすでに一九八〇年前後から開始しているが、その本格的な展開はその一〇年後の一九九〇年前後からであると見られる。この時点から、二〇〇八年の北京オリンピック開催への期間を考えれば、やはり約二〇年の期間がおかれていることに気づくであろう。ここにも、韓国との比較で述べたような経済成長とオリンピック開催が果たす国家的なネーション喚起、すなわちナショナリズムとの関係において、日韓中ともにほぼ同一の時間軸に布置されることが確認できるのである。

（5）二〇年間のズレが意味するもの

戦後東アジアにおける夏季オリンピック大会は、日韓中ともに政治体制の混乱から本格的な市場経済体制に移って、いずれも約二〇年の準備期間の後に開催に至っている。このことは大変興味深い事実であるが、逆算すれば、この二〇年間は、各国における戦後の国民国家体制における政治的安定に要する時間のズレといえなくもない。この政治的安定に要した時間のズレこそが、各国のスポーツ政策のあり方に影響を及ぼす要因になっている可能性も考えられる。つまり、そこでは、オリンピック開催までに至る国家（state）としての政治的仕組みの安定とスポーツ政策との関係が問われなければならないのである。

また他方では、この二〇年間が、政治的安定がもたらすオリンピック開催に向けた国内基盤（インフラ）の条件整備に要する時間であったとしても、それと同時に国内的な経済発展がもたらすネーション（国民）意識の希薄化が政治的に懸念される事態をも予想させる。特に、グローバル経済下における中国の政治体制維持にとって、その懸念は一九八九年に起こった天安門事件で現実のものとなった。つまり、東アジアにおけるオリンピック開催は、政治的安定から経済発展に至る過程において、その次に予測されるであろう国民意識の希薄化による政治的不安定を回避するためのネーション喚起、すなわちナショナリズムの喚起をもたらすであろうことが政治的に期待されてのことではなかったか、ということである。だとすれば東アジアにおけるオリンピック開催は、したがって、資本主義経済体制下における政治的安定と再不安定化への政治的懸念の交差する時間的結節点を、図らずも約二〇年間の時間軸に共通においていたということになるだろう。

3　オリンピック開催から見たスポーツ政策の歴史的相違

(1) 日本の体育政策とスポーツ

では、オリンピック開催に至るまでの日韓中における体育政策とスポーツ政策はどうであったのか。ここであえて、体育政策とスポーツ政策を分けて考えるのは、近代国民国家の成立という歴史的経緯から見て、日本が韓国や中国との歴史的比較において、戦前の明治期から体育(physical education)というフレームのなかで、身体それ自体を教育することと国民国家の成立とが密接に結びついていたのではないかと考えるからである。むしろ、日本は比較的早い時期から近代国家に要求されるネーションへの課題を「国民体育」という名のもとに展開してきた(真田 二〇一四)がゆえに、今日に至ってもその呪縛から逃れるもう一つの文化としてのスポーツ・システムを構築することに苦労しているように思われる(村田・菊 二〇一四)。日本のスポーツが、「国民」教育の延長線上において常に体育政策のなかに位置づけられてきた経緯を、以下に確認しておこう。(1)

日本の近代教育における身体は、まずスポーツとしてとりあげられたのではなく、まさに身体そのものに向けてとりあげられた。近代日本という国民国家を建設するために必要なことは、これまで狭い共同体のなかで「生まれ、育ち、死んでいく」運命にあった大半の人々(すなわち「字《あざ》何々村の何某《なにがし》」という認識しか持たない、あるいはそのような認識すらない人々)に対して、どのようにして自分(たち)が日本という国の民であるのかという「国民」(ネーション)としてのアイデンティティを植えつけさせ、それが国家のしくみ(=state)とどのように同調させられるのか、ということであった。近代後進国(「遅れた」）日本にとって、そのようなアイデンティティを形成していく最も効率的で簡単なツールは、知性としての言語でもなく、感性としての精神性や道徳の象徴でもなく、物理的な身体とその動きそれ自体が持つ即自的なコミュニケーションであった。日常的な生活のなかでは何の意味も持つはずもない整列や行進が、ましてや無理やり身体を命令どおりに人工的に動かす体操（明治時代には兵式体操）が意味を持つのは、ただひたすら視覚化された身体の動作が他の動作と同じであるのかどうかを「確かめることができる」という即自的なコミュニケーションの対象として「身体」が教育的に捉えられたからであった（菊 二〇〇二）。

初代文部大臣であった森有礼は、「身体」が持っているこのコミュニケーション機能に精通し、体育の役割をこの一点に集中させた。彼の発明であるとされる運動会、修学旅行（行軍）、制服、そして兵式体操の奨励などは、視覚の対象としての「身体」が持つ社会的機能を徹底化させる仕掛けであったといってよいであろう。また、彼が徳育としての「修身」を座学の授業としてとりあげず、しかも「体育」と分離して扱うことによってこれを独立させたことは、精神の教育が本来「体育」と関連させられていなかったことを意味している。ここには、まさに精神の教育と分離した体育における「身体」に対する独自の教育的機能を認めることができるであろう。このような意味から、体育は「諸学校令」（一八八六）によって必修化されたのである（野々宮 一九九九：一九）。

ところが、大日本帝国憲法発布（一八八九）の当日、森は暗殺され、これまでの文部行政に大きな変化が現れる。一言でいえば、修身教育の復活（教育勅語体制）であり、天皇制強化の教育における精神教育としての体育の強調であった。ここに、天皇の臣民として役立つ精神の鍛練や強化を目的とする身体へのまなざしが生まれ、その効果の容易な数値化は「目に見えない」精神の状態をも可視化するものとして評価されていくことになる。体育政策における精神の下僕としての身体の誕生であり、それは運動自体にではなく、精神の成果として、その結果として明確に顕現化される数値を静的な身体＝精神の状態としてラベリングすることによって権威化された。このような戦前における体育政策がもたらした身体からの精神への癒着は、森有礼が構想した体育とは異なったもう一つの「体育」として、日本における強力な軍国主義を支えるという意味でも正当化されていったのである。

だから、戦後の体育政策は、まずこの精神的呪縛を心身二元論による誤りというかたちで身体の中立性を担保しようとすると同時に、同様な誤りを繰り返さないために心身一元論を提唱し、運動＝スポーツが持つ文化や社会との関係を強調し、これを推進するスポーツを正当化しようとした。しかし、このような体育的な政策概念のもとでのスポーツ政策では、教育的意義は担保されたとしても、一九九〇年代以降、急速に進展するグローバルな社会が求めるスポーツの高度化を達成することは困難であろう。一九六四年の東京オリンピック以降、日本はその競技成績において長く低迷する結果を招くが、その歴史的背景にはアマチュアリズムを支えた体育政策の一環として競技スポーツを位置づけ続けたことに対する政策的限界が垣間見えるのである。

（2）韓国と中国のスポーツ政策

韓中両国とも、その行政機関の中枢には、それぞれ「文化体育観光部─体育局」（韓国）、「国家体育総局」（中国）など、主に「体育」という名称が付けられているが、その実質はきわめてスポーツに近い概念である（高橋 二〇一三）。日本のような学校体育を中心とする徹底的な体育政策が、たとえば体育授業の必修化政策としてどの程度展開されてきたのかという観点からみれば、その意味における韓中両国の体育政策の影響は、日本のそれとの歴史的経緯の比較から見れば、はなはだ不徹底な政策実態であったといってよかろう。

これに対して、両国における戦後オリンピック大会の開催が約二〇年間のズレをともなっておこなわれるということは、当然のことながら金メダル獲得をめざす競技スポーツ政策の推進が最優先されてのことである。スポーツ政策は、まさに高度競技スポーツ政策の結果として自国選手の活躍による国内外における国家的プレゼンスの強化を通じて、国内の「国民」（ネーション）を喚起するスポーツ・ナショナリズムの高揚を生みだすことに直接、結びつくからである。

このオリンピックを契機とする競技スポーツ政策モデルは、すでに一九七六年のモントリオール・オリンピックにおける旧東ドイツの飛躍的な活躍によって実証されている。このとき、旧東ドイツは米国を抜いて実に四三個もの金メダルを獲得した。その目的は、前回一九七二年のミュンヘン・オリンピック開催を果たした旧西ドイツに向けられた外交上の優位を覆すことにあったといわれている。これを実現するために、国家が総力をあげてタレントを発掘し、彼らを国立スポーツ専門学校で集中的にトレーニングするエリート競技者養成システムが確立された。国家ぐるみのドーピングは、このようなシステムに基づいて大々的におこなわれるようになったのである（佐伯 二〇〇五：三七）。

したがって、比較的短期間のうちに競技成績を飛躍的に向上させるため、韓中のオリンピック開催に向けたスポーツ政策は、（ドーピング問題を除いて）このような旧東ドイツモデルに依拠せざるをえなかったと考えられよう。ちなみに、ポスト冷戦後のグローバル社会において、かつての西側諸国も国内外のさまざまな問題を解決する手段として、高度競技スポーツの成果を求めるように変化してきている（たとえば、二〇一二年のロンドン・オリンピックにおけるイギリスの競技スポーツ政策の成果）。それは、ナショナリズムの高揚という政治的意義を超えたところで、スポーツ自体のメディア特性が及ぼすスポーツ・ナショナリズムにさまざまな期待がかけられているからだとも考えられる。その意味から、東アジアにおけるこれまでのオリンピック開催における体育政策とスポーツ政策の可能性と限界をレビューしておくことは重要であろう。

（3）スポーツ政策の可能性と限界

日本のスポーツ政策の可能性は、これまでの体育政策の限界から導き出されるが、前述したように明治期以降、「体育・スポーツ」という概念から教育（体育）的基盤のもとでスポーツを考えてきた日本のスポーツ政策は、明らかに曲がり角に来ている。なぜなら、高度競技スポーツ政策においては、部活動を中心とする体育制度を温存したまま、旧東ドイツモデルにならったスポーツ科学センター（ＪＩＳＳ）やナショナルトレーニングセンター（ＮＴＣ）が東京にそれぞれ一カ所のみしか設置されておらず、他国と比較してあまりにもその政策的資源が乏しい状況にあるからだ。また同様に、学校施設開放を中心に（総合型）地域スポーツクラブを増やそうとする地域スポーツ政策や生涯スポーツ政策においても、施設や指導者の体育的独占を解決するまでには至っていない。日本が低経済成長社会に移行して以来、一九八〇年代から展開してきたみんなのスポーツ政策や生涯スポーツ政策がその質的成果を十分にあげていない状況を「失われた三〇年の課題」（菊 二〇一三）と指摘されるのも無理からぬことなのである。それでもなお、文化としてのスポーツを政策にビジョン化できない日本の現状は、一九六四年東京オリンピック開催から今日までほとんどそのままである。その典型は、スポーツ基本法（二〇一一）がその前文で「スポーツは、世界共通の人類の文化である」と謳っておきながら、その後に「スポーツは、心身の健全な発達、健康及び体力の保持増進、精神的な充足感の獲得、自律心その他の精神の涵養等のために」と、その手段的価値をともなう個人または集団でおこなわれる運動競技その他の身体活動として「スポーツ」を定義しているところからもうかがえよう。

韓国や中国においてスポーツ政策、特に自国開催にあわせてスポーツの高度化を促進する国家スポーツ政策は、前述したように戦後の短い期間での国民国家体制の構築という政治目的が明確なだけに、その成果は自国内で高く評価されているように思われる（笹川スポーツ財団 二〇一一：三五三―四二六）。しかしながら、その政策は強力なトップ‐ダウン型によって政策の効率性を高めようとするから、日本とは逆の意味で、韓国のように学校体育政策におけるスポーツ振興をエリート学校に特化させる弊害が生じたり、中国では政治的成果に偏りすぎたスポーツ政策の影響によって市場経済がもたらす極端な経済格差の拡大という弊害に拍車がかけられたりするという限界が見られる。そのため韓国では、高度競技スポーツ政策を担うエリート学校運動部の弊害が学校体育振興法（二〇一一）を成立させる契機となっている（閔允淑 二〇一三）。また、中国では中央集権的な体制下でスポーツ政策が展開されている一方で、市場経済化政策の影響により、公的セクターが囲い込んでいたスポーツ組織が市場経済のなかで力をつけてきた私的セクターとつながりを強化するようになり、その公共性が後退しているといわれる（高橋 二〇一三）。

いずれにしても、（学校）体育政策と高度競技スポーツ政策の狭間にあって、その重要性が謳われながらも政策的実効性に欠けているのは、東アジアの政策全般を特徴づけているトップ‐ダウン型政策に起因してその遅れが指摘されるであろう市民スポーツや大衆スポーツの推進（プロモーション）政策であろうと考えられる。この政策的テーマは、東アジアにおけるポスト・オリンピックに残された共通の課題と新たなスポーツ・ナショナリズムへの期待に連動するものであろう。

4　ポスト・オリンピックとスポーツ・ナショナリズムへの期待

(1) グローバル社会とスポーツ・ナショナリズムへの期待

これまで東アジアという地政学からスポーツ・ナショナリズムを考える視点として、ナショナリズム自体が、国民＝nationと国家＝stateを一つの統合体に結びつけようとする「想像」を「共同体化」する意図的な営みとして現れることに注目してきた。そのため、西欧近代の国民国家形成に「遅れ」をとった東アジアにおいて、総じてその「国家」政策がネーションという「想像」を「共同体化する」ナショナリズムを、スポーツを通してより強く意図的に喚起したい方向性を持ったのは当然のことと考えられる。少なくとも、これまでの日韓中三カ国が開催してきた夏季オリンピック大会を通したスポーツ・ナショナリズムの高揚は、大きく二つの側面から政策的にスポーツにアプローチしてきた結果と考えられる。

一つは、「国民化」をめざす対内的な教育政策の対象としての身体が、言語（国語）や感性（芸術）の教育より即自的で、確実な「国民」という「想像」を掻き立てやすかったため、いち早く「体育」として位置づけられたのではないかということだ。この傾向は、東アジアで比較的早く近代化に着手した日本に顕著であり、スポーツ施設は学校体育施設に集中し、それが今日まで日本のスポーツ政策に影響を及ぼす結果となっている。たとえば、スポーツの高度化は体育の一環として学校運動部を基盤に正当化された反面、それとは別なルートで競技スポーツ自体を一貫指導する国家的な体制づくり、すなわち

「競技スポーツ」それ自体の高度化をめざしてナショナリズムを高揚させようとする国家政策にとっては、韓国や中国よりむしろ遅れをとる結果をもたらしたといえよう。

これに対して韓国や中国では、近代化が遅れた分、日本のように学校体育を基盤としたピラミッド構造のなかでスポーツを高度化させるよりは、まさに競技スポーツの高度化を直接的に国家が主導するかたちで、スポーツエリートの生産体制がとられたと考えられる。このことが、もう一つの対外的な、他国とのスポーツ競争を積極的に仕掛けていくことで生まれる「共同体」的な国民意識の高揚、すなわちナショナリズムへの喚起を、トップ‐ダウン型のスポーツ政策に直接、期待することになったと思われる。

このような体育やスポーツとナショナリズムとの関係における歴史的背景の違いは、一九九〇年前後に起きた東西冷戦の終結によってもたらされたグローバル社会においても、これまでの遅れを取り戻す国民国家構築への共通な政策的パワーとは異なる、三国間にさまざまなスポーツ・ナショナリズムの意味や意義の違いをもたらしているように思われる。二一世紀におけるグローバル社会の到来は、東アジアにおけるポスト・オリンピックのスポーツ・ナショナリズムをどのように位置づける可能性があるのであろうか。

（2）日韓中の政治課題とスポーツ・ナショナリズムへの期待

韓国において一九八八年のソウル・オリンピック大会以降、最大の国家的危機は、戦後分断された三八度線という軍事境界線に象徴される北朝鮮との恒常的な政治的緊張もさることながら、グローバル経済のなかで自国が一九九七年に国家経済破綻の危機に瀕した出来事であろう。国際通貨基金（ＩＭＦ）

の資金援助を仰ぐという、ある意味では屈辱的な国家経済の危機を経験した韓国は、その後、グローバル経済の波に乗り遅れることなく、国家の総力をあげて経済再建政策に乗り出すことになる。その意味で、二〇〇二年のW杯の開催は、日本との共同共催とはいえ、IMF通貨危機によって国家的威信を失いかけていた国民の意識（ナショナリズム）を、若者を中心に街頭で繰り広げられた「テーハンミングク（大韓民国）」の掛け声とともに再び高揚させる結果をもたらしたのではなかろうか。

ここでのスポーツ・ナショナリズムへの国家的な期待は、その後のスポーツ産業政策を通じたトップアスリートの活躍による韓国企業の海外進出と新たな韓国経済の発展とに結びついていくことになる。すなわち、韓国では、このようなグローバル経済下における海外への企業進出と（特に米国プロ・スポーツ界における）トップアスリートの活躍とを結びつけて、企業が後押しするナショナリズム、すなわち企業ナショナリズム（corporate nationalism）と呼ばれる新たなスポーツ・ナショナリズムの形態がみられるのである（Silk et al. 2005）。このようなスポーツを通じたカルチュラル・エコノミー（cultural economy）[2]に基づく新たなナショナリズム高揚の政策的意図は、二〇〇七年のスポーツ産業振興法の制定や二〇〇八年の文化体育観光部の新設、そして同年から二〇一二年まで展開された「文化ビジョン」の重要な目標にスポーツ産業の競争力強化があげられている（笹川スポーツ財団 二〇一一：三五三―三七六）ことからも理解できるだろう。

中国では、東西冷戦後、その国家を支える社会主義政治体制の世界的な孤立化から生じる対外的な政治的揺らぎを食い止めるために、また経済の自由主義化から対内的な国民国家体制を守るために、いわば政治的課題が中心になってエリートスポーツ政策にますます力を入れる結果となっている。また、市場経済化の推進は、当然のことながらグローバル経済の波に翻弄され、極端な経済格差とともにそれが国内政治体制に揺らぎをもたらす要因にもなり得る。中国は、すでに一九八九年の天安門事件でその危機に遭遇したが、二〇〇八年の北京オリンピック大会におけるスポーツ・ナショナリズムの高揚は、国家体制の維持にとって有効に働くことも経験している。したがって、経済のグローバル化に対抗するスポーツ・ナショナリズムへの期待は、なお強く継続していくであろうと考えられる。

このように韓中両国に共通しているのは、各々異なる政治的背景はあるものの、いまだに国内外の強い政治的緊張関係に置かれていることであり、そのことがグローバル経済下において、さらに国家体制の国民的支持を得る政策の一環としてエリートスポーツに注力する方向を生みだしているということである。その意味で、スポーツの高度化を通じたスポーツ・ナショナリズム高揚への期待は、ますます高まっているといえよう。

しかし一方で、たとえば韓国では、ソウル・オリンピック大会後の一九九〇年から今日まで、「国民生活体育振興総合計画（通称、ホドリ計画）」（一九九〇～九二）や「国民体育振興五カ年計画」（第一次～第三次、一九九三～二〇〇八）の策定に見られるように、生活体育や健康スポーツなどの振興にも注力してきているという。また中国でも、一九九五年の「全民健身計画綱領」公布から二〇〇九年の「全民健身条例」公布に見られるように、国民体育や健康スポーツの振興を具体化しているといわれる。しかし、このようなスポーツの普及・振興や生活化といった政策課題は、エリートスポーツ政策に比べて明らかにその成果が見えにくく、その解決には時間がかかるであろう。また、次世代のスポーツ生活の基礎を保証するためには、学校体育の充実がさらに求められることにもなるだろう。

韓中両国と比較すると、日本は二〇一一年のスポーツ基本法制定の前年に「スポーツ立国戦略」を策定し、スポーツを通した国家意識や体制の基盤づくりをめざそうとしたと考えられる。しかし、その具体的な説明や戦略は、韓中両国ほど明らかではないように思われる。それは、政治的緊張関係の度合いや高度経済成長社会への移行期の違い、あるいはこれまでの学校体育中心の体育政策によるスポーツ・ナショナリズム高揚への政策的関心の低さや遅れなどが関係しているのかもしれない。しかし、二〇一二年に策定されたスポーツ基本計画では、たとえば「オリンピック競技大会の金メダル獲得ランキングが、夏季大会では五位以上、冬季大会では十位以上が目標」とされるなど、初めてランキングを目標にしてスポーツ・ナショナリズムの高揚に力を入れようとしている。この変化は、直接的には二〇二〇年の東京オリンピック・パラリンピック大会招致が決定したことによるものだが、それがポスト二〇二〇に向けて同様なエリートスポーツ政策の継続をもたらすのかどうかは予断を許さない。

5　スポーツ・ナショナリズムを超えて

（1）スポーツ・ナショナリズムの二つの方向性(3)

現代のグローバル社会が国民国家の境界（border）を消滅（border-less）化させる方向に働くとすれば、それに抗してなお従来の国民国家を政治の単位としようとする現代の政治的機能は、その境界の消滅を防ぐための手立てを内外に求めることになる。東アジアに限らず、現代の経済的グローバリズムに対抗するかのような、スポーツ・ナショナリズム強化の動きは、一方でスポーツの高度化政策を強化させる反面、他方では人々の生活の場である地域におけるスポーツ振興に対して、三カ国ともあまり成功しているとはいえない結果をもたらしているように思われる。しかし、スポーツの高度化と大衆化に働く政策的意図は、それぞれ異なったアプローチの仕方ではあるものの、これからのスポーツ・ナショナリズム形成に対して、次のような意味で大きな影響を及ぼすものと考えられる。

現代スポーツとナショナリズムへのかかわりの一つの方向性は、国民国家の存在（領土的＝地政学的境界）を「戦争の二〇世紀」に代わって明確に意識させる、国家を単位とするグローバルなスポーツ競技会における勝敗の優劣に貢献することである。すでに二〇世紀初頭から今日まで、スポーツ競技の高度化の推進力はその結果がもたらす社会的重要性（政治的・経済的機能）にあったが、東西冷戦を軸とする軍事戦争の一応の終結は、それに代わる平和的な代理戦争（Global Sporting Arms Race）の様相を呈して（Bosscher et al. 2012：7-25）、スポーツ競技の高度化への政治的プレゼンス、あるいはそのプライオリティをさらに高めていることは事実であろう。グローバル社会における国民国家の境界を意識させる平和的手段として、これに勝るものは今のところないからだ。

現代社会におけるスポーツのメディア特性とは、スポーツにおける「無色透明な差異、それ自体としての差異の表示、メッセージを内在しないメディア性、ここに自在な主体の意味付与・解釈が成立する」（佐伯 一九九六：五一）ところにある。すなわち、スポーツの結果がもたらす絶対的な差異の表示自体には、何のメッセージ性も含まれないからこそ、人々は誰に強制されるわけでもなく、まさに主体的にそこに自らが所属する国民国家の存在を意識しようとするのである。

もう一つの方向性は、「健康」をめぐる国家的な管理と体育政策や生活体育、あるいはスポーツの大衆化とのリンクから生じる、生涯にわたる運動習慣の一般化に対応するスポーツの存在である。経済的に豊かになった超高齢国家が抱える共通な悩みとしての肥満や医療費負担の高騰化等は、必然的に先進諸国におけるヘルスプロモーション政策を促進させる。これは一見、当然のようにも思える事態であるが、このような健康政策の究極には、かつてナチス・ドイツが自国内の国民に対する健康に最も配慮し、今日的には「健康帝国ナチス」と（悪い意味で）評価されるほど徹底的な健康管理政策を推進した歴史的事実も忘れてはならない（プロクター　二〇〇三）。その結果生じた、優性政策や差別政策といった国家的犯罪への記憶は、今日もなお歴史的教訓としてわれわれの記憶の中に生きている。

つまり、健康＝善なるもの、という価値の絶対性自体が、きわめて強い政治性を帯びる可能性がある（菊　二〇〇四a；二〇〇四b）ということなのだ。ここでのスポーツへの国家的欲望は、スポーツを運動（exercise）としてのみ捉えることによって、量的運動へのある種、強迫観念にも似た規律訓練性が、個人に求められる弊害といってもよいであろう。そのような意味で、現代スポーツに対する再規律訓練化への現代国家の政治的欲望は、「健康・体力づくり」といった何気ない（国民一人ひとりが自動的に受容するであろう）フレーズによって、国民国家体制をシステム化（境界化）するために機能することになると考えられる。もちろん、医療費削減問題の解決につながるであろうこのような国家的政策の意図は、「国民」皆保険制度を維持することを通じて現代国民国家に対する国民による国家への求心性を高めることにもつながるのである。

現代国民国家は、かつての少数エリートによるスポーツの高度化とスポーツの大衆化をめざす政策の流れのなかで、一方で対外的にはスポーツの大衆化から国家単位の（国家を代表する）スポーツの高度化をめざし、他方で対内的には運動（exercise）の大衆化から健康国家をめざす方向に舵を切っている。いずれも、グローバル社会における現代国民国家の政治的機能の十全な発揮のために、スポーツにおける技術的側面の高度化と体力的側面の大衆化とが強く求められる二極化が引き起こされることになる。そこには、目的の徹底化にともなう、ある種の「脅迫」性が常につきまとい、再びそのナショナリズムが地政学的な領土主義へと規律訓練化していくような潜在的な危険性が潜んでいるように思われる。

したがって、スポーツ・ナショナリズムの現代的課題は、現代国民国家が欲望するスポーツの「高度化」と運動の「健康化」への分裂状況を、人々によるスポーツの文化的享受を通して、従来のナショナリズムを超えるスポーツの可能性を展望できるかどうかにあるのではないかと考えられる。現代スポーツに期待されるのは、「スポーツの、スポーツにおける、スポーツによる」脱規律訓練と脱スポーツ・ナショナリズムの可能性を問うことであろう。脱構築の営みであるその問いの回答を求め続けることこそが、東アジアにおける国際協調に向けた永続的な改革的性格を内包する二一世紀型スポーツのモデルを導くことにつながると思われる（佐伯 二〇〇七）。なぜなら、このような脱構築の営みにおけるスポーツの自由性を担保しようとする原理こそが、脱政治化の論理を構成する基礎となると考えられるからだ。

（2）「スポーツ宣言日本」の意義とスポーツによる積極的平和主義の可能性

さて、これからの東アジアにおける国際協調を考えた場合、このスポーツの自由性を担保しながらグローバリズムの進展とローカリズムの充実や尊重とを果たしていくことは、重要な政策の柱になるはずであろう。かつて東アジアの諸国には、それぞれの土地に根づいた民族スポーツ、あるいは身体運動文化があり、生活とともに楽しまれてきた歴史があった。近代国民国家は、近代スポーツの普及・発展によって一般に伝統的な地域スポーツを衰退させ、グローバルな世界のなかで重要だとされるローカルなスポーツ生活を失わせてしまった。しかし、だからこそ「国際協調」という観点からは、むしろナショナルな範囲におけるスポーツの国際競争を通じた国家間競争のみにこだわるのではなく、地域間交流を主体とした自治的なスポーツ交流の可能性を探る第三の方向性も模索されてよいように思われる。

その意味で、日本でスポーツ基本法が制定された同じ二〇一一年の七月に日本体育協会と日本オリンピック委員会（JOC）が、その創立百周年を記念して共同で採択した「スポーツ宣言日本」には、このようなグローバル課題を解決していく二一世紀のスポーツの使命の一つを、次のように集約しているので紹介しておこう。

スポーツは、その基本的な価値を、自己の尊厳を相手の尊重に委ねるフェアプレーに負う。この相互尊敬を基調とするスポーツは、自己を他者に向けて偽りなく開き、他者を素直に受容する真の親善と友好の基盤を培う。

二一世紀のスポーツは、多様な価値が存在する複雑な世界にあって、積極的な平和主義の立場から、スポーツにおけるフェアプレーの精神を広め深めることを通じて、平和と友好に満ちた世界を築くことに寄与する。

（公益財団法人日本体育協会・日本オリンピック委員会 二〇一二：五八〇―五八一）

「自己の尊厳を相手の尊重に委ねるフェアプレーに負う」スポーツの基本的価値は、まさにスポーツがナショナリズムを超える政策となり得るヒントを与えてくれているように思われる。なぜなら、同じく「スポーツ宣言日本」の冒頭で謳われているように、「スポーツは、自発的な運動の楽しみを基調とする人類共通の文化」であり、「スポーツのこの文化的特性が十分に尊重されるとき、個人的にも社会的にもその豊かな意義と価値を望むことができる」からである。

そのような意味から、二〇二〇年に開催予定の東京オリンピック・パラリンピック競技大会は、東アジアにおける二巡目のオリンピック開催の意義を従来のようなスポーツ・ナショナリズムの高揚にのみ求めることはもはや許されない。日本は、二〇二〇東京オリンピックにおいて自国のメダル獲得に奔走するのではなく、これまでメダル獲得どころか八位入賞すらできていない東アジア諸国に対して、むしろ初のメダル獲得や入賞が果たせるよう陰ながら強力な支援をおこなうべきではないか。そのためには、まさにNGO（非政府組織）としてのJOCや日本体育協会が主体となって、自らが宣言した「スポーツ宣言日本」に掲げられたスポーツの使命を、下からの（ボトム - アップ型の）スポーツ政策として積極的に展開すべきではないかと思われる。(4)

平和と友好に満ちた世界があるから、スポーツができるのではない。スポーツが持つフェアプレーの精神を広め深めようとするスポーツ関係者（愛好者）の脱政治的な積極的平和主義という純粋な政治性こそが、偏狭なナショナリズムに利用されるスポーツの限界を超える可能性を示してくれるのではなかろうか。まずは、東アジアにおける二巡目の二〇二〇東京オリンピック・パラリンピック競技大会の開催が、このような可能性に拓かれた新たな東アジアのスポーツ政策を「共に」ビジョン化する契機となり得るのかどうかが試されているのである。

注

（1）以下、「韓国と中国のスポーツ政策」の前までの文章は、本項目の趣旨に合わせて菊（二〇〇八）の内容を加筆・修正したものである。

（2）カルチュラル・エコノミー（cultural economy）とは、これまでの工業的生産と消費を中心とするインダストリアル・エコノミー（industrial economy）に対して、特許などの知的財産や文化的事物の生産と消費を中心とする経済のこと（佐伯 二〇〇五：四二）をいう。

（3）本項は、菊（二〇一四）の一部の内容を加筆・修正したものである。

（4）世界人口約六〇億人に対する金メダルの総数は、計三〇〇個。これをいくら開催国とはいえ、仮に金メダルを一五個取ったとしても（日本の人口比からいえば）取り過ぎであろうことは小学生でもわかる理屈である。日本は、むしろこのようなメダル獲得のエネルギーを、東アジアでこれまでメダルを取ったことのない国々にメダルを取らせるような（しかも、決してそのようなことを表に出さない）政策に転じることが重要ではないか。かつて柔道の創始者であり、日本体育協会の初代会長（日本人初のJOC委員）でもあった嘉納治五郎は、「精力善用・自他共栄」を唱えた。筆者は、二〇一五年三月二五日に開催された第一七回秩父宮記念スポーツ医・科学賞奨励賞を代表で受賞した際（受賞対象は「嘉納治五郎の成果と今日的課題に関する歴史社会学的研究」に対して）、受賞スピーチのなかで、このことを「自他共栄のオリンピック」と題してその重要性を述べた。

参考文献

アンダーソン、B．／白石隆・白石さや訳（一九九七）『想像の共同体・増補』NTT出版。

大澤真幸（二〇〇七）『ナショナリズムの由来』講談社。

菊幸一（二〇〇一）「公／私を分かち、紡ぐ身体からみた戦後的知の構造」小路田泰直編『戦後的知と「私利私欲」』柏書房、四九―九〇頁。

菊幸一（二〇〇四a）「健康の政治学1――その見方・考え方」『体育の科学』杏林書院、五四（八）、六五九―六六三頁。

菊幸一（二〇〇四b）「健康の政治学2――所謂「健康」を超えて」『体育の科学』杏林書院、五四（九）、七三九―七四三頁。

菊幸一（二〇〇六）「スポーツ行政施策からスポーツプロモーション政策へ」菊幸一他編『現代スポーツのパースペクティブ』大修館書店、九六―一一二頁。

菊幸一（二〇〇八）「スポーツ社会学における身体論」池井望・菊幸一編『「からだ」の社会学』世界思想社、六七一九四頁。

菊幸一（二〇一三）「日本の生涯スポーツ――失われた三〇年への課題」『人間会議』人間会議編集部、二九、九一―九五頁。

菊幸一（二〇一四）「体育カリキュラムの現代化と脱政治化の論理」『体育科教育学研究』日本体育科教育学会、三〇（二）、八一―八八頁。

公益財団法人日本体育協会・日本オリンピック委員会編・発行（二〇一二）『日本体育協会・日本オリンピック委員会一〇〇年史（part1）』。

佐伯年詩雄（一九九六）「みるスポーツの構造」文部省競技スポーツ研究会編『「みるスポーツ」の振興』ベースボール・マガジン社、五〇―五八頁。

佐伯年詩雄（二〇〇五）「スポーツの概念と歴史」公益財団法人日本体育協会編・発行『公認スポーツ指導者テキスト共通科目Ⅰ』三六―四三頁。

佐伯年詩雄（二〇〇七）「「楽しい体育論」の原点とその可能性を考える――脱規律訓練をのぞむ未完のプロジェクト」全国体育学習研究会編・発行『「楽しい体育」の豊かな可能性を拓く』一五―二六頁。

笹川スポーツ財団（二〇一一）「「スポーツ政策調査研究」報告書」文部科学省スポーツ・青少年局スポーツ・青少年企画課スポーツ政策企画室。

真田久（二〇一四）「嘉納治五郎の考えた国民体育」菊幸一編『現代スポーツは嘉納治五郎から何を学ぶのか』ミネルヴァ書房、八三―一〇六頁。

スミス、A. D.／巣山靖司・高橋和義他訳（一九九九）『ネイションとエスニシティ』名古屋大学出版会。

高橋豪仁（二〇一三）「韓国と中国のスポーツ政策における公共性に関する検討」菊幸一（研究代表）『スポーツ政策の公共性に関する国際比較研究』（平成二二～二四年度科学研究費補助金「基盤研究（B）」研究成果報告書）一〇一―一二〇頁。

高畠通敏（一九八五）「政治」『平凡社大百科事典第8巻』平凡社、三〇二―三〇五頁。

野々宮徹（一九九九）「スポーツ政策の展開」池田勝他『スポーツの政治学』杏林書院。

フクヤマ、F．／渡部昇一（二〇〇五）『歴史の終わり』（上・下）三笠書房。

プロクター、R．N．／宮崎尊訳（二〇〇三）『健康帝国ナチス』草思社。

三好範英（二〇一四）「「地政学」の復活」『読売新聞』（朝刊、九月五日付一三版一三面）。

閔允淑（二〇一三）「韓国「学校体育振興法」の立法過程に関する研究――前決定過程を中心として」『日本体育・スポーツ政策学会第二三回大会プログラム』日本体育・スポーツ政策学会、二四頁。

村田直樹・菊幸一（二〇一四）「現代スポーツを考えるために――嘉納治五郎の成果と課題から」菊幸一編『現代スポーツは嘉納治五郎から何を学ぶのか』ミネルヴァ書房、二七七―三〇〇頁。

Bosscher, V. D., Bottenburg, M. V. & Shibli, S. (2012) "Sports Policy Factors Leading to International Sporting Success"『日本体育・スポーツ政策学会第二二回大会プログラム』日本体育・スポーツ政策学会、七―二五頁。

Silk, M. L., Andrews, D. L. & Cole, C. L. (2005) *Sport and Corporate Nationalisms*, Oxford: Berg.

あとがき

本書の内容の基礎となったのは、二〇一三年一一月三〇日に国士舘大学アジア・日本研究センター主催で開催した国際シンポジウム「東アジアにおけるスポーツ・ナショナリズムと国際協調のゆくえ」である。参考までに、そのときのプログラムを挙げておく。

問題提起　土佐昌樹（国士舘大学）
第一部：政策から
イ・ヨンシク（韓国　体育科学研究院）「韓国スポーツ政策の変化と今後の展望」
鮑明暁（中国　国家体育総局研究所）「中国の体育体制と政策」
田原淳子（国士舘大学）「日本におけるスポーツ政策と国際競技大会」
コメント：菊幸一（筑波大学）
ディスカッション
第二部：社会から
陸小聰（中国　上海大学）「競争と共生――スポーツにおけるナショナリズムとその転向」
コ・ウナ（韓国　体育科学研究院）「国家主義、企業民族主義、そしてグローバル化――キム・ヨナを通じてみたスポーツ・セレブリティと国家の意味」
小石原美保（国士舘大学）「活字メディアの言説を通してみる日本のスポーツ・ナショナリズム――スポーツ選手のアイデンティティの両義性」
森川貞夫（日本体育大学）「アジアでのスポーツによる国際協調と真のスポーツの発展のために」
コメント：梶原景昭（国士舘大学）

当日は日中韓の3カ国語で発表をおこない、同時通訳の助けで活発な論議を交わした。

本書の執筆者と多くが重なっているが、出版に向けて企画を練り直し、第四章以外はすべて新たな原稿として執筆してもらった。シンポジウムと本書とでは一部と二部の構成が逆になっているが、前提となっている考え方は共通している。すなわち、ナショナリズムには政府が政策、組織、制度等を通じてトップダウンで実現していく「上からの」ものと、国民感情とメディアの結びつきによって実現していく「下からの」ものがあり、その双方から見ていく必要があるということである。

その点でまず、中国と韓国のスポーツ政策については政策立案の当事者に直接参加、執筆してもらったことが本書の一つの特徴となっている。一方で日本には（今のところ）スポーツ政策を統括的に立案する部署がなく、研究者による執筆で充当せざるを得なかった。この事実自体が、スポーツ・ナショナリズムを比較的に捉えるときのひとつの手がかりとなるだろう。

もう一点付記しておくべき事実として、ナショナリズムを「下から」捉える事例研究を中国では見出しがたかったことがある。少なくとも中国語と日本語で書かれたものに限れば、本書に適した執筆者を求めることができなかった。一方で、英語圏ではそのような研究者を容易に見出せるので、既出のエッセイであるが中国の事例を扱う第四章にはこの分野を代表する研究者による文章を充てることとした（本書の趣旨を説明すると、翻訳転載を快諾してくれた）。

さらに遡ると、本書とシンポジウムの前提として、二〇一一年度から三年間かけておこなった科研費基盤研究(C)「東アジアのスポーツ・ナショナリズム——国家戦略としての有効性と国際協調の展望」

（研究課題番号：23500752）がある。ここで詳細を述べる余裕はないが、初年度は韓国、次年度は中国で実地調査を行い、数多くの関係者（政策担当者、研究者、ジャーナリスト等）にインタビューを実施した。韓国も中国も、オリンピックでメダルをたくさん取り国威発揚に結びつけるためトップアスリートを持続的に育成する態勢を整えてきたわけだが、そうした国家主導のエリート主義の功罪について極めて率直な声が聞けたことに正直驚かされた。両国とも限られた資源を政策的に重点配分することにより、国際競技大会でめざましい成績を上げることに成功してきたのだが、それはまた大きな代償を払ってのことであり、今や政策転換の岐路に立たされている。そのことを、政策担当者もスポーツ社会学者に代表される研究者も、そしてジャーナリストの一部も極めて自覚的であった。中国の事例については英語圏まで手を伸ばさないと、スポーツ・ナショナリズムを実証的に分析した例を見出しがたいことはすでに述べたとおりだが、一方で、中国のスポーツ政策の歴史に詳しい官僚や学会の重鎮までが非常に自己批判的である事実に触れられたことは、まさに得がたい経験であった。ナショナリズムを冷静に見つめることは簡単でないが、少なくともある層においては日中韓で批判的な見方を含んだ比較研究ができる共通基盤がすでに育っていることを実感できた。この経験があってこそ、シンポジウムと出版企画を構想できたといって過言でない。

日本でも国士舘大学体育学部や国立スポーツ科学研究所などにおいて関係者のインタビューを何度かおこなった。そこで聞けた興味深い多数のエピソードに触れられないのは残念だが、快く取材に応じていただいた方々にこの場を借りて感謝したい。

さらに、研究計画とシンポジウムの準備段階において、国士舘大学アジア日本研究センターの研究プロジェクト「東アジアのスポーツ・ナショナリズム」として二〇〇九、一〇、一三年度に補助を受けている。このときの共同研究チームのメンバーである田原、小石原、土佐が科研費、シンポジウム、出版へと至る過程を担ってきたことになる。本書の刊行に至るには、それなりの年月と多数の人々との出会いが不可欠であった。特に韓国調査では体育科学研究院（当時）のイ・ヨンシク氏、中国調査では上海大学の陸小聰氏の全面的な支援がなければ、ここに至るまでのプロジェクトが実現することは決してなかった。お二人と、名前を挙げられなかったが支援と協力を惜しまなかった多数の方々にたいし、この場であらためて感謝したい。

以上のような経緯ゆえに、本書はいろんな点で類例を見出しがたい内容になったと思う。読み方は色々あるだろうが、本書を通じて統一的なメッセージが表現されているというよりは、さまざまなズレを孕んだ問いが提出されている点に注目いただきたい。日中韓のズレがあり、またそれぞれの国においても政策と社会的現実のズレがあり、そうしたズレを編者や各執筆者の言葉のズレとして読むこともできるだろう。しかし、そのズレは相互理解を阻むほどの絶望的なギャップではなく、いつかより普遍的な問いを発するための準備段階だと考えられるほどには噛み合っている。二〇二〇年の東京オリンピックが近づくにつれ、スポーツとナショナリズムとの関係が日本で再びホットな論点となることもあろうが、本書の問題提起がより成熟した議論を導く一助となれば光栄である。

最後に、本書が日の目を見るには、ミネルヴァ書房の河野菜穂氏の粘り強く理解のあるサポートが不可欠であった。記して感謝する。

二〇一五年一一月

土佐昌樹

索　引

さ　行

た　行

な　行

は　行

ま　行

ら　行

田原淳子（たはら・じゅんこ）第7章

中京大学大学院体育学研究科博士後期課程修了。博士（体育学）。
国士舘大学体育学部教授。

主　著　『現代スポーツは嘉納治五郎から何を学ぶのか――オリンピック・体育・柔道の新たなビジョン』（共著，ミネルヴァ書房，2014年），『スポーツ教養入門』（共著，岩波書店，2010年），『体育・スポーツ史概論（改訂２版）』（共著，市村出版，2010年），『ポケット版　オリンピック事典』（共著，楽，2008年），『教養としての体育原理』（共著，大修館書店，2005年），『スポーツの政治学』（共著，杏林書院，1999年）。

菊　幸一（きく・こういち）第8章

筑波大学大学院博士課程体育科学研究科単位取得退学。教育学博士。
筑波大学体育系教授。

主　著　『新版体育科教育学の現在』（共著，創文企画，2015年），『現代スポーツは嘉納治五郎から何を学ぶのか』（編著，ミネルヴァ書房，2014年），『21世紀のスポーツ社会学』（共著，創文企画，2013年），『よくわかるスポーツ文化論』（共編著，ミネルヴァ書房，2012年），『スポーツ政策論』（共編著，成文堂，2011年），『「からだ」の社会学』（共編著，世界思想社，2008年），『「近代プロ・スポーツ」の歴史社会学』（不昧堂出版，1993年）。

〈訳者紹介〉

土佐昌樹（奥付編著者紹介参照，第１・４・５章）

陳慧（チェン・フェイ，国士舘大学21世紀アジア学部教授，第６章）

胡瑾（フ・ジン，国士舘大学グローバルアジア研究科修了，第６章）

雷代琼（レイ・ダイチュン，国士舘大学グローバルアジア研究科修了，第６章）

呂洲翔（ル・チョウシャン）**第4章**

アイルランド国立大学メイヌース校人文学部講師。スポーツを通じた現代中国史の研究に従事。

主　著　*Sport and Nationalism in China*（Routledge 2013，共編著），*The Politicisation of Sport in Modern China : Communisis and Champions*（Routledge 2015，共編著）。

張綺（チャン・チ）**第4章**

ダブリンシティ大学応用言語学・異文化研究科講師。翻訳論や第二言語としての中国語習得について研究。

凡紅（ファン・ホン）**第4章**

バンガー大学中国研究コース教授。スポーツと文化，政治，ジェンダーの関係について研究。

主　著　*Sport, Nationalism and Orientalism : The Asian Games*（Routledge 2006，編著），*Modern Sport : The Global Obsessin*（Routledge 2006，共編著），*Sport in Asian Society : Past and Present*（Routledge 2002，共編著），*Soccer, Women, Sxual Liberation : Kicking off a New Era*（Routledge 2003，共編著）。

イ・ヨンシク　**第5章**

体育科学研究院（現・韓国スポーツ開発院）首席研究員（シンポジウム当時）。現在はカトリック関東大学校スポーツレジャー学科助教授。スポーツ行政学専攻。

主　著　“전문체육정책의 효과성 평가 연구” 한국체육정책학회지（2013）。

鮑明曉（パオ・ミンシャオ）**第6章**

国家体育総局体育科学研究所主任教授。

《執筆者紹介》（執筆順，＊は編著者）

＊土佐昌樹（とさ・まさき）序章・あとがき

奥付編著者紹介参照。

コ・ウナ　第1章

体育科学研究院（現・韓国スポーツ開発院）専任研究員（シンポジウム当時）。現在は DEEP（The Dialogue, Empathic Engagement & Peacebuilding）Korea 代表。スポーツ社会学専攻

主　著　"Heroes, sisters and beauties : Korean printed media's representation of sport women in 2004 Olympics." In P. Markula (Eds.) *Olympic Women and the Media : International Perspectives*（Palgrave MacMillan, 2009）. "Beyond the stadium, and into the street : Sport and anti-Americanism in South Korea." In S. Wagg & D. Andrews (Eds.) *East Plays West : Essays on Sport and Cold War*（Routledge, 2006, 共著）.

小石原美保（こいしはら・みほ）第2章

奈良女子大学大学院人間文化研究科比較文化学専攻博士課程修了。学術博士。
国士舘大学体育学部および日本大学文理学部非常勤講師。

主　著　"Sports culture". In *The Cambridge Companion to Modern Japanese Culture*, Edited by Yoshio Sugimoto (Port Melbourne, Australia : Cambridge University Press, 2009),『いま奏でよう，身体のシンフォニー——身体知への哲学・歴史学的アプローチ』（共著，叢文社，2007年），『多様な身体への目覚め——身体訓練の歴史に学ぶ』（共著，アイオーエム，2006年），『シリーズ近代ヨーロッパの探求8　スポーツ』（共著，ミネルヴァ書房，2002年），『クーベルタンとモンテルラン——20世紀初頭におけるフランスのスポーツ思想』（不昧堂出版，1995年）。

坂上康博（さかうえ・やすひろ）第3章

一橋大学大学院社会学研究科博士課程単位取得退学。
一橋大学大学院社会学研究科教授。

主　著　『昭和天皇とスポーツ——〈玉体〉の近代史』（吉川弘文館，近刊），『近代日本の都市と農村——激動の1910～50年代』（共著，青弓社，2012年），『海を渡った柔術と柔道』（編著，青弓社，2010年），『幻の東京オリンピックとその時代——戦時期のスポーツ・都市・身体』（共編著，青弓社，2010年），『スポーツと政治』（山川出版社，2001年），『にっぽん野球の系譜学』（青弓社，2001年），『権力装置としてのスポーツ——帝国日本の国家戦略』（講談社，1998年）。

《編著者紹介》

土佐昌樹（とさ・まさき）

大阪大学人間科学研究科博士課程単位取得退学。

現　在　国士舘大学21世紀アジア学部教授。文化人類学専攻。韓国の宗教，大衆文化，ナショナリズム等についてグローバルな視点から研究を進める一方，アジアの文化研究を幅広く手がけている。

主　著　『インターネットと宗教――カルト・原理主義・サイバー宗教の現在』（岩波書店，1998年），『変わる韓国，変わらない韓国――グローバル時代の民族誌に向けて』（洋泉社，2004年），『アジア海賊文化――「辺境」から見るアメリカ化の現実』（光文社，2008年）『韓国社会の周縁を見つめて――村祭・犬食・外国人』（岩波書店，2012年），『越境するポピュラー文化と〈想像のアジア〉』（共編著，めこん，2005年）。

東アジアのスポーツ・ナショナリズム
――国家戦略と国際協調のはざまで――

2015年12月10日　初版第１刷発行　〈検印省略〉

定価はカバーに
表示しています

編著者　土　佐　昌　樹
発行者　杉　田　啓　三
印刷者　坂　本　喜　杏

発行所　株式会社　ミネルヴァ書房
607-8494　京都市山科区日ノ岡堤谷町１
電話代表　(075)581-5191
振替口座　01020-0-8076

冨山房インターナショナル・新生製本

ISBN 978-4-623-07478-5
Printed in Japan